越境する歴史家たちへ

「近代社会史研究会」(1985-2018)からのオマージュ

谷川稔・川島昭夫・南直人・金澤周作 編著

ミネルヴァ書房

まえがき

近代社会史研究会、通称「近社研」は、一九八五年一二月、近畿圏の中堅・若手研究者を中心に発足して以来、二〇一八年三月に自らその幕を閉じるまで、三二年と三か月の長きにわたって存続した超領域的研究会である。少なくとも二七〇数回の研究集会がもたれ、延べ五〇〇前後のテーマをめぐって闊達な議論が交わされた。それは、学際的かつ大学横断的な「オープン・フォーラム」をめざす在野のアソシアシオンとして、この国の歴史研究の活性化、とりわけ第二世代、第三世代の社会史研究の「根づき」に一定の役割を果したと言ってもさほど過言ではないだろう。

当初二〇人前後だった会員も、ダブルキャストの月例研究会を続けていくうち急速に拡大し、数年後にはおよそ二〇〇人を擁するネットワークとなった。彼および彼女らは、近畿圏の西欧近代史家のみならず、全国各地の大学から、社会史を「控えめな合言葉」にして京に集った。ある者はロシア、ポーランド、アメリカ、カナダ、オーストラリア、フィリピン、バングラデシュ、中国、朝鮮、日本など国民国家別研究会の壁を乗り越え、またある者は文学、社会学、政治学、文化人類学といった隣接領域の柵を取り払い、さらにまたある者は女性史、家族史、教育史、宗教史、スポーツ史などの個別専門領域からも軽々と「越境」してきた。

例会での自由・闊達な議論は、ときには深夜に及ぶアフター研究会にまで引き継がれ、古都の居酒屋談義となって沸騰した。あたかも「歴史学徒の梁山泊」のごときあの熱気は、今日では考えられないような磁力を帯び、それ自体がひとつの社会史的現象であったと言えなくもない。この点では、まぎれもなく「京都の研究会文化」

の伝統に連なるものであった。

近社研の遺産として、活版印刷時代の一九九〇年に三冊、一九九八年一月にもう一冊の共同論集を上梓したことが特筆されるが、書き手の帰属意識が均質であったわけではない。むしろ論集に執筆しなかった人のなかに、近社研が目指した特質を体現する人がすくなくなかったことを忘れてはならないだろう。

本書の例会報告記録を一読するだけで、会員諸兄姉の力のこもった作品と、その時代の息吹がよみがえるはずである。なによりも「出入り自由」なところに近社研の特色があり、このフォーラムで出会った人びとが、個々に共同研究のパートナーを見つけ、各自の研究領域をパイオニア的に開拓して一家を成していったことのほうが重要だと思われる。

あえて会則を作らないで「来る者は拒まず、去る者は追わず」を原則に、特定の学問領域、学系、イデオロギーに縛られず、対象地域も「何でもあり」のアソシアシオンは、今日の世知辛い大学では考えられないソシアビリテの空間であった。人文研や日文研のような共同研究のための公的機関ではなく、今日の巨大科研グループからはさらに遠い、手作りの研究会が三〇数年も存続したことはほとんど奇跡に近い。

とはいえ、メンバーの近社研への「思い」には、さまざまに濃淡があり、研究生活の中のほんのひと時の寄り道であった者もあれば、心血を注いだ「かけがえのない場」であった者もいる。第Ⅰ部「歴史と記憶のはざまで」に寄せられた五七篇ものエッセイは、それぞれのかかわり方に応じた「自分史」のひとコマとして紡ぎだされている。その濃淡が万華鏡のようなパノラマを描き、近社研の思いがけない相貌が多声的な「記憶の場」として蘇ってくるだろう。

近社研とは何であったか。それは何を目指し、何を成し、何を成しえなかったか、その原因は奈辺にあったか、私たちはこの稀有な研究会の来し方を振り返り、まずはすべての例会記録を後世に残そうと思い立った。そして参加者個々の私的記憶を記録に重ね合わせることによって（いわば相互作用としての集合的記憶によって）この研究会を自己検証し、ささやかながら新しい歴史研究を志す人びとへのオマージュに代えたいと思う。

谷川　稔（発起人 第一期事務局）
川島昭夫（創立会員 第一期事務局）
南　直人（創立会員 第二期世話人）
金澤周作（第二期世話人）

越境する歴史家たちへ――「近代社会史研究会」（1985-2018）からのオマージュ

目次

第4章　近社研と出会う——例会の報告者たちから

目次

第Ⅱ部　記録篇

序章　「近社研」の軌跡をたどる——情熱の草創から苦渋の終幕へ

谷川　稔

三三年前に立ち上げられた近代社会史研究会の足跡を、当事者とはいえ、記憶のみでたどることは到底できない。第Ⅱ部の例会総記録や初期の『会報』に加えて、例会参加者の署名ノート、会員名簿、報告レジュメ、往復書簡などの史料がいくらか残されている。これらを手掛かりに忘却の彼方にあった記憶をあらためて呼び戻し、私なりに往時の姿をイメージしてみようと思う。もとより客観的な全体像ではありえない。むしろ当事者ゆえのバイアスは避けがたい。封印したい私的記憶も少なくない。記憶と歴史のはざまで葛藤をくりかえす自分史的なものになることをはじめにおことわりしておきたい。

さいわい、以下に寄せられた元会員による五七篇ものエッセイには、近社研のさまざまな時期についての自分史的記憶が生き生きと語られている。まさに豊饒の海ともいうべきポリフォニックな集合的記憶がよみがえる。この多声的なミニ・ヒストリーにも耳を傾けながら記憶を再構築（再記憶化）し、近社研の私的総括として、ローカル・ヒストリーを紡ぎだしていこうと思う。

本章では、三三年の全体を満遍なくたどるのではなく、私自身が最も主体的にかかわった第一期を中心に、とりわけ関係者すら忘却していると思われる創立にいたるいきさつと人間関係（前史としての京都の研究会文化）をやや厚めに語っていく。共同研究論集をめぐる曲折や、先学との論争の背景も紹介してみよう。おのずから第二期（二〇〇五～一八年）にも言及するが、それは今世紀に入ってからの事象であり、まだ多くの中堅・若手の記憶に新しいことと思われる。詳細は若い世代のエッセイにゆだねたい。

もうひとつ、ここでは抽象的な理論にはあまり深入りせず、近社研というネットワークに集った「人びとの往来」を具体的にみていくことにする。習俗に着目する社会史は本来的に「人間くさい歴史」のはずである。研究会という生きものを考える際、学会や出身大学を通した人脈と学統の存在も、好きではないが避けて通れない。一般の読者には見慣れない人名や大学名がたくさん出てくるのは、この研究会の多様性、越境性を、具体的な人のつながりを通して見ていきたいからである。それでは、まず結成にいたる前史を概観しておこう。

1 前史

戦後史学の終焉と日本の社会史

七〇年代前半には、社会史という方法に自覚的であったかどうかはべつにして、阿部謹也、網野善彦、鹿野政直、安丸良夫らが、戦後史学の階級史観、発展段階史観からの脱却ないし方向転換を示唆する先駆的な作品を公にしていた。これらが六〇年代末、世界的な広がりを見せた学生運動が突き付けた「近代知の自己否定」を受けたものであったかどうか、ここでは問わない。ただ文化人類学の川田順造が「無文字社会の歴史」を『思想』(一九七一～七四年)に連載し、中井信彦が『歴史学的方法の基準』(塙書房、一九七三年)で柳田民俗学と歴史学の関係を再評価していたのは注目されてよい。

文化人類学では、山口昌男が早くから「硬直した」戦後史学(唯物史観にもとづく社会経済史)を批判し、歴史人類学を提唱していた。歴史学内部からの転換点としては、七六年九月に来日したジャック・ル＝ゴフの講演がよくあげられる。私もOD院生時代に京都で聴いている。『思想』一一月号(六三〇号)にその講演抄訳「歴史学と民族学の現在」が二宮宏之によって紹介された。山口も我が意を得たりと、同号の「歴史人類学或いは人類学的歴史学」と題する論文でル＝ゴフを称揚した。もっとも、このル＝ゴフ論文自体は、言われるほどインパクトの強いものとは当時の私には思えなかった。ただ、講座派系戦後史学(高橋史学)の産湯で育った二宮宏之という才人が六年間のフランス留学を経て、いわば歴史学の内側から、戦後史学への内在的批判として歴史人類学への共感を表明したところに大きな意義があった。あえていえば、山口と二宮がともに、ル＝ゴフとピエール・ノラが編集した三巻本『歴史の作法』（*Faire de l'histoire*, 3 vol., Gallimard, 1974）に着目し、「からだ」と「こころ」の分析から「深層」の歴史学に分け入る視点や「集合心性史」に共感していることが注目されよう。同じころ、ル＝ゴフとならぶアナール第三世代の旗手、ル＝ロワ＝ラデュリの『オクシタンの村、モンタイユー』（一九七五、邦訳一九九〇〜九一年）がベストセラーになり、歴史家には異例のゴンクール賞が与えられて、人類学的歴史学が一躍脚光をあびている。彼らもまた、ブローデルの「長期持続」「動かざる歴史」の呪縛から解き放たれ、自己変革したのであった。

翌七七年末には、樺山紘一編『社会科学への招待　歴史学』に、川北稔が、「社会史の方法――イギリス社会史を中心として」を書いている。つまり、後述する近社研での「論争」の一〇年前、川北は社会史の批判者ではなく提唱者の一人だった。ちなみにこの一九七七年東北大での日本西洋史学会シンポジウムで、二宮のあの社団国家論が脚光を浴びていた。これは二年後の一九七九年に、論文「フランス絶対王政の統治構造」として活字化され（『近代国家形成の諸問題』所収）、歴史学界に衝撃を与えた。戦後史学と社会史、政治史と社会史の統合の試みでもあった。

七八年一〇月には阿部謹也『刑吏の社会史』、網野善彦『無縁・公界・楽』が大当たりを取っている。少しニュアンスを異にするが、二宮と阿部の言う、「人と人との社会的結合関係（ソシアビリテ）の変化から歴史を読み解く」という姿勢に私も深い共感を覚えた。七九年の『思想』社会史特集号での鼎談（遅塚忠躬と二宮の応酬）は戦後史学と社会史のスタンスの差を浮き彫りにしてくれる。二宮による「社会史は不断にはみだしていくものであり、定義するよりもむしろはみ出し方を見ていく方に意味がある」という発言が印象的であった。近藤和彦が、早い時点で、この動きにコミットしていたことにも注目しておきたい。

八〇年代にはいるとアナール派社会史の翻訳紹介が本格化し、ル＝ロワ＝ラデュリ『新しい歴史――歴史人類学への道』（一九八〇年一二月）、『アナール論文選』（一九八二～八五年、新評論）が、二宮だけでなく、樺山をブリッジとして、福井憲彦、相良匡俊、木下賢一ら「社会運動史」学派によっても行われていた。教育史畑でも、一九八〇年にアリエスの『子供の誕生』（みすず書房）と『教育の誕生』（新評論）が訳出され、「産育と教育の社会史」全五巻（新評論、一九八二～八五年）がこれに続いた。平凡社の社会史シリーズには、阿部、網野、良知力、喜安朗らが書き下ろし、いずれも好評を博した。社会史ブームの到来である（じつは後述するように、谷川もこのシリーズへの執筆依頼を受けている。近社研三部作はその代替でもあった）。これらの動きに、阿部・川田・二宮・良知編集の同人誌『社会史研究』（一九八二年一〇月～八八年三月）が第一世代のピークを極める。同誌は短命ながら第二世代、第三世代に道を開く牽引車となる。川越修、天野知恵子ら、のちの「近社研」参加者も良知、二宮を通して寄稿していることを忘れてはならない。

京都の研究会文化

他方、京都では、すでに一九五〇年代から京大人文研を中心に、ポスト戦後史学的な思想史、文化史、経済史の共同研究が多角的に行われていた。桑原武夫、前川貞次郎、河野健二、上山春平、樋口謹一、多田道太郎、森口美都男らによるルソー（一九五一年）、フランス百科全書（一九五四年）、フランス革命（一九五九年）などに関する浩瀚な研究書（いずれも岩波書店）は、領域横断的な書き手によるセンスあふれる作品群であり、その発想は今なお新鮮で味わい深い。いわゆる新京都学派である。また六〇年代から七〇年代にかけては、文学部西洋史の越智武臣（『近代英国の起源』）、和歌山大経済史の角山榮らが、大塚史学の土台にある近代イギリス史像や資本主義像を根底から覆そうとしていた。西川長夫、阪上孝は桑原と河野の、村岡健次、川北稔は越智と角山の学統をそれぞれ受け継ぐ俊才であった。たとえば、角山・村岡・川北『産業革命と民衆』（河出書房新社、一九七五年）はイギリス生活社会史の先駆的名著であり、のちの『路地裏の大英帝国』（平凡社、一九八二年）に引き継がれる。川北による、ウォーラーステインの近代世界システム論（一九八一～）の画期的な紹介もこの系譜につながるリベラルな研究風土で開花した。

七〇年代以降の人文研は、河野健二班の共同研究三部作、『プルードン研究』（一九七四年）、『フランス・ブルジョワ社会の成立』（一九七七年）、『ヨーロッパ一九三〇年代』（一九八〇年、いずれも岩波書店）、樋口謹一班の『モンテスキュー研究』（白水社、一九八四年）などで、講座派的戦後史学の残滓を軽やかに払拭してみせていた。しかし、これらは、ある種の才人グループによる、クローズドな共同研究である。とくに先代の桑原班は祇園のお茶屋文化にもなじんだ「旦那衆的研究会」と揶揄されもした。いわばセンスと筆力に恵まれたエリート知識人の産物であった。近社研はこれとはちがうものを目指した。いや目指さざるを得なかった。

阪上と谷川がサポートした河野編『資料フランス初期社会主義』（平凡社、一九八〇年）はやや異色で六〇年代新左翼の残滓を引きずっていたと言えなくもなかったが、もとより講座派系戦後史学とは無縁であった。東京のようにアナール学派の発想を移入して乗り越えなければならない「戦後史学の壁」は、京都では早い時点で崩壊していたといえるかもしれない。

ちなみに八〇年代前半の共同研究、阪上編『一八四八 国家装置と民衆』（ミネルヴァ書房、一九八五年）には、編集を補佐した谷川以外にも松原広志、故上村祥二、田中正人、見市雅俊、谷口健治、川越修、村上信一郎ら、のちの近社研メンバーが多数加わっていた。この国境横断的共同研究が、近社研の源流の一つであることは確かである。じつは、このとき研究班長、阪上孝のフランス留学中、谷川が班長代行として一年間留守をあずかっていたことがある。あの浅田彰が人文研助手として赴任してきた年だった。「あとがき」にも記されていないので、忘却の闇に沈んだままのエピソードにすぎないが、共同研究の運営と司会の経験は貴重であった。当時はかなり屈折した思いも味わったはずの一〇年以上にわたる「人文研体験」であったが、今では懐かしく思い出される。このときの苦渋がなければ、近社研は存在しなかったかもしれない。

＊　私が共同研究に参加したのは、博士三回生のとき『プルードン研究』の合評会に評者として呼ばれて以来だが、このときのアフター研は河野班の初仕事を祝ってか、忘年会を兼ねてか、桑原武夫が音頭を取って祇園のお茶屋で盛大に行われ

た。「プルードンもあの世でびっくり！」の初体験であった。

関仏研と梨の会

じつは、東の社会運動史研究会（一九七〇〜八五）とほぼ同時並行的に、七〇年代京都でも関西フランス史研究会（一九七一〜）、イギリス都市生活史研究会（一九七六〜二〇〇〇年代半ば）、ドイツ現代史研究会（一九六八〜）などが、国民国家別ながらも近畿圏の大学横断的アソシアシオンとして活動していたことを忘れてはならない。しばし時計を巻き戻して記憶を遡ろう。

一九七一年、パリ・コミューン百周年の年、修士二回生であった私は、前川貞次郎・河野健二両先生を呼びかけ人とする関仏研の創立に参加した。同年九月の第二回例会（桂圭男『パリ・コミューン』合評）では、畏れ多くも報告者となった。その後も一九七四年の第一回大会の事務局を任されるなど、積極的にかかわった。だが、大会とあわせて年四回しかない、ややサロン的なこの研究会に飽き足らず、七〇年代後半に、サンディカリスム研究を共にしていた田中正人、上村祥二ら社会運動史系の若手が核になって、関仏研のない月に、ミニ研究会「梨の会」を始めた。というより、これは関仏研二次会・三次会のようなアングラ的飲み仲間の集まりで、会の名前も当初は「名無しの会」だった。いつの頃からか無名を気取るのはやめ、語呂合わせで「梨の会」となった。あえて性格づければ「関仏研・社会運動史派」と言えるだろうか。ほかにフランス史の常連としては、故次田健作（大阪市大経済史から大谷女子大講師）、西洋史の大先輩でのちに、ペロ編『女の歴史』監訳者となる杉村和子（当時は大阪府立高教諭、やがて橘女子大教授）らが名を連ねた。ドイツ史の同期生谷口健治は関仏研会員でもあり、昼間の梨の会には参加していた。他に田中の法学部政治史（野口名隆ゼミ）の後輩として、イタリア政治史の故高下一郎、フランス現代政治史の森本哲郎らも加わっている。八〇年代には現代史専攻院生の杉本淑彦、阪大ＭＣ（修士課程）から京大ＤＣ（博士課程）に戻ってきた渡辺和行らも一次会にはときどき参加していたように思う。名古屋大ＤＣ時代の長谷川まゆ帆が報告した例会（一九八一年）の集合写真には、この面々の若き日の姿が残っている（長谷川エッセイ参照）。だが、この会の本領は、何と言っても豪快な「飲み会」にあった。日付変更線近くの三次会・四次会まで、酒豪の田中正人が先斗町路地裏や花見小路界隈のはしご酒をリードした。梨の会は、相互に重なり合う人文研共同研究「一八四八年ヨーロッパ」の残り火と融合して、近社研結成に一定の役割を果たしたと言えるだろう。これは、第一義的には国民国家別研究会であるはずの関仏研が、例外的ともいえる柔軟性、国境横断性、学際性（仏文、社会学、経済学、法学、政治学、美学美術史、ドイツ史、イタリア史、ポーランド史からの参加者）をもっていたことを物語っている。関仏研のこの開かれた精神が梨の会などをとおして、直接、間接に第一期近社研に流れ込み、それを支え続けた源流のひとつであったことは確かである。無から有が生じたわけではない。少なくとも私自身の研究活動にとって、関仏研と近社研、両者は車の両輪であった。

それだけではなかった。じつは、谷口、川越、若原憲和、南直人らは若手だけで一九八三年ころからミニ「ドイツ史研究会」を作り始めていた（谷口エッセイ参照）。これとは別に、一九七八年から女性学研究会による野心的な活動が開始されている。これも伝統的な女性史研究に新たな風を吹き込もうとする若手フェミニストのアソシアシオンであった（姫岡・落合エッセイ参照）。要するに、近社研は、本流の国民国家別研究会や領域別研究会に飽き足らない中堅・若手のさまざまな支流がゆるやかに合流して生成したということもできる。いくつもの伏流水が「社会史」を暗黙の合言葉に合流し、一九八五年の年の瀬に奔流となって地上に湧き出たといえるだろう。谷川、田中、谷口、川越ら四人の発起人はこのせき止められていた伏流水の堰を外し、近社研という新しい流れにキャナライズしたにすぎない。

＊ ただ、時代の後押しがあったとはいえ、私は、まだ三九歳になったばかりの地方大学助教授でしかなかった。不安がなかったかと言えばうそになる。だが、それなりのキャリアを積んできているという妙な確信だけはあった。院生時代の一九七二年から喜安朗、相良匡俊ら東大系「社会運動史研究会」でのサンディカリスム論争に参戦し、他流試合の場数は踏んでいる（『社会思想』、『西洋史学』、『史学雑誌』書評参照）。一九八〇年からは京大教養部で五年間非常勤講師を務め、千人以上の京大生に講義してきた（佐藤エッセイ参照）。四次にわたる人文研共同研究（とアフター研究会）でも多くを

学んだ。河野先生の仕事のお手伝いをする過程で、木屋町や先斗町の居酒屋だけでなく、「一見さんお断り」の祇園の座敷やバーにも出入りするようになった。これらの空間が、じつは名も無き有機的知識人の宝庫であることも知った。歴史学は人間学である。なかでも社会史にはバルザック流の「習俗へのまなざし」が不可欠であることを教えられた。

サポーター的存在も忘れられない。翌年四月から上司となる、奈良女の故中村幹雄先生は、ドイツ現代史研の世話人の一人としてドイツ史系若手のよきアドヴァイザーであった。とりわけ谷口には後見役のような存在として、逡巡する彼の背中を押してくださったと記憶している。奈良女DC院生、姫岡とし子、荻野美穂の指導教官として彼女らの近社研参加をも奨励された。もう後戻りはできない。今度は専門課程の学生や博士課程院生も待っている。煩瑣な研究会事務もサポートしてもらえそうだ。不安もあったが、ある種の高揚感にあふれてもいた。「やるしかない!」が口癖となった。

2 近代社会史研究会の誕生

三三年近く前の結成集会前後の詳細を想起するには、まず例会参加者の署名が残る研究会ノートが大きな手掛かりとなる。ところが、肝心の第一冊目だけが見当たらない。第一期近社研の最終

史料の発見

例会(二〇〇五年三月二六日)で、総括報告したときに配布した例会記録一覧作成に用いたノートの一部が紛失している。歴史家としてはとんでもない失態だ。頭を抱えていたところ、草創期関連のボックス・ファイルに思わぬ原史料が残されていた。ワープロ打ちの案内状と趣旨説明レジュメ、事前に連絡した人のリスト、これらに当日の決定事項が手書きで書き加えられたもののコピーなどが見つかった。さらに、この結成会に参加した者が第四回例会(一九八六年四月二一日)まで計五回のどれに出席したのか、その出欠状況がボールペンで書き加えられた版もある。例会記録ノート以上に価値ある史料だ。ここから創立前後の屈折した事情が読み取れる。苦渋の記

憶が微かによみがえってくる。

結成集会

一九八五年一二月二三日はまぎれもない結成集会（第一回）であったのに、表向き「準備会」と銘打っていたのは、よほど慎重な配慮があったのだろう。特定の個人（たとえば谷川）の存在が突出しないように、連合主義的な配慮が施されていた。つまり、この日以前に、「四八年研」を共にした谷川、田中、谷口、川越らが数回打ち合わせ、これに関仏研系「梨の会」と若手ドイツ史研の承諾を得て、独仏連合のかたちをとったため、事実上の第一回例会を準備会などとよび、その場で研究会名を「民主的に」決めたという形式的手順を踏んでいる。梨の会には法学部政治史系の人びとをはじめ、社会史に二の足を踏みそうな呼びかけ対象人が少なくなかったからかもしれない。

ワープロ書きの案内状の文面はこうであった。「前略、一八四八年研が終わってからもう一年近く経ちましたが、一九世紀を対象とした研究会がないと寂しいという声もありますので、ひと月に一度ぐらいの簡単な集まりを持とうかと思います。年末のことでもあり、なにかとお忙しいとは存じますが、ご参加頂けましたら幸甚です」。

あまりに素朴というか、拙い呼びかけ文で、われながら拍子抜けするが、続けて「〇〇〇［空白］研究会」「一行空き」「準備会兼忘年会へのご案内」という、あり得ないようなメインタイトルがど真ん中にポツンと書かれている。日時、一二月二三日（月）、二時。場所、同志社大光塩館1F共同研究室（経済学部研究棟）。報告者、川越修氏。テキスト「歴史のメトドロジー」（新評論）と続く。そして本来の目的であるかのように、忘年会、「めなみ」（三条木屋町上る）、五～六〇〇〇円、と括られている。末尾に「欠席などの連絡は、川越修、田中正人、谷川稔、谷口健治のいずれかへ」とある。返信用葉書の記述はなく、おそらく電話と口コミでほぼ出席確認していたのだろう。もちろん、メールという便利な道具はまだ存在しない。出欠確認ではなく「欠席などの連絡は」とあるのが面白い。この文面は、前年度に終わった人文研の共同研究「一八四八年ヨーロッパ」に所外から参加していたメンバーに宛てられていることがわかる。連絡者リストには二六名の名前があるが、一八四八研参加者はこのうち一二名だけであり、この案内状が実際に郵送されたのは、そう多くなかったはずである。

すでに田中・谷川・谷口らの梨の会（上村、杉村、杉本、高木、藤本、森本、吉田、渡辺）一一名と、谷口・川越のミニ「ドイツ史研」（若原、南ら）には、それぞれの会合で新しい研究会立ち上げへの同意をとりつけていたと思われる。結果的に梨の会はこの研究会へ発展的に解消するかたちとなった。これに加えて、川越の一橋大の後輩、西沢保、乗杉澄夫や、谷川の転勤内定先、奈良女子大ＯＤの住沢（姫岡）とし子、さらには京大西洋史の後輩で、一九世紀フランス教育・宗教史の上垣豊らに参加を要請した。ここまでは、独仏連合が中心で、アングロ・サクソン系が手薄であった。イギリス史の四八研メンバーに見市雅俊がいたが、彼は四月から中央大に転勤したばかりで八王子からの参画は不可能であった（今日とは距離感が異なることに留意!）。そこでイギリス生活史のホープとして知られていた川島昭夫（神戸市外大）に声をかけ、新しい社会史の研究会を作ろうと口説き落としたような記憶が残っている。川島からは、初回（結成会・忘年会）には出られないが、二回目（翌年一月下旬の第一回例会）からは参加する、三月例会なら報告してもよい、との返事をもらって意を強くした。

かれらの多くは、西洋史読書会大会五〇周年シンポジウムでの拙論「社会史と史的視野構造の革新」（京大会館、一九八二年一一月）、拙著『フランス社会運動史――アソシアシオンとサンディカリスム』（山川出版社、八三年五月）の「序章」や「あとがき」などで、私の政治社会史への傾斜をすでに認識してくれていた。当時の通信手段、電話のほうが、今日のメールより直接意思を確認し易かったのであろう。年の瀬も押し迫った二三日（月）にもかかわらず、この日は二二名もの出席者があり、忘年会にも一六名が参加した。

趣旨説明と確認された事項

当日、会場で配布した「「（空白）研究会」にむけて」と題されたワープロ打ちの箇条書きレジュメと、趣旨説明のための原稿にあたる手書きメモ（谷川個人用箋）が残っている。最初に研究会の名称として「近代社会史研究会」と万年筆で書き込まれている。その先頭の四文字「近代社会」の上部と、中ほどの三文字「社会史」の下部に二重線がひかれており、「社会」という文字だけが共有され、「思い入れは各自の自由」と手書きされている。つまり、近社研を、「近代社会の史的探求にたずさわる集まり」とみなすか、「近代を社会史的視角から再検討する集まり」とみなすか、呼称にまつわる解釈は各自の思い入れに応じて自由だという（本書記録篇、会報一号「コラム：近社研に望むもの」参照）。誰の発案によるものか記憶が定かでないが、この煮え切らない、折衷的な解釈は、私の優柔不断な性格に見合ったものかもしれない。あえてポジティヴに見れば、趣旨説明の項に書き込まれた「とりあえず各自の自立性を認めたうえで、連合主義的に」というプルードン的性格規定に沿ったものではあった。この無定形なあいまいさが、近社研の「間口の広さ」という強みであると同時に、カリスマ不在で求心力不足、つねに分裂含みという草創期の弱点をあらわしていた。

結集基軸

とはいえ、緩いものであっても、研究会にはなんらかの「結集基軸」は必要である。配布レジュメの「経過報告あるいは趣旨説明」欄は空白だが、谷川の手書きメモ原稿から類推すると、人文研の共同研究は今後、啓蒙期の思想史に特化していく方針となり「一八四八年研究」に集った歴史系の若手は離散した。だが、この研究交流の場がこのまま閉ざされてしまうのはあまりにも惜しい。この際、もっと開かれた研究会を自前で創り、四八研でやり残した課題にひろがりをもたせ、社会史を含めた多角的・複眼的アプローチによって近代国民国家形成がはらむ諸問題を掘り下げていきたい、と呼びかけたようである。メモ原稿で確認できるだけでなく、レジュメの（二）「共通項の設定」「認識目標」の項で「近代国民国家形成論の社会史的再検討」と印字されているのもこの記憶を裏づけている。メモには（柴田〔三千雄〕・西川〔長夫〕の）と括弧書きされている。アナール派よりも柴田『近代世界と民衆運動』（岩波書店、一九八三年）の図式を強く意識していたことが分かる。ついで「社会編成原理の転換点にしぼる必要」とあり、さらに「人と人との結びつき〔ソシアビリテ〕の具体的在りようとその変化〔の分析〕、それを国家論的地平に照射する〔こと〕」と書いている。そして、国家と個人を媒介する具体的な中間機構として、学校、教会、家族、仕事場、工場、都市、警察、軍隊 etc. が括弧書きされている。「四八研」の基礎にあったアルチュセールの国家装置論を引き継いでいるのは明白であるが、当時の私は、これにフーコーの権力遍在論を重ねていた。だが、この日は、あえて積極的に展開していない。不遜にも、フランスの思想家の借り物ではなく、自前の社会史を掘り起こしていきたかったからだと思う。あえて言えば、隔靴掻痒の感がぬぐえない思想史研究ではなく、より歴史具体的な分析によって「目から鱗の歴史」「その時代に活きた人びとの息遣いが伝わってくるような歴史叙述」を目指したい、そう考えていた。

対象とする時代は、もちろん歴史の転換期。一八世紀末、一九世紀後半から世紀交、第一次世界大戦などがメモに例示されていた。対象地域は基本的には西洋（非西欧を含む）だが、比較史の視点を導入することによって、アジアや日本も視野におさめうる。比較史の重要性については、この日会場を提供してくれた強力なパートナーである川越修の主報告でも強調されていた〔本書記録篇の「会報」一号、川越修「研究会の発足にむけて」を参照〕。私の長めの趣旨説明のあと、川越の重厚かつ示唆的な報告がなされ、それらをめぐるきびしい質疑応答があったように思う。また、レジュメの「共通項」に「方法的態度」という項目があり、「学際性の尊重」と印字されている。「比較史的視野」とあわせて、「研究者における脱国民国家性と専門領域横断性の意識化」とペン加筆され、それらの具体化としての共同研究はいかにして可能かが問われた。「言うは易く、行うは難し。」前途多難を思わせる重苦しい空気が漂った。フロアには旧「四八研」阪上班長の姿もあったからだ。

研究会の運営方式

レジュメの最後に「研究会の持ちかた」という第三の項目がある。近社研の当初の性格を考えるうえで、じつはこれが重要であった。印字の「事務局」は、「さしあたり谷川が代行」と手書きされている。案内状の作成と郵送、名簿管理、会計などの事務を三月までは暫定的に谷川宅、四月からは奈良女子大谷川研でという含みがあった。会場を確保する川越研との分業である。二元体制と言っても良い。この両者が京大の西洋史や人文研の専任教官でなかったことが幸いしたと思う。会場が同志社大だということも大きかった。当時は現在とことなり、文系でも京大のヘゲモニーが圧倒的に強く、他大学からは敷居が高かった。近社研草創期に阪大、同志社、立命館などから若手や院生が多く参加してくれた要因でもあった〔会計は八六年七月と一二月に私が会計報告した後、若原憲和に代わっている。やがて若原と南直人との二人制になった。会員が急増して、発送同様これもたいへんな業務になったからだ〕。

「**定例日**（**頻度**）」は「第三か第四月曜、月一回ないしは二回」で合意している。今日では考えられない週日の月曜日に毎月一、二回とはハードだ。じつは、これが年の瀬押し迫った時期での結成会、いや「準備会」開催の秘密なのである。人文研の共同研究は公的業務であるから週日に行われた。解散した阪上班の「四八研」は隔週の月曜日であった。旧参加者はこの年の三月まで本務校の月曜午後を空けており、四月以降も惰性的にそのままにしていた者が多かった。つまり次年度の出講日申告を行う一一月あたりまでに新しい研究会を呼びかけ予定者に打診しておく必要があった。新しい研究会を一九八六年四月、奈良女転任後にすればすっきりするはずなのに、年内を急いだのは、年度をまたげば月曜午後をもう確保してもらえなくなり、結果的にコア・メンバーが散り散りになってしまうことを恐れたのだろう。『社会史研究』誌に陰りが見え、社会運動史研が解散した年、一九八五年の忘年会との併催はギリギリの、しかし絶好のタイミングであった。

「**当面の日程**」は（別紙ハガキ［参照］）とあるが、これは年賀状のスタイルに印字されていて、一月例会は二七日午後二時から、同志社大で。報告者渡辺とその論題まで明示されていた。おまけに、二月から四月までの報告予定者（二月若原、三月川島、四月谷川）がすでに書き込まれていたのは我ながら畏れ入る。じつはかなり周到に準備していたのが読み取れる。

「**期間**」は三〜四年と最初から印字されている。これは、素直に読むとプロジェクト型の共同研究会を想定していたことになるが、必ずしもそうではない。私自身は共同研究論集を人文研に頼らず、自前で編んでみたいという気持ちが強かったのは事実である。だが、私を含め初期メンバーは自身の判断で知人・院生・学生に参加を呼びかけていたし、「来るものは拒まず」という姿勢はだれにたいしても明確であった。いずれにせよ、半年後には会員が急増して、短期の単一プロジェクト特化型や週日開催は非現実的となり、やがて土曜に変えて月一回、発表機会を確保するためにダブルキャストを組まざるを得なくなったのである。

「通信費」は五〇〇円、会員の「義務もしくは権利」は「年に一回程度の発表」と、その場で書き込まれた。会費を取る以上もう後には退けない。ただただ前進あるのみであった。

3 共同論集への遥かな道

五里霧中の船出から波乱の一年

こうして船出した近社研であったが、年明けの一月例会（渡辺報告）と二月例会（若原報告）の出足は思わしくなかった。この時期は各大学の期末行事が多く、学年末試験、卒・修論の査読と試問、入試の採点などに駆り出される。一月の参加者は一四名、二月には一一名と、結成集会の二二名から半減した。時期的に覚悟はしていたが、「伝統的な史学史とどう違うのか?」「元気はあるが、社会史というより、社会運動史ではないか」というきびしい突っ込みには頭を抱えた。入試と転勤準備に忙殺されていた私は、自ら予定した四月報告もすでに住沢（姫岡）とし子と次田健作への交代を案内通知しており、ただ焦燥をつのらせるばかりであった。三月例会のイギリス生活史と、四月のフェミニズム関連報告でどれだけ「新しい風」を吹き込めるか、近社研の浮沈はこの数か月にかかることになった。

果せるかな、川島昭夫「一九世紀ロンドンのフェア」（記録篇「会報」参照）がこの低落傾向に歯止めをかけてくれた。新しい若手参加者が七名もあって総数一八名と挽回した。山田史郎、柿本昭人、中房敏朗、松井良明、落合恵美子、小林亜子、住吉真弓らである。イギリス生活社会史という素材の新鮮さもあったが、なにより若き日の川島の「語りっぷり」がカッコよかった。話の中身はもう忘れたが、「川島さんって、ポップねえ！」と言う女子院生のつぶやきをなぜかよく憶えている。

奈良女子大史学科に無事赴任した四月の例会（次田・姫岡）には、結成集会参加者のうち一七名が戻り、あらたに年長の院生、荻野美穂ら数名の参加を得て、二〇名以上の大台を回復した。五月例会、長谷川報告も新鮮で、女性史と家族史に大きなポテンシャルを感じさせた。身体史の視点を押し出せば、旧来の歴史を大きく書きかえる可能性が出てくる。人類学的歴史学の一形態にもなりうる。彼女らの活発な質疑応答には、新しい社会史の展開を予感させるものがあった。他方、ドイツ現代史研の若手院生、佐藤卓己、服部伸らも五月例会あたりから参加し始めた（服部エッセイ参照）。六月には谷口と上垣による堅実な報告があり、新旧メンバーがかみ合いだした。奈良女史学科の山本範子助手や前掲の院生会員諸姉も事務の手作業を支えてくれる。近社研はもう大丈夫、半年でそう確信した。

奈良試案

初期の会場はほぼ同志社であったが、唯一、奈良で行った例会がある。次の第七回（七月一一日）では、アメリカ労働史で評判のハーバート・ガットマン『金ぴか時代のアメリカ』（平凡社）の共訳者、野村達朗、長田豊臣、竹田有をまじえた合評会形式で、私が評者となり、アメリカ労働史研究の社会史的展開について議論した。初の土曜日開催であり、原著者制作のビデオ上映に奈良女子大ＬＬ教室を利用したので特別例会と記録している。だが、この回が「特別」であったのは、アメリカ史の初登場だけでなく、訳書を担当した平凡社編集部の井上智充氏が東京から参加されたことだと、今にして思う。じつはこの日第二報告として中間総括を担当し、共同研究の事務局試案を提起した谷川に、後日井上氏から社会史シリーズへの執筆依頼の書状が届いた。拙著『フランス社会運動史』や『西洋史学』誌での喜安氏へのカウンター書評を読んでのことだとも書かれていた。天啓というべきか、私はただちに、この共同論集計画を平凡社で引き受けてもらえないかと逆に提案した。即答はもらえなかったが、感触はよかった。九月初め京都に出張するので、じっくり話を聞きたいとの返信が八月初旬にあった。

この日のレジュメでは「政治史の社会史的接近による書き換えをめざす」という近社研の原点を踏まえ、全体テーマとして「国民統合と対抗文化（対抗社会）」が掲げられていた。個別テーマとしては、①家族（フェミニズム）── 身体（谷川の書き込み） ②都市（民衆の生活空間）── Police、自治、行政、衛生、医療（以上書き込み） ③教育（学校化） ④宗教（教会、民間信仰、世俗宗教） ⑤仕事場（生産点）── 労働規律、テイラー・システム、児童労働、移民労働（以上書き込み） ⑥マイノリティー 少数民族、少数言語、地域（文化）、マルジノー（以上書き込み）などが列挙されている。しかも、二、三年後から論文集として三冊程度のシリーズものの刊行を目指すとまで印字している。プロジェクト・リーダー候補として①川越・次田、②川島・谷口、③＋④谷川・上垣、⑤谷口・若原・谷川、⑥田中・川越らの名が赤ペンの悪筆で書き込まれていた。まだ男性ばかりだが、①はすぐにも女性研究者が加わって引っ張ってくれるだろうという予感があった。事実、夏休み明けの第八回例会（九月二九日）での落合報告は素晴らしく、この予感を確信に変えてくれた。同日配布した『会報』第一号末尾の事務局試案（記録篇参照）は、この奈良例会での試案を川越、谷口、田中、川島、荻野、姫岡ら能動的メンバーに再検討してもらった修正案である。個別テーマが五項目にしぼられ、のちの三部作ないし四部作にかなり近づいていることが分かるだろう。一応、アドバルーンだけはあがった。立ち上げから一〇か月にしては上出来と思われた。

川北・谷川論争

だが、この後まもなく一一月例会で事務局試案は厳しい試練を受けることになる。リッターの特別例会直後の第一〇回例会、川北報告では、試案どころか社会史そのものの意義について真っ向から否定されたのである。この激論の概要については、本書記録篇の拙論「社会史の可能性と〈限界〉をめぐって」に譲るが、前後の事情と対立点に少しだけ触れておく。じつはこの二か月前、九月二〇日、川北さんと百万遍の某喫茶店でカレーを食べながら例会の持ちかたを打ち合わせ、事務局試案をもとに近社研のコンセプトについて説明する機会があった。かねて畏敬する先輩に建設的なアドバイスをもらえると期待してのことであったが、一刀両断、「谷川くん、こんなんではあかんよ！ 一〇年遅い。自分にとって、社会史なんてもう余技にすぎない。経済史のおまけですよ！」と取り付く島がなかった。詳しくは今度立命館の学園祭で講演するから聴きに来なさいということだった。新調のネクタイをカレーで汚し機嫌が悪かったのかなと思いながら、納得できない私は一〇月一日、立命ＯＤの若原に連れられてその講演会に赴いた。強烈なパンチだった。「権力遍在論」的社会史は、戦後史学の人民史観の焼き直しにすぎない。こんな「民衆の絶えざる敗北の事後承認のような歴史は無意味です！　だいいち、あれでは概説は書けません。やってごらんなさい。一行で終わりです。」この「通史にすれば一行で終わり」という批判は、喜安朗はじめ多くのサンディカリスム研究者に向けられていたものであった。事実、社会運動史研究会編の『ヨーロッパ近代史再考』（一九八三年）ではそうなっていたが、私は執筆陣に加わっていない。

さらにカチンときたのは、「総選挙の自民党三〇〇議席に狼狽しているマルクス主義学者がたくさんいるが、これは、彼らの予見性のなさを露呈したものだ。現代日本の保守化は、明らかに高度成長によるもので、近代経済学や数量経済史では二〇年も前に予見できたことだ。これを予測できなかった歴史学ではだめです。しょせん社会史は結果の羅列、ミクロな世界へのロマン主義的埋没に終わりますよ！」私のほうを見てそう言い放った。たしかに「歴史の敗者に直接連絡を取るべし」と主張した社会運動史研の先学がいたし、私自身も歴史の勝者よりも敗者の美学に惹かれるところがあった。当時、政府によって国鉄民営化が進められ、大量解雇に何十人という自殺者が出ていた。私は首切りに抵抗する国鉄労組を支援してもいた。これは歴史家としては失格なのか。それでも「溝に落ちた犬を足蹴にする」より「滅びゆくものに栄光を！」と小さくつぶやくほうが性に合っていた。「勝ち馬に乗る」ほうがよほど現状追認ではないのか、そんな疑問、いや義憤が一一月例会でのコメントに乗り移った。歴史は「予見の学」というより「批判の学」ではないのか？　それは、知識人が「歴史の今」とどう向き合うべきかという基本姿勢でもあった。私の忌憚のない反論に激怒した川北氏は「ソシアビリテかなんか知らんけど、具体的な仕事なしに方法論を語るな！」と一喝した。会場のクラーク記念館は一瞬凍り付いた。司会の私は壇上での泥仕合を避けるため、仏文の西川長夫氏もいたフロアに意見を求めたが、ほとんどが固唾を飲んで口を開かない。ようやく一人、次田健作が絞り出すように「通史って、書く必要があるんですか?」と援護射撃してくれた。思い出すと、今でも冷や汗が出てくる。あとは、ぜひ会報記事を見ていただきたい。

今にして思えば、川北さんの主張は、大英帝国の歴史は国民統合ではなく世界システム的連関で再考すべきだ、ミクロな民衆史より数量経済史やウォーラーステインのほうが重要なのだという含意があったのだろう。イギリス経済史家の自然な発想だとも思えるのだが、私は帝国臣民統合の視点が必要だと考えていたし、そう簡単に同意できなかった。そもそも資本主義世界システム論は、ブローデルの三層構造「長期波動」とフランクの従属経済論の折衷という見方も有力であった。マルクス史観の発展段階論や世界資本主義論に通じるところも看取される。七〇年代以降の歴史人類学的社会史はそうしたマクロな「科学」主義を乗り越えようとするところから出発したからである。ウォーラーステインを一定評価しつつも、ブローデルよりル＝ゴフやル＝ロワ＝ラデュリ、さらにはギンズブルグやコルバンに共感を覚える社会史家のほうが多かった。これは戦後史学の乗り越え方の差異でもあった。

断たれた退路

ちなみに、川北氏は同年『洒落者たちのイギリス史』を上梓し、山本正、指昭博ら阪大の教え子らとラスレット『われら失いし世界』を翻訳したばかりか、翌八七年にも京大の後輩、川島、井野瀬らと『「非労働時間」の生活史』という社会史的編著まで公にしている。かれらはいずれも近社研メンバーである（じつは、川北氏自身も会費を納めてくださっていたし、のちにもう一度例会で報告してもらっている）。いまでは語り草となったこの論争は、先輩からの逆説的な贈り物であったと思える。余技でさえ、この驚くべき生産力。「具体的な仕事」には「具体的な仕事」で応えるしかなくなった。借り物の方法論や表層的な史学史でお茶を濁す、安易な退路を断ってもらったのだと思う。

場外乱闘寸前のこの「果し合い」で、何人かの参加者は近社研を去っていったようだが、川北門下や後輩のイギリス史家たちは動じなかった。損得ではなく自主的に判断できる若者たちであった。私自身は多少落ち込んだ。しかし、当時は分刻みの忙しさで、凹んでいる暇もなく、次週には近藤和彦の招きで名古屋大学へ集中講義に赴いている。野村、栖原、高木、長谷川ら旧知の名古屋勢に加え、松塚俊三、太田和子らと知己を得た。とくに三重大の太田は近社研で探し求めていた文化人類学・エスニシティ研究者であり、近々の例会報告を依頼した（彼女のプレゼン能力は抜群で、毎回おもしろい報告だった）。一二月上旬はバーバラ・ドゥーデンとイリイッチのドタキャンに慌てたが、近社研のフェミニストだけでなく、上野千鶴子、田邊玲子ら女性学研究会の切れ者たちとも痛飲できた。年末の第一一回例会では、近藤和彦がトムスンと民衆文化論の報告でエールを送ってくれている（会報参照）。この日の忘年会は一段と盛り上がり、あの激論で受けた傷はいつしか癒えていた。小料理屋「めなみ」店主、故山本一郎の変わらぬ心遣いも身に沁みた。なにはともあれ、前年の発足から一二か月、怒濤のような一年が過ぎようとしていた。

共同研究企画の再編

年が明けた一九八七年初頭には、早くも七月例会までの報告予定者が内定しており、追い風は衰えを見せなかった。家族史と女性史の報告が目立って多くなった。なかでも二月例会（第一三回）での荻野報告は鮮烈な印象を与えた（記録篇・要旨参照）。姫岡、長谷川、落合らは競うようにして早くも二度目の報告を行い、いずれもインパクト十分であった。七月段階で、すでに荻野・姫岡を中心とした女性史グループによる自主的な企画が歩み始めていたように思う。というのも、甲論乙駁のなか、かなり明確な形で三部門に絞った試案を提起したのは、第一八回例会（七月一二日）であった。いくらか具体的な書き手とその仮題をも想定した記録が残されている。平凡社がひきうけてくれそうだということもこのとき公にした。「試案の作成にむけて――いくつか思いつくままに」と題したペーパーには、全体を三部門に分けて、そこから三～四冊のシリーズものを刊行するというプランが書かれている。

第一部会「性・産・育の社会史」
第二部会「文化統合と近代社会——学校・教会・家族の社会史」（「学校・教会・家族の近代」、「イデオロギーとしての女子教育と家族」など）
第三部会「文化統合と社会的規律化」（都市化と社会規範の変容、近代医療と都市、犯罪と都市、近代スポーツと社会的規律化）

個別論題と執筆者の対応が読み取れる部分もあり、具体案だと受けとめられたかもしれない。女性学研究者から第一部会の仮題と、付記されていた男女混合の書き手予想について、かなり強い反発があったことを憶えている。すでにこの部会ではグループ化が独自に進行していたからであろう。たしかに第一部会はセクシャリティを前面に出す彼女たちの方向性に委ねたほうが刺激的な作品になると思われた。ただ、先鋭的な女性史家だけの作業は、かえって近社研の専門領域横断性（越境性）を損ねるおそれもあった。だが私はこのシリーズに新鮮でパンチ力のある作品が欲しかった。同じフェミニズムでも彼女らとアプローチを異にする研究者たちは、第二・第三プロジェクトで吸収し、このシリーズ全体で領域横断性を確保すればよいのではないかと考えた。結局、第一部会は女性学グループにまかせ「セクシュアリテと近代社会」もしくは「性・家族・社会」を仮題とする濃密な共同論集をめざすことになった。これが第三巻『制度としての〈女〉』として結実する。

文化統合の社会史

公式、非公式になんども議論を重ねたうえで、私はその四か月後の第二一回例会（一一月一四日）で「近社研の二年間を振り返って——共同研究の可能性を探る」と題する総括報告を行った。一〇月までに、各部会参加者の大枠が確定しつつあったのと、一一月二日立命館の学園祭で、前年の川北講演に反論するカウンター講演を行い、文化統合の社会史に手応えを感じていたからである（中本エッセイ参照）。この例会では、自らが主体的にかかわる第二部会の基本的なコンセプトを「ソシアビリテと文化統合――〈権力遍在論〉再考」というテーマで全面展開している。

近代社会では、エリート文化と民衆文化の単純な二項対立ではなく、一見、両者の相互浸透が進むかのように、民衆による支配文化の無意識的受容が潜行する（グラムシのヘゲモニー論とブルデューのハビトゥス再生産論がベースか）。いわば、潜在する対抗関係を「市民」の自発的同意のかたちで隠蔽しようとする複数のエリート文化、そのメカニズムと技法について検討すること（フーコーの規律内在型社会とアルチュセールのイデオロギー装置）。ようするに、この論集では「文化ヘゲモニーをめぐる葛藤の史的分析をめざす」という私自身の政治社会史的スタンスをあらためて表明したのである。

さらに、その具体的テーマとして、「学校・教会とナショナリズム」「エスニシティとアイデンティティ――移民・少数民族の同化と異化」「植民地教育――アルジェリアとインド」「女子教育と近代家族」などをあげ、いわば領域横断性を確保するための選択肢を幅広く提示した。第一巻は、まずもって叢書のコンセプトを示し、近社研の多様性と間口の広さ（国境横断性と専門領域横断性）とを具体的に展開する必要があると考えた〔拙論「序　文化統合の社会史にむけて」『規範としての文化』参照〕。

分科会と共同作業の難航

かくして一九八八年には、ほぼ三つの部会が鼎立して、同時進行的に分科会を行いながら、例会報告にフィードバックしていくという方式が取られた。だが、そう簡単に事は運ばなかった。というのも、第一部会の女性史だけでなく、第三部会の「都市化の社会史」も領域限定的なグループに枝分かれしかかっていた。その一部が第二部会に合流するかどうかをふくめて、微妙に書き手とコンセプトの調整がつかず、ひとまず川越修をキャップとするドイツ系の「都市化と社会病理」部門が先行し、川島昭夫を中心とするイギリス生活史系の「犯罪と日常」が少し時間をおいて第四論集をめざすことになったように思うが、その間の仔細はよく憶えていない。スポーツ史はひとまず文化統合の第二部会で引き受けることにした。また史料をみるかぎり、荻野、姫岡らは、この第二部会の「女子教育と近代家族」の章にも参加の意思を表明していたし、最終段階近くまで仮題を残してくれていた。こうして第二部会が担う第一巻（のちの『規範としての文化』）は予想を上回る二〇名以上の書き手を抱え、あたかも護送船団か、それとも難民船か、アクロバット的な舵取りを強いられることとなった。

一方、第三部会「都市化の社会史」は、川越、見市、高木、南、柿本の五名という少人数で集い、主要論点を「都市衛生」「コレラ流行」などさらにコンパクトなテーマに絞って、無理なく分科会を重ねたように思う。『青い恐怖、白い街』というセンスのいいタイトルの美麗本が九〇年六月、シリーズ第二弾として上梓された。ただし紙幅を整えるためもあってか、三名が二本書いて八論文とする逆の苦労もあったようだ。第一部会の女性史グループは気心の知れた六名という適正規模で、これも『制度としての〈女〉』という斬新なタイトルと装丁で九〇年七月に第三弾として公刊され、大きな反響を呼んだ。（姫岡、長谷川、落合エッセイ参照）内容的にも斬新で密度も高く、期待通りのパンチ力をみせてくれた。二巻同様、増し刷りを重ねたのも当然であろう。

これにたいして、谷川・谷口・田中らの「文化統合の社会史」部会は、執筆希望者が多すぎて右往左往していた。地理的にも遠隔地居住者が多く、今日のようなメール電送技術が無い状態では、分科会でコンセプトの浸透をはかるしかなかった。人文研の共同研究のような議論の密度を確保することは物理的に不可能であった。いきおい一般例会報告にしわ寄せが行き、執筆を見送った会員とのあいだに溝ができるのを避けられなかった。しかも同日・同時刻に別室で分科会がおこなわれることも珍しくなく、たとえば八八年九月の第三一回例会記録にあるように、谷川と川越がおたがいの重要な報告を聴けないという事態も生じた。近社研は専門領域横断性をめざしていたにもかかわらず、他部会の報告には参加しないというクローズドな姿勢が目立つようになった。

書き手が二転三転した「文化統合の社会史」は、章立てやコンセプトの共有に苦しんだだけでなく、完成原稿の確保にもてこずった。たとえばパリ留学中の小林には、べらぼうに高価な国際電話で催促しなければならなかったのを思い出す（小林エッセイ参照）。とくに次田「一九世紀フランスの医療と社会規範」、天野「アンシァン・レジーム下のコレージュと修道会」、太田「ハーレム・ルネサンスとアフリカ回帰運動」という、頼みにしていた中堅の三本が最終段階で積み残しになったのは痛かった。二分冊への迷いと、なんとか一九八九年中に初巻を上梓したいという私の焦りも災いした。第一次締め切りが八八年末。八九年四月にほぼ出揃い、ブラッシュ・アップにさらに二か月を要した（それ以前にも、山本正「アングロ・アイリッシュとゲーリック・アイリッシュ」、松原広志「ロシア農村における学校と共同体」、村上信一郎「ファシズム期イタリアの国民教育」、上垣豊「一九世紀フランスの巡礼と教会」、中房敏朗「近代スポーツの成立と社会規範」など興味深い論題がそろっていた。執筆いただけなかったのが悔やまれる）。

おのれの力不足をあらためて痛感する。二分冊にして全五巻のシリーズにできればよかったのだが、大手有名大学の後ろ盾や肩書もなしに、そんな大企画を平凡社が受け入れてくれるという自信は当時の私にはなかった。ボトムアップ方式と言えば聞こえは良いが、カリスマ不在の「連合主義」の欠陥を脆くも露呈したのである。それでも七転八倒の末、一九八九年六月には一四論文と序論を平凡社に入稿した。他の二巻も八月中に入稿したように記憶している。

だが、秋になっても、いっこうに『規範としての文化』の初校が出てこないばかりか、平凡社編集部の企画会議にも上がっていないという内部情報が入ってきた。二五人、二九本の原稿が宙に浮いていると知り、気が動転した。どこかの筋から横槍が入ったのかと疑心暗鬼にかられた。直接交渉に赴いて編集者の超多忙によるものと知り安堵するも、見切り発車してまで急いだ原稿である。初冬にゲラがでてくるまでは、気が休まらぬ日々が続いた。

ところで、この年は、昭和天皇の崩御ではじまり、六月に中国の天安門事件、一一月九日にはベルリンの壁が崩壊するという、ひとつの時代の終わりを告げる大事件があいついだ。社会史を後景に押しやりかねない政治の年でもあった。アカデミズムの世界でも七月にフランス革命二百年記念世界大会があり、日本でも一〇月に東京と京都で国際シンポが開かれた（小林エッセイ参照）［ちなみに、京都の国際シンポの二次会では、案内した近社研御用達「ビストロ・めなみ」で、柴田三千雄、遅塚忠躬、コリン・ルーカス、リン・ハントらが「ラ・マルセイエーズ」をフランス語で高唱した。翌日、西川長夫がその歌詞の好戦性をとりあげ、フランス革命のナショナリズム批判を行ったのが大きな反響を呼んだ。色川大吉と西川との論争は図らずも前夜の高唱への皮肉となり、まことに刺激的であった。私と福井憲彦は別の席で飲んでおり、遅塚さんらの大音声に唱和しなかったので、胸をなでおろした。みごとな討論通訳で平野千果子（当時、奈良女院生）がデヴューしたのもこのシンポである］。

じつは、ベルリンの壁崩壊から三日後の一一月一二日に、わたしは東大の史学会百周年記念シンポジウムに招かれ、未刊の『規範としての文化』に書いた内容とほぼ同じ「一九世紀フランス農村の知・モラル・ヘゲモニー」と題する報告を行っている。近藤和彦の司会、福井憲彦と木村靖二がコメンテーターであった［近藤・福井編『歴史の重さ』日本エディタースクール、一九九一年］。一二月五日には二宮宏之編『世界史への問い――社会的結合』（岩波書店）に拙論「コンパニョナージュと職能的共同体」が掲載された。同一六日の近社研では、特別例会シンポ、西川長夫「フランス革命と国民統合――社会史と国家論の接点をもとめて」を組んでいる［この討論部分は当時の近社研の雰囲気をよく伝えている。のちの国民国家論をめぐる西川・谷川「論争」の伏線にもなっている。『ユスティティア』三号一九九二年、参照］。こうした東奔西走が平凡社での企画会議の通過を多少とも後押ししたかもしれない。近社研結成から四年後の年の瀬であった。

4　三部作、合評会前後

こうして、悲願の八九年内の論集刊行は成らなかったが、翌一九九〇年の春から夏にかけて『規範としての文化』（三月一六日）、『青い恐怖・白い街』（六月二二日）、『制度としての〈女〉』（七月二三日）の三部作がなんとか陽の目をみることになった。

『規範としての文化』合評会は、なんと公刊後一〇日足らずの第四八回例会（三月二五日）で行われた。評者は福井憲彦・村上信一郎・川島昭夫の豪華キャストであったが、出席者二二名（執筆者・評者一三名込み）というのはこの間の亀裂を物語っているのか、いささか寂しすぎた。コメントは予想通り厳しいものであった。福井からは、まず序論における構えと各論の内容とのズレを指摘された。川島はそれを「論文集におけるモラル・ヘゲモニーの欠如」と表現した。「その通りだが、序論は私論とことわっている。私のヘゲモニーが一四人の論文に貫徹している方が、むしろ気持ち悪いのではないか。一見バラバラに見えても読後に何らかのモザイク文様が浮かび上がってくることを期待した」とその場は逃げを打った。さらに村上からは理論志向の希薄さを指摘された。既存の政治史や社会経済史へのオールタナティヴとなる（ハントやフュレのような）パンチ力が不足していると手厳しい。その通りかもしれないが、期待過剰の、ないものねだりだ。そういう貴兄にも書いてもらいたかったと答えたような気がする。少し後に出た『週刊読書人』（五月二一日号）での書評（伊藤公雄）にも「力作ぞろいだが、意外に静態的な叙述が多く、序文で期待したほど各論でドキドキさせてもらえなかった」という評言があった。献本に対する礼状でも序と各論とのギャップを指摘する声が多かった。これは「構え＝方法意識」をどう具体的な分析・叙述に活かすか、しかも実証性を失わずに物語性の躍動感をどう確保するか、という社会史に課された重い課題でもあった。

そうした批判のなかで、六月二日に出た『図書新聞』の杉山光信（東大新聞研・社会学）による書評だけが、各論を含めた全体に好意的な見方をしてくれた。「どの論文もささやかな事実への着目から通念をくつがえすという知的スリルを味あわせてくれる。（略）海外での話題の新著につぎつぎに飛びつくという段階をわが国の若い歴史家たちが卒業して、原資料につき歴史を書きはじめる段階に入ったという、このことがわかっただけでも本書との出会いは私にはうれしかった」。アリエス『子供の誕生』の訳者の評言だけに、これは嬉しかった。礼状のなかにも、「感服、共感。セカンド・ステージに幸あれ！」（二宮宏之）、「底知れぬ才能」（野田宣雄）、「教育史への越境」（宮澤康人）など、重鎮に励ましていただいたものもあった。たとえ社交辞令であっても、分科会方式で人間関係を損ない、挫折感に打ちひしがれていた私にはたとえようもなく有難かった。

少し遅れてであるが、学術誌からも書評が相次いだ。そこでは各論が丁寧に紹介・論評されているので、以下の各氏による力のこもった書評を参照頂きたい。槇原茂（『史学研究』広島大、一九九〇年七月）、上垣豊（『史林』一九九一年一月）、小山哲・佐久間亮（『西洋史学』一六三号、一九九一年一月）、村上信一郎（『ユスティティア』二号、一九九一年四月）、福井憲彦（『史学雑誌』一〇〇編九号、一九九一年九月）など。

『青い恐怖、白い街』

「コレラ流行と近代ヨーロッパ」を論じた第二巻の合評会は四か月後の第五二回例会（七月二一日）に行われた。評者は次田健作と見市雅俊。いずれも研究会内部のメンバーである。とくに見市は巻頭を含め二本の執筆者自身であり、異色の合評会となった。この日は、前回六月例会で川島が提起した新しいプロジェクト「犯罪と日常」の準備会（第四部会）が昼休みに発足したことや、すでに『制度としての〈女〉』の見本刷が出ていたこともあってか、三三名が参加して活発な討論が行われた。残された手書きメモによると、テーマも地域（英独仏）も絞り込んでいるので一見読み易そうだが、観念派（高木・柿本）と経験派（見市・川越・南）ともいうべき二派に分かれた不統一が執筆者自身から指摘されている。これで角山・川北らの八〇年代の成果を乗り越えられたか疑問だ、との真摯な自省もあった。レトリック過剰でイギリス的経験科学の面白さが欠如しているという「内ゲバ」的批判を私はあまり憶えていない。再読してみると、たしかに観念過剰の晦渋さが残るところも多々あったが、若さゆえの勇み足と言えなくもない。むしろ、「清潔な近代市民社会」へ転換するうえで、コレラは決定的要因であったか、それとも内在的要因が社会自体にあって、コレラはたんなる促進要因にすぎないのではないか、という指摘（谷口？）や、実態としてのコレラ・パニックは一八三〇年代のもののみではなかったか（谷川）。呪術や信仰にたよるコレラ患者の側からの視点が欠落している（次田・

川島?-)、など当時の近社研のコメントはやはり手厳しい。「歴史としてのからだ」に立脚すべきだったという評者次田が、もしこの企画に書いていたら、どうだったかとふと思った。だが、内部パニックを起こさないためにはこれでよかったのだろう。見市雅俊はその後、大著『コレラの世界史』の刊行をはじめこの分野を極めたし、川越はもとより、他の論者もそれぞれ関連する力作をものしている。十分な紙幅を与えられて、第一巻より濃密な一書であったことに変わりはない。

『制度としての〈女〉』　この合評会は、夏休みを挟んだ次の回、第五三回例会（九月一五日）に行われた。評者は松浦京子（橘女子大）と近藤和彦（東大へ転任）のふたり。先述のとおり、この著作の論文はどれも秀逸で、女性史研究に画期的なインパクトを与えたと記憶している。いま再読してみてもこの印象は変わらない。とりわけ冒頭の荻野論文に圧倒された読者は少なくないだろう。男性研究者にはとても書けない迫力に満ちたものだった。日本におけるジェンダー史学の展開をけん引するマニフェスト的作品のひとつといって過言ではない。姫岡（世紀転換期ドイツの労働者家族）と長谷川（近世フランスの産婆のキリスト教化）の力作は西洋史畑の読者にも親和的なテーマであったし、綿密な家計調査から「日本における性別役割分業の形成」を論じた千本暁子も労働経済学の重厚さを見せてくれた。独文の田邊玲子による文学作品の読み解きは「読解の社会史」の魅力的な試みであったし、落合のオーラル・ヒストリーでは、ギンズブルグの世界を思わせる「語り」につい引き込まれた。ひと言で言って脱帽であった。これは、彼女たちがちょうど上昇気流に乗り始めたころの、気合のこもった作品群であり、以後ぐんぐん加速して、それぞれの分野で頂点を極めていく。地位や肩書で人の価値を測るのは嫌いだが、その後、現在に至る彼女たちのキャリアとポジションを思うと、だれでも眩暈をおぼえるだろう。この合評会の評者、近藤もたしか激賞していたように記憶している。翌一〇月の『思想』（七九六号）に早くも書評を活字化しているほどであった。合評会のときにはすでに寄稿していたと聞く。書き手が女性のみであることを除けば、じつは専門領域横断性も備えていたことが分かる（姫岡、落合、長谷川エッセイ参照）。

分科会方式の功罪と動揺の修復

今にして思うと、この三部作によって近社研の存在は広く認知され、研究会運営は安定軌道に乗ったかのようにみえるが、当時の実態は真逆で、一時は崩壊の淵に立たされていた（記憶／忘却は自分に都合よく上書きされる）。ひと言でいえば、分科会の強行軍で生じた会員間の溝の深まりによる対立である。それは、まだ一巻のゲラさえ出ていない八九年秋の段階で、性急に次の企画を求めるかたちで顕在化した。一般に、原稿提出後、論集出版まで一〇か月から一年ほどの時差がある。編集サイドの人間はこの期間に多くの煩雑な作業がやってくること、また実際に刊行されるまでは気が抜けないことを、若い執筆者たちはまだよく理解していなかったと思う。先述のように、秋まで平凡社の企画会議を通っておらず、三巻全体が危殆に瀕している時期であった。そんなときに、近社研編で社会史方法論を出そうという水面下の動きが出てきた。「具体的な仕事抜きに方法論を語るな」という川北氏の批判にこたえるためにも、私は、なによりもまずこの三部作を無事上梓して、その合評会や書評の批判を踏まえたうえで、それなりの水準のものを目指すべきであり、今は拙速にすぎると自重をもとめた（近社研編とするなら、総力をあげて取り組むべきだが、この企画では私や谷口、田中は外れていた）。すでに、川島をリーダーとする第四論集「犯罪と日常」のプロジェクトが内定しており、これをサポートすることが先決であった。そのためにもこの間に生じた会員間の亀裂を修復し、分科会ではなく、例会中心でプロジェクトを進めていくべきではないか、と主張した。三巻そのものの出版危機を知ると、方法論の参画者たちもさすがに先延ばしにすることで妥協してくれたように思えた。だが、それだけでは終わらなかった。今度は第四部会のヘゲモニーを自分がとりたいという自薦者があらわれて、あろうことか『規範としての文化』の合評会当日に会場で自己アピールのビラ配りを始めた。この軽挙にはあきれ果てたが、適任者はだれの目にも明らかであった（この合評会の直前に創刊された『ユスティティア』一号には、川北稔・横山俊夫・川島昭夫「社会史の行方」と題する鼎談がある。川島が川北に伍してみずからの社会史観を端的に語っている）。

今回の三部作（＋第四巻）の企画は、旧来の編者や事務局だけが目立つ共同研究論集ではなく、編者名も研究会名も出さず共著形式を貫くことにしていた。結果的には、この連合主義的な運営方針が仇になった。第一の弊害は、分科会を優先して、自己の専門領域外の報告には出て来ない人が多くなったこと。他の二巻の合評会さえもネグレクトするようでは「越境する歴史学」はありえない。近社研編の方法論集を編むことなど夢のまた夢である。事実上、三つの研究会に分解していたともいえる。

あまりのことに疲れ切った私は、近社研から退くことも真剣に考えた。しかし、それでは第一巻の執筆者はもちろん、事務労働を支えてくれた学生・院生サポーターや、一般会員に申し訳が立たない。幸いにも、三部作の試みに関心を寄せてくれる新しい参加者が次々に現れた。合評会明けの一〇月例会（第五四回、川越＋上村）前に弁当持参の運営委員会を行い「もう一度国境横断性と領域横断性という近社研の原点に戻って〈気持ちよく〉研究会をやろう。外ではなにをやっても自由だが、ここではクローズドな分派行動は慎もう」と確認し合った。「犯罪と日常」関係の報告もつぎつぎ行われ、第四部会もようやく軌道に乗り始めた。

5　「中興」の九〇年代――今出川界隈から百万遍界隈へ

来る人、去る人？

三部作を境にかなりの離脱者（自然退会者）が出た、という記憶が草創期からの関係者にはあったと思う。私もそう考えていたが、このころの出席者ノートや報告者の顔ぶれをみるかぎり、必ずしもそうでなかったことが分かる。中期的には代替わり的な人の動きはたしかにあった。呼びかけ人や草創期会員のなかで四〇代半ばから後半にさしかかるものは教授になり、学内行政に駆り出される。また在外研究で一年間留守にするものも出始めた。遠方に就職したり、長期留学する院生はおのずから足が遠のく。逆に近畿圏に転勤してきたり、留学を終えて積極的に参加するものもいた。あたらしい意欲的な論客が入会して、活性化をもたらしてくれていた。

『大英帝国はミュージック・ホールから』で評判になった井野瀬久美惠をはじめ、『犯罪と日常』参加予定者でイギリス生活史研の佐久間亮、森本真実、パリ警視庁を研究していた長井伸仁（阪大・院、留学前）に、スポーツ史の若手五人組らが張り切っていた。川島の盟友で、いまやアフター研を取り仕切る常松洋はもちろん、阪大勢を牽引する南直人、指昭博、藤川隆男らも健在であった。なかでも印象的だったのは、文化人類学の春日直樹と沖縄現代史の冨山一郎の参加である（春日エッセイ参照）。このときの五九回例会（山本正・早田由美子報告、九一年四月）の会場が京大会館だったことに気が付いた。これは案外重要な転換点であったかもしれない。会場移転の直接的契機は、おそらく川越の在外研究であろう。九〇年代は会場変更だけでなく、のちの事務局交代もすべて担当者の在外研究がきっかけであった。

* 同志社の教室を世話してくれていた川越は七月例会まで参加しているからおそらく八月か九月から渡独、一九九二年の秋帰国だと思われる。学期途中より新学期四月からの試行期間を設けたのであろう。これも九三年の事務局交代と同じであった。同志社の教室は無料で美しいだけでなく、大阪方面からの交通も便利であったが、有料の準公共的な施設を使用したほうが、特定個人や研究室付きの研究会という印象を与えなくて済む、という利点もあった。事務局は私の奈良女子大なので京大文学部の研究会にはならない、と甘く考えていたかもしれない。この会場移転が、結果的に、重要な発起人のひとり川越修の足を遠ざけることになったのはまことに残念であった。

ともあれ、会場は鴨川左岸域に移り、百万遍学生センター、楽友会館、京大会館、文学部博物館会議室（無料）などを使用した。川越がドイツから帰国した九二年夏には、私の記憶が正しければ、川島が四月から京大総合人間学部（元教養部）に転勤していたはずである。翌九三年夏から今度は谷川のパリ在外研究が決定していたので、事務局を九三年の新学期から川島研に引き継いでもらうことにしていた。彼らの第四部会の論集原稿もかなり集まっていたはずであり、その後押しになると思われた。在研明けには学内激務が回ってくるのが通例であり、代替わりの良い機会でもあった。こうして第八一回例会（九三年四月）から事務局が川島研に移行することになった。

新しい追い風と例会の充実　第五九回例会から川島研に移行するまでの八〇回例会までの間、記憶に残る交流や報告を少し見ておこう。まず第六一回（石井・光永報告、九一年六月）のアフター研で、二宮宏之氏のサプライズ参加があった（森本エッセイ参照）。二〇人ほどで占拠していた「めなみ」の二階にあの痩身のダンディが現れたときにはどよめきが起こった。今様にいえば「ハンパない」オーラがその場を支配した。この日は平野、井野瀬、三成、春日、冨山、北村、池田らにくわえて、田中、川島、常松、荻野、南、柿本、服部、中島、高木、山本、松井ら創立期メンバーの名前もあった。つぎの六二回例会（九一年七月）では姫岡・川島報告と川越の渡独壮行会も兼ねていたからか、三三名もの出席者があった。そのうち、第一巻執筆者から一一名、第二巻は見市以下五名全員、第三巻からも姫岡、荻野、落合と三名の署名があり、第一巻の合評会を上回る盛況で、あの亀裂が修復されたようでもあった。翌八月には「暑気払い」を兼ねた特別研究会と洒落込んだ。貸切りの「ビストロ・めなみ」で田中報告を聴き、そのままアフター研に突入するという「遊び心」である。

この時期では、春日直樹のフィジー（六五回、九一年一〇月）、太田和子のケイジアンの神父失踪事件（六六回、九一年一一月）、西川麦子のバングラデシュ農村の物乞い（七一回、九二年五月）と文化人類学からの報告が続き、それぞれに刺激的であった。近社研も本格的な「越境する歴史学」に近づいてきたと、たしかな手ごたえを感じた。もう一人、冨山一郎の「〈日本人〉になるということ――沖縄戦の戦争動員」（六七回、九一年一二月）は圧倒的な迫力があった。聴衆一人一人に立ち位置を迫るテーマの深刻さもあったが、学生時代に講演を聴いた末川博立命館総長（彼の祖父）を彷彿とさせる、オーラに満ちていた。マーストリヒト条約締結（九日）とソ連邦解体（二五日）のはざまの地殻変動に共振したかのような例会であった。

九二年の師走には、川北稔氏に再登場願った。今度は社会史の是非をめぐる激論はなく、アカデミックな緊張感が心地よい例会となった。参加者も多彩な三五名が京大博物館会議室に集った。この年の五月東大安田講堂で行われた西洋史学会シンポジウム「過ぎ去ろうとしない近代」で川北・谷川がともに登壇したことも新しい近社研への追い風になったはずである。翌一九九三年一月には、初来日のアラン・コルバンの講演を特別例会として受け入れている。関仏研、日仏歴史学会との共催で、服部春彦、堀井敏夫、西川祐子、木崎喜代治らも参加した大盛会で広い博物館会議室が満杯となった（北村エッセイ参照）。平野千果子の見事な通訳ぶりも光った。翌日には上村祥二、小林亜子も加えた四人で奈良を案内している。ちなみに長井伸仁はこのとき留学中で、コルバンの指導学生であった。

この三年間の近社研の再活性化は、三部作のインパクトがそれなりにあったことを物語っている。第四部会の共同作業がまだ進行中であったので、本書服部伸のエッセイにいう、脱プロジェクト型＝研究者教育型への移行はもう少し先であり、安定した「中興期」とでもいえるような局面であった。もう複数プロジェクトの同時並行＝分科会型の無理はせず、ダブルキャストの一方を共同企画もので埋めていく、例会中心の運営を図った。もちろん、別個に小集団で研究成果を公にすることは好ましいし、奨励もした。それぞれが「若者の梁山泊」を卒業して、「自分流の社会史」に打って出る、そしてまたときどきは、近社研の旧友・後輩に成果を還元する。これはある意味で理想のネットワークのかたちでもある。たしかに、九三年の後半あたりから古参メンバーが転勤、在研、学内行政その他でいったん拡散していくのは、研究者個々のライフ・サイクルとしても自然のなりゆきであった。

川島研事務局時代

この時期をどう読むかは、少し難しい。一時、常連メンバーの減少と世代交代があったのは事実である。まず、奈良女、阪大に加えて京大の院生が積極的に参加し始めた。宮川剛、伊藤順二、竹中幸史、藤内哲也、金澤周作、久保利永子らである。会場の移行が誘因になっていることは確かだが、草創期も院生会員が相当数を占めていたわけだから、それ自体は歓迎すべきことであった。川島の送る案内状に、（定職者の）常連メンバーの減少と固定化を憂いている文面が入っている。「院ゼミ」化傾向を指摘する声

（藤川エッセイ）もある。ただ私の記憶では、コメントはまだまだきびしく挑発的なものがあり、第二期の教育的なそれとは異なるものであった（森本、並河、金澤エッセイ参照）。谷口、川島、常松、南、服部らの常連にくわえて、春日、冨山、三成、藤川らの報告は力があったし、杉本淑彦（静岡大）のジュール・ヴェルヌ論（第九五回、九四年一〇月）の力業には感服した。地下鉄サリン事件直後の百回記念例会（九五年三月）では、四国勢（佐久間・渡辺）の報告に三六名が集まり、久しぶりの姫岡、天野、栖原らを含めて定職者が二〇名以上も参加する大盛会となった。この後、一〇二〜一〇六回まで五回続けて三〇名を超える参加者があり、数的に近畿圏連合大学院ゼミの様相を呈してきたのは事実である。ただ、報告者の所属大学から大量に応援団がやってきたというケースもあるので、数的盛会を手放しで喜ぶわけにもいかない。たとえば第一〇四回（九五年七月）の小路田泰直の岡倉天心論には奈良女日本史の院生も加わり、二〇名もの奈良女生が詰めかけて、同僚の私自身も驚かされた。小路田節が冴え渡ったことは言うまでもない。この当時、文部省の奈良女子大にたいする共学化・学部改組の圧力が強く、私は「女子大有用論」を唱えて抵抗していたこともあって、この例会は心強かったことを思い出す。独法化に連なる新自由主義的な大学「改革」はすでに始まっていた。翌九六年五月から、女子大存続派に推されて学内最激務（当時の名称は学生部長、のちの副学長）に就かされたため、研究活動は一時ストップせざるをえなかった。パリ在研の前から進めていた翻訳、ピーター・バーク編『ニュー・ヒストリーの現在』（人文書院、一九九六年）を近社研メンバー（谷口、川島、太田、中本、林田）と一緒に上梓できたのが、ちょうどこのころである。アナール派以外の「新しい歴史学」の動向を紹介し、方法論的な共同作業のステップにするつもりであったが、これは結果として第四部会の仕上げを妨げたのかもしれない。

奈良女・谷川研の再登場

在研と学内激務の間、私はほとんど貢献できなかったので、川島のおかげで近社研は若い世代につなぎ、存続できたといってよい。ただひとつ、第四巻『日常と犯罪』の座礁は誤算であった。彼も多くの個人的原稿を抱えていたはずである。そこへ、九七年五月からロンドンへの在外研究が決まり、事務局はもとより、第四巻のまとめの作業も困難となった。九三年刊行予定で原稿は九二年ごろほぼ集まっていたからこれ以上の遅延は難しかったのであろう。ついに、常松と南の共編という異例の形でまとめることとなった（常松エッセイおよび記録篇目次参照）。事務局も私がちょうど学内行政職を辞任して女子大存続に目鼻が立ったときなので、九七年四月からリリーフを引き受けることにした（栗田エッセイ末尾の案内状参照）。第一二〇回、奇しくも川島の愛弟子、金澤周作の初登板のときであった。

＊　この九七年度の例会で目を引くのは、定松文（お茶の水女子大）のコルシカ・ナショナリズム（第一二二回、六月）、松塚俊三（福岡大）の「イギリスの初等教師」（第一二三回、七月）、光永雅明（神戸市外大）「記憶と歴史――ロンドンの銅像建設」（一二五回、一一月）、平野のブレーク真近を感じさせるフランス植民地主義研究（第一二七回、忘年会：豆水楼）などがあった。スポーツ史の若手によるグットマン『スポーツと帝国』（石井昌・池田・石井芳、共訳、昭和堂、八月）拙著『十字架と三色旗』（山川出版社、一一月）も同年の作品である。翌一九九八年一月、第四企画『日常と犯罪』の合評会（評者：栗田・北村）が、川島不在ながら三八名を集めて活発に行われた。

6　社会史の主流化？――第一期の後期

京大文学部への事務局移管

事務局は奈良女子大に、会場は百万遍界隈、というのはある意味、理想形であった。しかし、谷川の京大西洋史主任教授への転任という予想外の事態が出来した。六八・六九年世代として、これだけは避けたいという勤務先であったが、種々の事情で受けざるをえなかった。谷口が危惧するように、近社研が京大西洋史の研究会になってしまいかねない。彼は九八年三月を最後に姿を見せなくなった。野党が与党化してどうする？　自問したがもう後には退けない。バッシングにあっても仕事で中央突破するしかない。それが答だった。

さいわい、九八年四月の竹中・進藤報告（一三〇回例会）にはじまる一年半は順調であった。中堅以上と院生を組み合わせ、専門や出身大学もなるべく異なる報告者をセットにすることに留意した。会員も二〇〇名に迫る勢いで増え続けたので、この基本原則はほぼ維持できた。ただ関仏研事務局代表も兼ねていたので、綱渡り的にハードではあった。三〇名前後の参加者に定職者も一〇名前後が加わり、谷口の辛辣なコメントこそ無くなったものの、院ゼミではなかった。水野祥子（阪大・院）の環境史や久保利永子（京大総人・院）のウェールズ登山史に、藤川隆男（阪大）のオーストラリア多文化主義とアボリジナル、川島のイギリス森林枯渇論、さらには、上垣豊のイエズス会神話など、多彩なテーマが続いた。フランスから帰国した長井伸仁の提言もあって、記憶の歴史学への本格的な取り組みが始まり、ノラ編『記憶の場』から数本訳して、『思想』に特集号を組むことになった。この話はすぐに日本語版三巻本編集というプロジェクトに広がり、以後、関仏研と近社研では記憶の歴史がらみの報告が続くようになった。

九八年末、京大に集中講義に来た近藤和彦の近世ヨーロッパ論と長井の記念顕彰行事論を組み合わせた第一三八回例会では、村岡健次を含む一八名の定職者に三八名もの参加者を得て、狭い学生センター会議室に人があふれた。翌九九年四月の金澤・高橋報告にはなんと四三名。立命館の学生・院生が高橋秀寿の応援に詰めかけたようだ。この時の例会案内に事務局の任務分担が明記されている。渉外：谷川、名簿管理：久保利永子、会計：林田敏子とある。院生の献身的サポートぬきに成り立たない規模に膨れ上がっていた。第一四一回（九九年五月例会）の天野・宮川報告にはまた二宮宏之氏の参加があり、読書の社会史について的確なコメントをもらって議論が一段と引き締まった。これが最後の拝顔になるとは思いもしなかった。七月の杉本・見市報告（第一四三回）も四〇人近い盛会で、報告も充実したものが続き、「中央突破」に成功したかにみえた。

体幹機能不全との闘い

「徒弟シェパードの〝死を前にしてのことば〟」と題する栗田和典報告（第一四四回、九九年九月）を最後に、谷川の研究者人生は暗転した。一九九九年一〇月六日、河原町御池でアクシデント、四肢麻痺の状態で京大病院に搬送された。脳の指令が首より下に届かない頚髄損傷であった。通常は寝たきり、うまくいって一生車椅子という診断であったが、専門医がたまたま居合わせたおかげで、プレドニン大量投与措置が効いたのか、翌朝右手指先がかすかに動くようになった。近年自民党の谷垣元総裁が落車で車椅子生活になって以来、一般にも知られるようになった障害だが、リハビリを始めても四肢が奇妙な感覚で痺れ、掌を開くことさえできない。重度の体幹機能不全である。だが、なぜか奇跡的に回復軌道に乗り、二か月後には、アシスト付きでゆるゆると歩けるようになった。もちろん肩や手指の痺れが残り、ペンを握って字を書くこともまだできなかった。コルセットやテーピング、痛み止め措置を施してタクシー通勤も始めた。軽傷を装うために講義も研究会も続けた。キャンパスを行き交う自転車が刺客のように見えた。親切な図書館司書や院生諸兄姉のサポートがなければ到底務まらなかったであろう。なぜ休職しなかったのかと今にして思う。三人しかいないスタッフのひとりが在研でおらず、古代史の南川高志を一人にしておくわけにはいかなかった。一～三月には卒論・修論・博論の査読・試問に院入試、学部入試業務も控えている。「地獄の二月」の存在を、京大に赴任して初めて知った。学生時代は「教授たちは一～三月、授業もせんと遊んどる」と非難がましいことを言っていたが、事実は全く逆で、学部教員は会議と試験業務で授業どころではなかったのである。この地獄を免れていたのは、じつは学生と人文研などの研究所員だけであったことを思い知った。人文研こそ超特権身分であったのに、重労働の学部の恩師を糾弾していたのだ。忸怩たる思いとはこのことであった。

＊　痺れ除けの手袋をはめパソコンのキーボードを打つことはできた。ただし左手の回復は遅れて、シフトキーを押すだけだから、右手指一本で、『フランス史からの問い』（三月）と『思想』「記憶の場」特集号（五月）、さらに『史学雑誌』「回顧と展望：歴史理論」（七月）の原稿を書き上げた。あの状況で、なぜこれができたのか、今もって分からない。理不尽なバッシングには屈しないという強い思いが奇跡を生んだのかもしれない。入力作業それ自体がリハビリであった。だが、新しい依頼原稿は辞退し、義務的な仕事しかできなくなった。

西川長夫の国民国家批判論

二一世紀初頭、近社研は何事もなかったかのように続けられた（ただし前年から繁忙期ということで一月二月とも休みになり、年九回開催となっていた）。事務局周辺の事情通を除いて、谷川の障害は軽度とみなされ、会員は着実に増加し、近社研はセミ・ブランド化した。事故後半年経った二〇〇〇年四月には、入院のため延期されていた国民国家論をめぐる西川長夫との対論を、身障状態の私が司会に回るかたちで特別例会として組まれた。少なくとも七〇人以上の聴衆で京大会館の中会議室が膨れ上がった。体調不良でも真っ当に議論すればおのずから妥当な結論にいたるだろう、と。ところが西川氏は例によって訥々とした口調ながらきわめてラディカルな批判を時間いっぱいまで主張された。賃貸会場では、谷川が反批判する時間はほとんど残されていなかった。それまで三〇年にわたって親しく付き合ってきた同氏との不幸なすれ違いは、西川ファンのポスト・コロニアル研究者たちの敵意を招く不本意な結果に終わった。

両者の対立のきっかけは、西川氏が『国民国家論の射程』（柏書房、一九九八年）で主張する激しい近代国民国家批判を、それは非歴史的な思考態度だと私が婉曲に批判したことにあった（拙著『国民国家とナショナリズム』山川出版社、一九九九年）。国民国家を「想像の共同体＝近代の創造物」と規定するベネディクト・アンダーソンは、しかし西川のように「虚構＝フィクション」だといったわけではなかった。彼は「想像の共同体」である国民国家がなぜこれほどの歴史的実体を持ち得たのか、それを分析するのが歴史家の役割だと主張したのである。たとえばアントニー・スミスは前近代のエスニック共同体と近代の国民的共同体との重層性に着目して、国民国家とエスニック、ナショナル、両アイデンティティの関係を説得的に分析している。ようするに、国民国家はフィクションでもモジュールでもなく、暴力装置とイデオロギー装置を兼ね備えた「歴史的実体」である（前掲『国民国家とナショナリズム』六六～七五頁を参照）。西川のように、現代世界の矛盾や限界をすべて「近代国民国家」にもとめて道徳的に断罪し、たとえばフランス革命に諸悪の根源をみるかのような論法は、思想家のレトリックとしてはともかく、歴史家の取るべき態度ではない。戦争は近代国民国家の専売ではない。前近代にも古代にもあったことはだれでも知っている。フランス革命を現代の基準で単純に断罪するのではなく、前後の時代の社会構造・世界構造の変化として冷静にそのメカニズムを分析するのが歴史学の任務であると私は主張したにすぎない。何を言っても、すべて「それは国民国家に回収される」という呪文で切って捨てるのはいかがなものか、と。

「記憶の場」と文化社会史

不完全燃焼に終わった国民国家論例会（二〇〇〇年四月）のあとも、近社研はなお数年のあいだ活発に活動を続けた。先述の『思想』「記憶の場」特集号（九一一号）が出た二か月後の一五二回例会（七月）では、身障状態を顧みず谷川が「方法としての『記憶の場』再考」と題する報告を行っている。上垣、天野、長井、杉本、竹中、江川温、工藤光一ら中世史から近現代史にわたる翻訳グループをはじめ、姫岡、川島、指、山田に西川長夫ら七〇名前後が集った盛大な例会となった。報告内容は『記憶の場』第一巻の日本語版序文にあたる拙稿「『記憶の場』の彼方に」と重なっていたはずである。「文化＝社会史としての『記憶の場』」という解釈を問うてみた。シャルチエやコルバンらのいう文化史は新しい分野ではなく、社会史の一分枝である。記憶の歴史学こそ歴史家に課せられた二重の表象行為（史料と叙述）を引き受ける、いわば構築主義的宿命を自覚した究極の社会史のかたちである、と。遠来の工藤、剣持、和田光司らに意見を求めたかったが、先の国民国家論例会の不完全燃焼からか、その続編と誤解された西川氏から我田引水的な質問があり、表象の文化社会史の意義について掘り下げることができなかった。身体状況の悪化も手伝って私の苛々がつのり、西川氏に失礼な答弁をした苦い記憶が残っている。メンバー的にも盛会であったのに、悔やまれる例会であった。

社会史の根づき

このあとの例会案内には、「専門という名の国境を越えて、多数ご参集ください」という要請がたびたび書かれている。おなじく事務局を預かっている関仏研との差異化、国民国家別を越えた近社研の独自性を訴えたかったのであろう。このころも二〜三の例外を除いて、ほぼ三〇名前後の参加者があり、山田、松井、服部、南、高木、見市、上垣、杉本、栖原ら創立期会員の報告も続いている。英・独・米・仏が多数派とはいえ、それぞれ伝統史学の中心をずらした越境的な内容のものがほとんどになっている。

「マニラの中国人移民社会」（菅谷成子）は別格としても、「南アフリカ人の創出」（堀内隆行）、「ティロールの領邦議会」（佐久間大介）、「フィンランドの国民意識形成」（永井かおり）、「ナポレオン時代のポーランド・リトアニア」（梶さやか）、「ベトナムのフランス植民地教育」（黒沢和裕）など若手院生のテーマの脱中心化が進んだ。社会史は確実に根をおろし、歴史学の異端から正統への移行が予感された。そのことに私は逆に危機感をおぼえた。結成一五周年にあたる二〇〇〇年一二月の第一五六回例会案内状には、「二一世紀にむけて、歴史学にまだ何ができるか、近社研は今後どうあるべきか、をともに考えよう」と書かれている。

メール会員制の導入

事務の省力化のためメール会員制への移行が視野に入ってきた。これまで直接対面的コミュニケーションを重んじてきた私を含めた古い世代には、電子メールへの違和感がぬぐえず、ソシアビリテ上の大転換であった。ただ、手指の痺れで筆圧が確保できない私のような身障者には、もはや不可欠のツールになっていた。二〇〇一年四月の一五八回例会案内には、ついにメール会員制への移行とアドレス登録を要請している。今年度事務局表には、庶務・渉外：谷川稔、会計：堀内隆行、名簿管理：佐久間大介、会計監査：福嶋千穂とある。指先作業と歩行能力に限界のある谷川のサポートは近くのゼミ院生に頼るほかなかったが、これ以上、膨れ上がった毎月の郵送作業に彼らの時間を奪うわけにはいかない。苦渋の決断であった。完全導入した一六〇回は皮肉にも、南と高木という創立会員の組み合わせであった。もっともメール制になるとアドレス管理が大変で、とくに初期入力は故佐久間大介に多大の労を取らせてしまった。あらためて感謝し、彼の冥福を祈りたい。

ブランド化した近社研

二〇〇二年の一一月から二〇〇三年の三月にかけて、『記憶の場』日本語版全三巻が上梓された。これは、関仏研との重複会員たちの仕事であったが、例会数が二倍であったことも手伝って、望まずして近社研のブランド化をもたらしたように思う。『規範としての文化』の新装版（ミネルヴァ書房、二〇〇三年七月）も出た。『歴史としてのヨーロッパ・アイデンティティ』（山川出版社、二〇〇三年一〇月）という勤務先での仕事も間接的に作用したかもしれない。それまで付き合いのなかった報告者が遠方から、手弁当でやってきてくれるようになった。たとえば、故瓜生洋一（大東文化大）によるフランス革命期の腕木信号機ネットワーク（第一七三回、二〇〇二年一二月）、遠藤乾（北大）のEUの補完性原理（一七五回、二〇〇三年四月）、真鍋祐子（国士舘大）の民族聖地・白頭山観光（一七七回、二〇〇三年六月）、松本彰（新潟大）のドイツの記念顕彰碑（一八〇回、二〇〇三年一〇月）、田中拓道（北大）のフランス福祉国家論の系譜（一八四回、二〇〇四年四月）など、それぞれに興味深い報告で三〇～四〇人前後の盛会であった。

瓜生報告の案内状には「きな臭い国際情勢と不毛な大学改悪のなかで落ち着かない日々」とある。イラク戦争と独法化が差し迫っていた。今を時めく国際政治学者遠藤乾は、当時、上原良子らと「ヨーロッパ統合研究会」を主宰する新進のEU統合史研究者として入洛した。プルードン主義にかんする拙稿が補完性原理論文のヒントになっていると聞いて驚いた。四〇名近い参加者の四分の三は院生・ODであった。移民に動揺する拡大EUの未来について、若き参会者たちはいま何を思うだろうか。コリアン・スタディで知られる真鍋は、奈良教育大時代の受講生であった。現在は東大東洋文化研究所教授となっている。彼女の報告からおよそ一〇日後、国立大独立法人化法が可決成立した。自治が奪われるのに抗議の全学ストすら打てない京大と、無力な自分に深く失望した。

ノラ入洛と『記憶の場』への問い

ひそかに決意した退任までの一年半で、最後のイベントはやはりピエール・ノラを囲むシンポジウムであろうか。先述の松本彰報告は、このノラ・シンポにあわせた前哨戦である。学園祭にわく一一月の京大では、大階段教室はすべて学生におさえられており、文学部新館の教授会用会議室しかなかった。関仏研および「〈記憶と記録〉研究会」（主宰者小山哲）との共催のほか、学内外の仏文関係者らも口コミ参加して満杯になった。後遺症をおして激務に携わったため心臓に負荷がかかり、すでにステージ・フォーに近づいていた私は、ノラ夫妻を小料理屋に案内する以外は、同僚の杉本、小山にほぼ委ねていた。

上垣、天野のコメント、長井の名通訳は、在仏経験豊富な原聖、松本英実ら遠来の参加者をまえにして、近社研・関仏研の地力を証明するに十分であった。一方通行ではない国際学術交流ができる、そう感じていた矢先、フロアの一角を占めたポスト・コロニアル研究者から、『記憶の場』にはアルジェリアやインドシナなどフランス植民地主義についての記述がない、「国民国家に回収されるだけだ」という紋切り型の批判が飛んだ。そのとおりではあるが、「ないもの」をあげつらって全否定すれば、逆の意味で一方通行になる。私は「集合的記憶の文化＝社会史」の方法的妥当性を問うてほしかった。ノラやル＝ゴフの意図はどの程度各論執筆者に伝わっているのか、いないのか。いないとすればそれはなぜか、と。三四年前の一九六九年二月、旧館四階の教授会に乱入したときの自分がふと蘇った。対話を求めたつもりが、あれも一方的な押し掛け（つるし上げ）団交に終わった。彼我が入れ替わり、内在的に批判することの難しさをあらためて思った。

第一期近社研の終焉

二〇〇四年度最初の四月例会（第一八四回）案内では「独法化元年を迎えて先行き不透明感漂う昨今」「国策にもとづいた〈成果主義的〉研究会や国際シンポジウムが花盛りですが、当会は手作りの研究会として、地道に、しかし内容のある議論を楽しむ場であり続けたいと思います。今月も学閥や国民国家別の縄張り意識を越えて、多数ご参集ください」と書いている。庶民的な百万遍学生センターの閉鎖も告げられた。備考に今年度分の会費は徴収しないと明記している。谷川の早期退職は、この四月からの講義要綱（シラバス）を見れば明らかであったが、ほとんど気づく人はいなかった。自分史的研究史を通年で話して、退官講義に代えた人はいなかったからであろう。

この年の七月例会（第一八七回）では人文研助手の藤原辰史が初登板している。わたしは祇園祭の暑さにやられたのか、やがて「歴史のいま」とも真摯に対峙する、この稀有な若者の才能を見抜けず、つれないコメントをしたような気がする。谷口、川島の不在が身に沁みた。年末の第一九一回例会（西川杉子・小関隆報告、二〇〇四年一二月）では、ようやく谷川の辞意が周知されるところとなり、上垣、常松、南、服部、渡辺、山本、姫岡らの創立期会員に、集中講義で入洛した長谷川まゆ帆も加わって盛会となった。報告もきわめて水準の高い、第一期最後の一般例会を飾るにふさわしいものであった。この日、第二期の世話人予定者との打ち合わせ会もブランチで行っている。

二〇〇五年三月二六日、「記憶のなかの近社研――新たな旅立ちのために」と題する谷川の総括報告（第一九二回例会）があり、第一期近社研はあわただしくその幕を閉じた。例会案内状には、四月から事務局を八人で分担する「世話人会」体制への移行と五月例会までの報告者予告が記されていた。私の総括報告は、自分史的研究史を「前史」として語るかたちで、つまり本章となかば重なる小史を、かいつまんで三時間近くも話したように記憶している。内容については繰り返さない。ただ、膨大なレジュメと例会記録史料（本書記録篇に同じ）とともに、結成集会の音声録音テープをラジカセで流したのはちょっとしたサプライズであった。渾身の報告であったが、準備の周到さが身体能力の劣化という表向きの辞任理由を疑わせたようだ（例会記録は妻による入力。大量のコピーは院生菊池信彦・島田勇人両君の補助）。ただ、この最終報告が私の心臓をさらに圧迫し、退職後の五月と八月、二度にわたる手術を不可避にしたことだけはたしかである。

＊　この日の報告原稿メモの末尾には、「市場原理にまみれた世にあって、なお歴史研究に賭けた原点に戻れるか」とあり、欄外の手書きメモには、もうひとつの辞任理由である文科省による「大学解体」路線とそれに迎合する学内外の「改革」派への抗議が連ねられている。

曰く。ＣＯＥに代表される科研費の重点配分という美名に隠れて、大学自治の拠点、人文系学部つぶしが画策されている。産軍学協同路線への露骨な傾斜は、独法化による天下りと民間からの外部理事によるガバナンス改革（教授会自治の解体）と一対のものである。傾斜配分による大型科研は、研究者の二極分化を加速し、しかも特権エリート化を無自覚にする麻薬である。「改革」に批判的な部分を研究費で篭絡し、共犯関係に引きずり込む。しかもその財源は地方国立大学の運営費交付金の削減から絞り出している。だれも読まない、自己のキャリア・アップにしかならない「国際的」研究が主流となれば、「批判の学」としての人文学は自滅する。「自省の学としての歴史学の復権を！」と虚しい叫びが残されているが、時間切れ、息切れで読み上げなかったような気もする。

7 第二期近社研――二〇〇五年四月〜二〇一八年三月

こうして、第一期近社研は、事務局谷川の自爆のような形で幕を下ろした。二〇〇五年三月までを事務局体制で分けると、奈良女子大・京大谷川研が一五年と三か月、京大総人川島研は四年、通算一九年三か月、例会一九二回、分科会、特別例会を合わせれば、二〇〇回前後を一気に駆け抜けたことになる。例会参加者数やイベントに限れば、最盛期ともいうべき時期であったが、社会史をめぐる四囲の状況は確実に変化していた。近社研が「個人商会化・ブランド化した」と揶揄される状態から脱皮するには良いタイミングだったと思う。

世話人体制へ

残金運用で会費をとらず、メールの普及によって事務の省力化ができれば、献身的な事務局がなくともネットワーク的共同運営は可能となる。ドイツ史から南（京都橘大）と服部（同志社大）、フランス史は再編関仏研の世話人をも兼務する上垣（龍谷大）、渡辺（奈良女子大）、長井（徳島大）の三名、イギリス史の指（神戸市外大）、小関（京大人文研）に、東欧史の伊藤（福井県大）八名による集団指導体制は、代替わりと専門・学系バランスを考慮した布陣であった。共同研究のための公的専門機関である京大人文研からの世話人参加は、創立時の経緯、会の趣旨からみて微妙であったが、当時もっとも元気があったのは小関であり、一橋出身で京大人脈にはなかったので、自制的に行動してくれるものと期待した。この新体制は、ＩＴ技術に優れた伊藤（京大系）、長井（阪大系）の若手と、創立時からコンスタントに参加し続けていた服部（同志社系）の三人が主力になって、他の実績ある中堅五人がサポートする、私にはそういうイメージがあった。例会も年八回は容易にクリアできるはずだと。

だが、たしかその二年後、伊藤が人文研へ転任し、四年後の二〇〇九年には金澤が京大西洋史に着任（谷川の後任）、七月例会（二二五回）から世話人に加わった。母校に戻るかと思われた長井は二〇一二年上智大へ転出、さらに一六年からは東大西洋史に移った。関仏研世話人は続けたが、近社研世話人リストから長井の名はいつしか消えていた。それぞれにとってはいわゆる栄転であり、それだけ地力のある人材がそろっていたのは誉むべきことであった。だが、近社研世話人会の当初のバランスは大きく崩れた。人文研二名に、イギリス史三名、しかも京大現職が三名となれば、第一期近社研の平衡感覚を保つことは至難の業であった。最近知った記録によると、二〇〇四年からは、理念がほとんど重なる「越境する歴史学」（以後「越歴」と略す）という人文研を主会場とするミニ研究会に、近社研メンバーや、かつての西洋史院ゼミ生たちが次々に報告している。豊富とは言い難い報告者のリソースを分有した結果、例会数も八回から六回、四回、さらにその一回は両者で共有する（二〇一二年一二月以降）という負のスパイラルに陥ってしまった。その「越歴」も終盤の二〇一七年には一回のみ開催で、事実上休眠状態であった。八人の世話人たちも学内で要職に就いたためか、容易に報告できず、金澤が五回も登板して孤軍奮闘しているのが目立つのみとなった（フランス史の三人は関仏研がかつての近社研の熱気を吸収するかのように元気であるため、そちらに主戦場をもとめたのは自然であった。ドイツ史系も同様にド現研に回帰したのかどうかは、不詳）。ほぼ四回に一回は京大西洋史の院生報告があったが、他大学院生の発掘は少なく、近畿圏連合大学院ゼミですらなくなりつつあった。二〇一八年まで一三年間続いたのは（とくに第一期の遺産＝残余金が尽きてからは）、金澤周作の尽力によるものであったと思われる。ヴォランタリーな研究会の存続が、リーダーたちの情熱や責任感に依存するのは避けがたい。

私は、若い世話人会がやり易いように距離をおいて見守っていたが、高齢者お断りの「越歴」のことは知りようがなく、また人文研の正規の共同研究（第一次世界大戦）と種々の大型科研に、近社研若手メンバーや、かつてのゼミ生たちが積極的に参加しているようなので、負のスパイラルもやむを得ないか、となかば諦観していた（三・一一以降、ローカルな社会運動への後方支援が土曜の例会と重なったという事情もあった）。近社研が年に四回しか開催されず、そのうち一回を「越歴」なるものと共催するという噂を聞き、報告を一度だけ買って出たことがある（二〇一二年一二月）。時すでに遅く、このとき単独開催を許されなかったのは痛恨の極みであった。

幻の若手論集計画

第二期近社研の解散総括集会（二六六回）の際、草創期の三部作のように共同論集を出せていれば、求心力をもっと確保できたかもしれないという意見があった。そうかもしれないが、三部作の難産を知るものには、逆の結果もありえたと思う。つまりもっと短命に終わる可能性もありえた。たしか二〇〇四年の秋、小関隆の根回しのもと、水面下で伊藤や金澤中心に若手の論文集計画が進行していた。一応相談にものったが、私は退任をめぐる喧噪や身辺整理で体調悪化をきたしていたので、まともに向き合う心のゆとりを失っていた。退官記念論集に代わるものとして構想されたふしもある。これは第二期近社研初回の伊藤・金澤報告（一九三回、二〇〇五年四月）への私の辛辣な批判で尻すぼみとなった。金澤の勇ましい「多様性への惑溺」批判と「ゾーン」を鍵概念とする序論構想、伊藤による社会史の図式的総括についていけなかった。「何か、基本的な構えが違う」と感じた。史学史的総括など内部からするものではない。「目から鱗」の力作がならべば、抽象的な序論は不要だとも思う。私のもとめていた社会史は「その時代を生きる人びとの息遣いが伝わってくるような歴史叙述」であった。とはいえ、若者たちの貴重な「サード・ステージ」宣言なのだから、この志を尊重し、思う存分書いてもらえばよかったかなと今にして悔やむ。少なくとも新生近社研の景気づけにはなったはずである。ただ、このころ研究会の周辺では、さまざまな社会史的論集や叢書が林立していた。彼らの計画は、結局のところ、執筆想定者の多くが就職や留学その他で雲散霧消した。もっと容易な執筆機会があふれていたことも一因であろう。

＊　近社研は、私の「事故」後、すでに草刈り場に転化していたという説もあるが、それは料簡が狭すぎる。近社研メンバーの多くが、望田幸男の教育社会史シリーズをはじめ、望田・村岡監修「近代ヨーロッパの探求」叢書の『移民』『ジェンダー』『エリート教育』『警察』『軍隊』『民族』『スポーツ』などの論集で、執筆だけでなく、編集にも加わってい

る。むしろ、彼および彼女らの努力が、それぞれに結実したのを慶ぶべきであろう。人文研共同研究の「レクチャー叢書」についても同様である。近社研はあくまで相互研鑽のためのアソシアシオンであって、成果を上げるための場ではなかったからだ。

研究者養成の場？

第二期近社研の、全体としての性格はどのようなものと考えられるだろうか。私自身は、おそらく半分ほどしか出席していないので、全体像を云々する立場にない（世話人たちのエッセイを参照）。ただ、例会回数の半減（一三年間で七四回。第一期は一九年三か月で一九二回＋α）やコメントのマイルドさなど、第一期とはかなり性格が変容したという印象はだれしも持つだろう。たまに顔を出すと、嶋中博章、福元健之はじめ個々には刺激的で綿密な報告もあるのだが、討論がスマートすぎて、どこか物足りなさを感じて帰ることが少なくなかった。これについては、世話人の一人服部伸のエッセイにあるように、「研究者集団」というより「研究者養成の場」にシフトしたと形容できるのかもしれない。ただ、これだけでは研究会参加のモチベーションを保つことは難しい。中堅以上の研究者にとっては貴重な時間を割くわけだから、新たな知見や知己の獲得と刺激的な討論という「ワクワク感」が失われれば足が遠のくのは必定である。むしろ、なお一三年間も継続したことのほうが不思議と言える。木屋町の小料理屋に繰り出すということはなくなったが、百万遍界隈のコンパ・ハウスやエスニック料理店で報告者をねぎらいつつ、久方ぶりの人たちと語り合うというアフター研究会文化がいくらか保たれていたからかもしれない。

大学の変貌にどう向き合ったか

第二期近社研が直面した本当の問題は、九〇年代からの新自由主義的「大学改革」の加速とその悲惨な帰結であった。例会の維持が困難になったのは、端的に言って、大学に市場原理が露骨に導入されて「ゆとりの空間」が削除されたからである。文系学部も費用対効果の適用対象とされ、目先の成果主義に汚染されていった。文系教員や学生からリベラルな夢想に耽るいとまを取り上げ、大学を従順なアパシー空間にすることが為政者の目論見であるなら、近社研のような前時代的なアナログ空間はおのずと淘汰される運命にあった。先述した大学危機の進行（運営交付金削減と巨大科研による差別化、国立大独法化による外部理事の介入などを梃子とした「大学自治」の解体、文系学部への縮小圧力とその内部迎合者たち）に歴史家たちはどう向き合ったか。近社研メンバーにも個々に抵抗した人はいた。たとえば独法化反対署名を全国に呼びかけたひと。『市場化する大学と教養教育の危機』（洛北出版、二〇〇九年）を編んだひと。お雇い外国人教師一〇〇人計画に座り込みで抗議したひと。学術会議の軍学協同反対で踏ん張ったひと。毒饅頭（巨大科研）を食べることを拒否して無位無禄を選び取ったひと。

だが、一方でその有能さゆえに「改革」の旗振り役におさまったり、傾斜配分（大型科研）の受益者となる人がいたことも事実である。近社研のなかでさえ、格差社会はひそかに浸透していった（正本エッセイ参照）。「寄らば大樹の陰」、大型科研や公的機関による研究会に多くの若手中堅が吸い寄せられるのは避けがたい。いわば公的研究制度による私的研究会の回収・駆逐が加速したのである。国民国家別研究会はその専門性のゆえに「寄る辺」になりえたが、無国籍の近社研は無防備な草刈り場となった。皮肉にも「国民国家に回収された」のである。一方でこの「改革」はグローバル化への対応を錦の御旗にしている。グローバル・ヒストリーというまやかしに身をゆだねているようでは歴史学の未来はない。「批判精神の学」としての社会史の任務はまだ終わっていない。新しい研究会に、この任務を背負う覚悟を期待するのは酷であろうか。

おわりに ―― 近社研とは何であったか？

さて、一九八〇年代半ばから二〇一〇年代末まで、おおむね四つの時期に変貌をとげながら三二年と三か月にわたって活動し続けた近代社会史研究会とは、全体としてどういう存在であり、どういう機能を果たしたのであろうか。史学史的な位置づけは後世の部外者に委ねるとして、最も長く事務局に関わったひとりとして個人的な述懐を付記しておきたい。

近社研は、京都および近畿圏という、「戦後史学」の呪縛から相対的に自由な学問風土のなかで、六八・六九年世代の中堅とやや年少世代の院生を中心に生起した「新しい歴史学」をめざす学際的研究者集団であった。それは、全国学会や大手大学研究室付きの学会などとはまったく異なるネットワーク型の研究会であり、いわゆるヴォランタリー・アソシエーションであった。規約もなく「出入り自由」でありながら、常時一〇〇人以上、最盛時には二〇〇人もの登録会員を擁する中規模ネットワークであり、少数精鋭のクローズドな集団にはない、柔らかなソシアビリテの場であった。総記録にあるように、二六六回の例会と延べ五〇〇ほどの研究報告では、基本的に西洋近代史が中心ながら、討論はつねに「越境性」（領域横断性と国境横断性）がめざされた。本書のタイトルにある「越境する歴史家たち」とはなかば理想化された自己表現である。

近社研の機能を、個室と回廊にたとえてみると、各自はホームグラウンドである国民国家別・専門領域別研究会という個室から外へ出て、共通の回廊を歩き、近社研という中庭の共同テーブルを囲んで学際的に議論する、そこで得たヒントや着想をまた個室に持ち帰って各自の構想を膨らませる、そういう往還作業のためのフォーラムであった。ここでの議論はよく自由闊達と表現されるが、けっして馴れ合いではなく、時としてきわめてアグレッシヴに闘わされた。少なくとも第一期には「どこから球が飛んでくるか分からない怖さ、緊張感、スリル」があって「異種格闘技」と形容する者もいた。これは成果主義的な出版プロジェクト型研究会にはない、想定外・守備範囲外の発想によって得られるスリリングな経験であり、複眼的発想がおのずから育まれるアリーナ（闘技場）でもあった。若手にとっては、いや私や中堅層にとってもいつまでも他流試合、武者修行の場であったような気がする。もっとも、「スリル」だけでは身が持たない。「京都の研究会文化」というからには、プロセスを楽しむ「はんなりとした遊び心」が必要である。面白いテーマ、面白いアプローチ、面白い人との出会いは、アフター研究会での文化人類学的ノミニケーション（春日直樹）によってより豊かなものとなる。歴史学、とりわけ社会史は人間臭い学知である。春日のいう「暗黙知」を学ぶ、「異分野の人と人をつなぐ」というのが近社研のもうひとつの隠し味であった。

飲み会とワンセットで醸成されるソシアビリテの豊かさ、しかも京都中心部の居酒屋で行うことに意味があるなどというと、昨今のイクメン学者から「おやじのアル・ハラ」「時代錯誤」と一蹴されるであろう。たしかに第一期近社研は、アナログ時代の手作り文化、つまり直接対面型コミュニケーションの時代のフォーラムであったかもしれない。パソコンやスマホ、メールなき時代の通信手段は、電話と郵便しかない。例会案内作成作業は文面こそワープロだったが、各自手書きの宛名シールで発送した時期さえあった。この「手作り研究会文化」は、ITデジタル文化によって一掃された。第二期近社研は「褒めて育てる」文化にシフトしたとも言われるが、デジタル文化への対応は不十分であった。せめてホームページがあれば、双方向性が保たれ、新しい時代のソシアビリテが醸成されたかもしれない。その方面の能力に秀でた人材もいただけに悔やまれる。

さて、こんなアナログ文化の近社研が目に見える「成果」として残したものはあったのだろうか。あの四巻本は近社研の集合的記憶として残るかもしれないが、それ以上のものではない。むしろ、このフォーラムで出会った人びとが、それぞれの分野で花を咲かせた良質の仕事に注目すべきであろう。あるいは、むしろ作品より人の輪を残したのかもしれない。だれかが言ったように、近社研は無名の「種まき人」としていま静かに土に還る。それで充分ではないだろうか。

（二〇一八年一二月二三日、満三三周年に脱稿）

第Ⅰ部　記憶と歴史のはざまで

第1章　草創期の人とあれこれ

谷口健治

1　「近社研」発足のころ

前奏

歴史家としては如何なものかと非難されそうであるが、「自分史」を書けるような記録を残してこなかった。半ば意図的に身辺の記録を捨てて来たようにも思う。日記を書いて自己陶酔するような性癖を持ち合わせていない者としては、それも自然の成り行きであろうか。

しかしあなたが関係したあの件はどうであったのかと問われると困ったことになる。数年前のことならともかく、三〇年余りも昔の話となると、正確な記憶はない。「近社研」の発足事情についても同様である。薄れた記憶の断片を繋ぎ合わせるしかない。

「近社研」は一九八五年一二月二三日に始まった。その二年ほど前から川越氏、若原氏、南氏、谷口の四人で毎月ドイツ史の研究会を開いていた。ドイツ史はナチズムや宗教改革に研究対象が偏っていた。そのようなテーマに特段思い入れのなかった四人が集まって、もっと広い範囲でドイツ史を見てみようということで研究会を始めた。当時は多くが三月前期や一八四八年革命について調べていたので、それぞれその結果を報告して批評し合うことを交えながら、ドイツ近代史をどう捉えるべきか議論した。

この研究会にはもうひとつ目的があった。一九七〇年代から歴史の世界では社会史の研究が盛んになっていた。一九世紀以来の伝統的なドイツ史学は政治史や政治思想史を中心としていたが、そのドイツにも「社会史」や

「社会構造史」を標榜する潮流が広がっており、次々に新しい出版物が出ていた。こうしたドイツ史の新しい動きについて情報を交換しようということにもなった。考えてみればずいぶん欲張った研究会であった。

一九八五年の秋になって、谷川氏から一緒に新しい研究会を立ち上げないかと誘われた。もともと一九世紀半ばのドイツの社会思想について調べていたので、それとの関連で同時期のフランスの社会思想にも関心があり、長いあいだ人文研の「一八四八年ヨーロッパ」研究会に顔を出していた。そこで翻訳の仕事などにも加えてもらった。関西日仏学館のフランス史の研究会にも出入りしていた。谷川氏とはそれらのところで日常的に顔を合わせていた。このため声をかけられたことに違和感はなかった。

ただ谷川氏はフランス史の研究者であり、こちらはそのころにはフランスの社会思想の問題にはいちおう区切りをつけていたので、新しい研究会をと誘われても、即答はできなかった。その後数回会って、そこでフランス史の研究会ではなく、フランス史やドイツ史の枠を超えた研究会を作るという話になったとは思うが、残念ながら記憶には残っていない。

新しい研究会の話をドイツ史の研究会にも持ち帰って、意見を交換したところ、全員で新しい研究会に合流しようということになった。いま「合流」と書いたが、この表現は正確ではない。「近社研」が始まったあとも、ドイツ史の研究会は解散しなかったからである。「分科会」、「分派活動？」などという声もあったが、「近社研」との関係を整理したわけではない。ただこれはこれで続ける意義があるということで意見がまとまった。このドイツ史の研究会は、参加者の顔ぶれは変わったものの、現在もなお続いている。

発足

谷川氏にドイツ史の研究会の側の参加の意思を伝えたあと、新しい研究会の参加予定者が何度か集まって新しい研究会の在り方について改めて話し合った。ドイツ史の研究会の四人の他にもイギリス、フランス、ドイツの枠を超えて何人もが集まったと思うが、誰がいたのかははっきり思い出せない。議論は尽きなかったが、幾つかの共通理解は成立した。イギリス、フランス、ドイツといった国や地域にとらわれず近現代史の研究者あるいはその志望者を参加者として募る。社会史関連の新しいテーマや手法の報告を歓迎するが、報告内容に特に制約を設けない。特定の大学の研究室とは「繋がり」をもたない形で研究会を運営する。こうした合意である。

新しい研究会の名称をどうするのかも話題になった。「近代社会史研究会」という名前がだれの発案なのか記憶にない。新しい研究会が社会史の研究会なのか、そうではないのか決着を見なかったので、対立を隠す妙案あるいは弥縫策として出てきたものであろうか。「近代社会」の歴史についての研究会とも、近代の「社会史」の研究会とも読める。

いずれにせよ、「近社研」は暮れも押し迫った一二月二三日に最初の例会を開いて発足した。「近社研」はその後すぐに予想外の大所帯になった。この点に関しては谷川氏の人脈の影響が大きかったように思う。最初当惑するところもあったが、「近社研」が国別・地域別の制約のない近現代史のフォーラムとして存続できるようにそれなりの協力はした。

もともと乱読癖があったが、多様な報告に対してあまり的外れな質問を行わないように、ドイツ史以外についても雑多な知識を集めた。ワープロ書きで会報を発行したりもしたが、数号で終わったので、これは徒労であったかもしれない。「近社研」で論文集を出すということになり、これにも参加した。「近社研」とは発足から一九九八年まで一三年間付き合った。しかし個人的な都合で足が遠のいたので、その後の展開については承知していない。

雑　感

今年（二〇一八年）三月に「近社研」を解散したという話を伝え聞いた。どのような理由があったのかはもちろん知らない。立ち上げにかかわった者として多少の感慨がないわけではないが、これも時代の流れかもしれない。

時代の流れと言えば、歴史学に共通の話題がなくなったということがある。「近社研」が始まったころには、社会史が国別・地域別の枠を超えて大きな議論になっていた。社会史にのめり込んだ者にとっても、距離を置いた者にとっても、社会史の新しい手法や新しい対象は共通の関心事であった。その後、社会史は歴史学の通常の一分野に成り上がり、ことさら議論すべきものではなくなった。

社会史が「通常化」し始めたころ、政治史の重要性を見直そうという声が上がったり、歴史学の存立そのものを疑う新しい文化史が唱えられたり、視野を地球規模に拡大してグローバル・ヒストリーを目ざそうという動きが起きたりしたが、いずれも社会史が新たに登場したころに与えたほどのインパクトはなく、すべての歴史研究者に共通の話題を提供するものにはならなかった。こうした状況が大勢の者が集まって議論することを難しくしていることは明らかである。

歴史研究者が集合することを抑制している事情がもうひとつある。「近社研」が始まったころに比べれば、ヨーロッパの史料や文献を手にすることは格段にたやすくなった。歴史の理論について多くの議論がなされ、さまざまな新しい手法も提案されてきた。それを無意味というつもりは毛頭ないが、歴史学の基本が史料の「深読み」にあることは動かしがたい事実である。史料が容易に手に入るいま、目の前の読める史料に沈潜したいというのは自然の流れであろう。単独で、あるいは少人数で特定の言語の史料や文献を読む作業を積み重ねるというのが今日的な歴史学のスタイルということになろうか。

すでに完全な部外者なので、これらのことが実際に「近社研」の解散を引き起こしたのかどうかはわからない。しかし「近社研」が特定の大学の研究室とは結びつきをもたない有志の研究会という最初の性格を保ち続けていたのであれば、これらのことの影響は十分考えられる。その意味では解散も「近社研」のやむをえない結末と言うことができるであろう。

（ドイツ近代史　滋賀大学名誉教授）

2

私の研究者人生のなかの近社研

姫岡とし子

近社研への参加理由

私は、近社研に初回から参加している。設立年の一九八五年、私は奈良女子大学のＯＤだった。近社研の設立の少し前に、指導教官であった故中村幹雄先生が、奈良女子大学への移動が決まっていた谷川さんを紹介してくださり、彼から近社研への参加を促された。もちろん、二つ返事で了承した。

当時の私にとって近社研の誕生はとても魅力的だったし、研究会にもほぼ皆勤で参加した。理由は主に三つある。一つは、社会史をメインにした研究の場ができ、しかも一国史の枠を越えて、多くの人たちと社会史の有効性と可能性について議論できたことだ。当時、西洋の歴史を考察する視角は今ほど多くなく、政治史、思想史、構造史などが浸透していたが、社会史はそれらに取って代わって、歴史学全体を席捲するのではないかと思われるほど勢いがあった。理念を述べる人に対して、「では実態はどうだったの」という問いが繰り返され、人びとが歴史をいかに生きたのかが関心の的になり、歴史関係の出版物にも『……の社会史』というタイトルが目立つようになっていた。

一九八〇年代には、アナール派の歴史学が注目を集め、代表的著作の日本語への出版があいついでいた。家族史がその中心を占めていて、それまで普遍的なものだと考えられていた夫婦・親子の情愛にみちた家族や母性が歴史的形成物だと明らかにされたのだ。日本史には女性史研究の伝統があったが、この時期の西洋女性史はまだ黎明期で、欧米の新しい女性史と日本で興隆しはじめていた女性学、さらにアナール派の影響を受けた研究が発表されるようになっていた。三者は相乗効果をもたらし、女性史や女性学の斬新さに、理論面から注目して参入する男性研究者がとくに社会学の領域で増えていった。

この頃には、さすがに、少し前までの「女性史なんぞ歴史研究ではない」とか、「女性史をやっても就職にはつながりません」という発言は聞かれなくなっていたが、女性史を無視する傾向はまだまだ強かった。しかし、社会史の研究者は、女性史の必要性と可能性を認めている人が多く、近社研では、当初から女性史が歴史研究の推進に不可欠なものとして認識され重視されていた。この近社研の女性史把握が、熱心に研究会に参加した二つめの理由である。

三つめは、担い手が若かったことだ。当時、私は「ドイツ現代史研究会」という別の研究会の会員でもあったが、こちらは参加年齢層が幅広く、私にとって父親・長兄世代にあたる重鎮の先生方が中心的な役割を担われていた。院生時代に私は、この研究会で、ドイツ史の研究者なら当然知っておくべき基本的知識や研究動向など、数多くのことを学んだ。しかし、研究会での私の立場は、報告者と先生方の発言に耳を傾けるという、どちらかといえば受動的なものだった。

設立当時の近社研のメンバーは、私の兄――姉は残念ながら一名だけだった――世代の中堅が中心で、同年代あるいは弟・妹世代の若手も多かった。女性研究者の数は、その頃の女性ブームを反映して設立から数年で著しく増加した。先生と呼んだ人はいなかったと思う。そのせいかＯＤだった私も、「ご指導いただく」という立場ではなく、お互い切磋琢磨する場として参加することができた。近社研では、ドイツ史以外のさまざまな国の社会史の話を聞くのが魅力的で、初歩的あるいは場違いの質問もできる、気軽に意見をたたかわせる雰囲気が作られていた。

アフター研究会も活発で、メンバーの友人の経営する飲み屋がサロンとなって、フレンドリープライスの恩恵を受けながら、遠慮なしに語りあった。研究会の参加者のほとんどが懇親会にも参加し、二次会、ときには日付が変わる三次会まで、場所を変えながら議論した。

『制度としての〈女〉』の出版

近社研メンバーによる「社会史シリーズ」の出版がいつ決まったのか、忘れてしまったが、設立後、それほど時を経ずに決定したと思う。現在のように、科研プロジェクトで成果を出版することが常態化していなかったためか、基本的に個人の研究者の集まりであっても、近社研の結集力に期待するところは大きかった。出版にさいしては、三冊まとめて出すことによって、社会史、それも近社研の社会史がどのような歴史像を打ち出すことができるのか、社会史の可能性を学界に問う、といった気持ちが込められていたのではないかと思う。

当初、出版した三冊本の一つに女性史が選ばれた。前述のように、近社研では女性史が重視されていたが、当時のアナールに女性史が不可欠だったように、もっと積極的に、女性史なくして社会史は存立せず！　といった雰囲気すらあったと思う。女性史本の出版が決まったため、従来のメンバーに加えて、本の執筆予定者もあらたに研究会に加わった。『制度としての〈女〉』は、西洋史、日本経済史、社会学、文学の研究者が、女性と歴史という二つのキーワードで一堂に会して学際的な観点から執筆したものである。

出版にさいしては、近社研での報告の他に、執筆者同士で何度か構想や執筆途上の原稿について議論した。八〇年代半ばはちょうど女性の就職に対する潮目が変わった時期で、以前は、結婚している女性は夫が稼いでくれるから、妻は非常勤で研究を続ければよい、という空気が支配的だった。私たちは、潮目の変化のおかげで全員、専任職への就職が決まったばかりの若手で、子育てとの両立の大変さを実感しながら研究をする人、執筆中に妊娠・出産をした人もいた。

当時はちょうどアグネス論争が起こるなど、育児と仕事の両立がフェミニズムの重要課題となっていた。アグネス論争とは、仕事の現場に子どもを連れてきたアグネス・チャンに対して、林真理子らがプロは子どもの存在を感じさせずに仕事をしなければならない、と批判したことがきっかけとなって生じた論争だった。女性が男性職業人と同じ土俵に立つことを要求する林らに対しては、フェミニストの多くが、子どもは存在する、子育ては生活の一部、女が男並みに働くのではなく、女並みを基準にして仕事全体の環境を作らなければ、仕事と家庭の両立は無理と主張した。要するに、男性も女性も育児にかかわるべきで、そのためには育児（今では介護も）の存在を前提とした仕事の世界を作っていかなければならない、と訴えたのだ。今は、実質化されていないとはいえ、ワークライフバランスが政策として取り組まれて議事日程にのぼっているが、当時はまだ、現実はもちろん、理念的にも、仕事の世界では「男並み」が要求されていた時代であった。私たちは「女並み」を実践すべく、一番大変な人に他の人が合わせる、をモットーに、仕事と育児の両立を実践しようとした。身動きしにくい人の家で研究会を開き、飲んだり食べたりを楽しみながら、忌憚のない議論を重ねて原稿を完成させていったことは、懐かしい思い出である。他にも離婚、就職など、この本の執筆時期にそれぞれが人生の転機を体験している。自分たちの人生と研究とを重ねながら、女性史研究によって女たちが生きてきた道程のメカニズムを解明しようと意気込み、そのための新しい女性史を作り出そうとした。

『制度としての〈女〉』は、さまざまな分野の専門家が執筆する学際的な書物で、当時としては結構画期的な書物だったのではないか、と自負している。まだ非常に珍しかった身体史、事実の実証を重視する歴史学と文学との違いが強調されるなかで、それに挑んで、その可能性を示した文学論文、方言での叙述によって生きられた世界を鮮やかに浮き彫りにしたオーラル・ヒストリーとその社会史への連携、歴史人類学的手法の取り入れ、規範の定着過程を明らかにした社会史および経済史論文。方法論的に多様で、扱っている地域や時代もさまざまだったが、その通奏低音となっていたのが「制度としての〈女〉」であった。

当時の女性史にとって、近代の評価は大きな係争点であった。戦後史学では近代の解放的側面が前傾化されていたが、フェミニズムは近代的家父長制という概念で、公的領域からの女性の排除と活動領域の家庭への限定という近代の女性抑圧的・男性支配的な側面を浮き彫りにしていた。私たちは、近代の黎明期である啓蒙時代から戦後期までを取りあげ、本質的だと考えられていた身体認識の歴史的変遷、啓蒙期の文学や言説における近代的女性（男性）像の形成、女の領域とされていた出産をめぐる状況の医療化・近代化による変化、「女は家庭、男は仕事」という性別分業の成立と労働者における近代家族の形成、について明らかにした。こうしたテーマへの注目によって、私たちは、性差や性別役割が近代社会の成立にとって不可欠の要素であることを主張し、「制度としての〈女〉」が近代社会のメカニズムを機能させる上で、どのような貢献をしたのか、を解明しようとしたのである。

この本には、ジェンダーや構築主義という用語は登場していない。初版出版は一九九〇年なので、アメリカなどとは違って、執筆時期に日本ではジェンダーや構築主義はまだ浸透していなかった。『制度としての〈女〉』は、なるほど女性史かつ社会史の書物として書かれ、ジェンダーや構築主義を意識しているわけではなかったが、それでも内容的にはジェンダー史的、構築主義的、文化史的な要素が見え隠れしている。本書では、ジェンダー史の基本認識である、性差は本質的なものではなく、歴史的な構築物であること、そしてその性差は近代社会形成の重要な構成要素であることが、先取り的に示されていたのである。

本書の出版は、まだ出版業界が次々に新刊を供給するというコンビニ並みの操業形態に陥る少し前の時期だったので、初版は二〇〇〇部であった。まだ女性史関係の書物が少なかったこと、性別役割分担の歴史的形成とその帰結に歴史研究の枠をこえて女性学の注目が集まっていたこと、などから、本書への関心は高かった。当時、国立女性会館で年一回開催されていた女性学講座のさいに本を販売したところ、飛ぶように売れたのを思い出す。近藤和彦氏による『思想』での書評をはじめ、多くの書評が出た。そして、三刷まで版を重ねることができた。女性学、新しい女性史、そして近社研のコラボの果実であり、非常に充実かつ楽しい本作りの過程を経験するという幸運に恵まれた。

近社研とのかかわり　初期の近社研では、会員の個別報告、三巻本の出版に向けた報告の他に、重鎮を招いて、当時話題となっていたテーマについて議論することもあった。たとえば、川北稔氏と西川長夫氏（両氏とも会員）である。川北氏の時は近代が話題となり、近社研のメンバーは近代を否定的に捉える傾向が強かったのに対して、世代の異なる川北氏が、貧しさを脱することができたという意味もこめて近代に肯定的だったことが印象に残っている。西川氏は、フランス革命二〇〇周年記念事業で忙しかった時期に来られ、フランス革命と明治維新を比較したリン・ハント氏とのやりとりが話題になっていた。明治維新をどう翻訳すべきか、restoration（＝復古）か、reformation（＝改革）か、revolution（＝革命）か、と問われ、教科書で習っていた王政復古という用語の含意を、愚かだった私は、この時はじめてきちんと理解した。ドイツではいまだにRestauration=restoration が使われているが、それ以降、私は明治維新を Meiji Revolution と翻訳するようになった。

近社研に、外国人がゲストとして招かれたかどうか、はっきりとは覚えていないが、アメリカの家族史研究者で、当時西陣研究をしていた日本滞在中のタマラ・ハレブン氏が話をしたかもしれない。しかし、それは例外的で、近社研には積極的に外国人を招こうという方向性はなかったと思う。もっとも、一国史の研究会と違って、招待される外国人の受け皿になる必然性が近社研にはなかったが。

研究会での三巻本の書評が一段落したあとも、私は研究会に通っていたが、『制度としての〈女〉』を執筆した仲間たちは、それぞれの事情で研究会にほとんど顔を見せなくなった。一九九三年から九四年にかけて一年間ドイツに留学していたこともあり、私自身も、皆勤賞だった八〇年代と違って、欠席することが多くなった。文化史が台頭するなかで、社会史ブームは後景に退き、私自身にとっても、社会史の新鮮さは失われていった。近社研は社会史の研究会を謳っていても、報告は社会史に限定されていなかったが、それでも、次第に研究会から足が遠のいていった。研究会で私が最後に報告したのは、九七年頃だったと思う。そして集団的な世話人体制になった時から、完全に幽霊会員となり、その後、関東の大学に移動したこともあって、研究会とは無縁になってしまった。

近社研からは、メンバーの恩恵を受けるばかりで、私自身が恩返しをする機会はほとんどもてなかった。研究に対する情熱が高く、学ぶ意欲が旺盛だった若手の時代に近社研という場があったことで、皆で切磋琢磨してお互いを高めるという喜びを分かち合うことができたのは、非常に幸せであった。

（ドイツ近現代史・ジェンダー史　東京大学名誉教授）

3　個人的エッセイ

南　直人

「草創期」の記憶・記録より

私は近社研の創立時からのメンバーであり、この研究会の「古代史」を知っているということで第一章に執筆することとなった。たしかに、研究会の会計を預かっていた時期もあり（京大会館での部屋代の支払いや「めなみ」での飲み代の計算など思い出せばいろいろなことがあった）、近社研の名前で刊行された論文集に拙論を掲載させていただき、さらには第二期の世話人もつとめることとなった（最後は全く世話人としての役目を果たせず金澤さんや渡辺さんをはじめ他の方々には申し訳なく思っているが）。近社研との縁は深いといえるだろう。しかし、私はその一方で、とくに初期においては、ある種の居心地の悪さを感じていた。それは、自分がまだ能力の低い半人前の研究者で、えらい先輩方や自分よりよほどすぐれた同輩たちに交じって質問したり議論に参加したりすることへの遠慮、あるいはコンプレックスというものであったのかもしれない。

いま、数か月前の引っ越しの片づけがまだ終わらない研究室で、積み上げた段ボール箱の山の奥から、たまたま近社研の古い記録をようやく「発掘」することができ、初期のころの案内やレジュメ、会報など（それの一部は第Ⅱ部記録篇として巻末に掲載されているはずだが）をながめつつ、こうしたほろ苦い思い出にひたっているところである。古い記録をみていくと三〇年以上前の自分の記憶がよみがえってくる。

まず目につくのは、当時としてはあたりまえであり、取り立てていうほどのこともないが、手書きのレジュメがまだいくつかあったということ（誰のレジュメかということは伏せておく）。そして初期のころは谷川さんの序章にもあるように月曜日に例会をおこなっていたということである。第一回の定例研究会（一九八六年一月、報告者は渡辺和行氏）の案内はがきには「原則として第三もしくは第四月曜日に行いたいと思います」と書かれている。同年六月と七月は土曜日であるが、九月と一〇月は再び月曜日におこなわれており、同年一一月例会の案内文の中に、「一二月例会は一五日（月）を予定しておりましたが、月曜日が出講にあたる会員が多いため一二月二〇日（土）に変更いたします……来年度以降も原則的に土曜日に行いますので、次年度の時間割編成のさいには、ご配慮くださいますように」とある。一九八七年からはほぼ一貫して土曜日開催となったことがわかる。月曜日に定例の研究会を設定するということについては、これも序章で述べられているが、まだ大学が牧歌的、というか余裕のあった時代なのであろう。

「草創期」の熱気

このように、初期のころの研究会の案内や中間総括の文書、個々のレジュメを目にしてあらためて感じるのは、一九八〇年代における歴史学界の動向を反映して、社会史研究の可能性への熱い思いが支配していたということである。報告テーマからキーワード的に抜き出してみると、「フェミニズム」、「社会的抗議」、「国民形成」、「民衆文化」、「身体」、「近代家族」、「セクシャリティ」、「エスニシティ」といった語句が並んでいく。今ではごくふつうに使われるようになったこうしたキーワードを用いて、「近代社会」を解明していこうという学問的情熱がほとばしっていることが、こうした研究テーマから見えてくるのである。その学問的情熱を燃料として、近社研の三冊の論文集が（少し遅れて四冊目も）短期間に集中して生み出されることが可能になったのだといえるだろう。

しかし皆が同じ方向を向いていたわけでもないことは明らかである。そのことを端的に示すのが、一九八六年一一月例会における「川北・谷川論争」であろう。序章ですでに述べられており、当事者両氏をはじめあの場所にいて沸騰する議論を聞いていた方々も多いので、この場で私が感想を述べるのは適当ではなかろう。何より「おまえは何もわかっていない」というお叱りを受けるのは目にみえている。ただ、私が段ボール箱から「発掘」

した文書の中に、当時まだ若かった私が必死で取ったメモが残っている。その大半は、川北先生の「イギリス・サーヴァント考――家族・工業化・帝国」という研究報告の内容を書き留めたもので、イギリスから北米植民地へ渡った年季奉公人の分析、西ヨーロッパ型家族形態の問題、それと工業化との関係、アフェクティヴ・ファミリーの出現といったことが、私自身のへたくそな字で書かれている。きちんと理解できていたかどうかは別として、われながら実にまじめに聴講していたことがわかる。

そのあとに「論争」のさなかに私が書き留めたと思われるいくつかの語句が記されているのである。誰が発言した言葉なのか、論点をきちんと理解できているのかはわからない。ともかくその場にいた自分が書き残したメモなので、それをそのまま紹介しておこう。

「歴史学は未来の指針か?」、「社会史は結果論の歴史だった」、「通史が書けるか（Braudel）」とあり、そのあと「ミクロVSマクロ」、「社会史・世界システム」、「static・dynamic」といった図式が書かれている。さらに「社会史、経済史、政治史、文化史」と並べ、「社会史」から線が引いてあり「他の〇〇史と同列 or 庶子 or 支配・統合者?」そして「世界システム論は全てを統合しうるか?」とある。続けて「敗者の歴史でもええじゃないか」、「今日の物質文明にひたっているより」、「社会史の可能性……警鐘を鳴らす役割が」、「要するに、自分たちの陣営だった」、「今日の支配に批判的、南北問題……」、「けど、その陣営が敗北したからといってそれを足げにするとは!」

以上である。激しい論戦を聞きつつ精神的に動揺しながらのメモなので正確さは保証しがたい。しかしあの時かわされた言葉の一部でも再現できたのではないかと思う。あらためてお断りしておくが、以上はあくまで当時の若い私がメモした言葉を忠実に再現しただけのものである。それをどう理解し、解釈するか、それは読者お一人お一人におまかせするしかない。現在の私が、過去の若かった私のメモに対して責任を問われることはないと思うが、関係者の方々へは、つたないメモしか取れなかったことに遅まきながらお詫びを申しあげたい。

迷いながらも「食の歴史」へ

再び「草創期」の関係文書に立ち返り、ここからは冒頭に述べた「居心地の悪さ」について少し述べておきたい。以上のような、激しい論戦も含めた初期の近社研の熱気の中で、私自身は自分の研究の方向を定めかねていた。この時期、大阪大学西洋史研究室の助手として雑務に追われつつ、将来の研究テーマを模索していた。修士論文で扱った手工業者関連のテーマから民衆運動史、民衆生活史の方へすすみたかったのだが、諸先輩方の精力的な研究活動に伍していく勇気がなかったのである。そうした中で『路地裏の大英帝国』（角山榮・川北稔編、平凡社、一九八二年）や二宮宏之氏の「社会史としての食生活史」（同『全体を見る眼と歴史家たち』木鐸社、一九八六年、所収）など、英仏の社会史関連の研究を読んでいくうちに、しだいに「食」というテーマに惹かれるようになっていった。しかし、自分の専門のドイツ史ではそのような研究は見当たらず、はたしてこの方向へすすんでもよいものかどうか自信がもてないままであった。そうした自分にとって、近社研で自信たっぷりに自説を展開し議論していく諸先輩・同輩の方々の姿は、まぶしくもあり羨ましくもあり、要するにある意味で「居心地の悪さ」を感じていたのである。

しかし、ドイツにおける食の歴史研究のパイオニアであるハンス・ユルゲン・トイテベルク先生の研究に出会ったことでようやく転機が訪れた。工業化の下でのドイツにおける食生活の歴史的変遷をあつかった先生のご著書を読みすすめていくうちに、ドイツ史でも食の歴史が研究テーマとして十分いける、と確信することができた（ミュンスター大学におられたトイテベルク先生の下で、その後半年だけではあるが勉強させていただいた。今は亡き先生の学恩は忘れられない）。いずれにせよ、こうしてようやく近社研の二〇回めの例会（一九八七年一〇月二四日）で「近代ドイツにおける食生活史――研究動向」という発表をすることができた。創立メンバーの中ではずいぶん遅いデビューとなったのである。その後川越修氏や見市雅俊氏、高木勇夫氏、柿本昭人氏と『青い恐怖　白い街――コレラ流行と近代ヨーロッパ』（平凡社、一九九〇年）のメンバーに入れていただき、さらに常松洋氏との共編で『日常と犯罪――西洋近代における非合法行為』（昭和堂、一九九八年、ただし私は名前だけで編集の仕事はほとんど常松さんが一人で担われたことを付け加えておく）も刊行され、ようやく私も近社研の「正式の」メンバーになれたわけである。

いずれにせよ、私は近社研によって育てられた創立当時の若いメンバーの一人であり、おそらく私のような葛藤をかかえつつ研究会活動に参加していた方々も多くいたと思われる。その後、食文化研究の方ではさらなる「異分野格闘技」に関わることとなったが、近社研で鍛えられたことが大いに役立った。関係の方々には本当に感謝している。

（ドイツ近代史　立命館大学教授）

4　私にとっての近社研

渡辺和行

政治史と社会史

日本学術振興会の関連サイトに学会や研究会のリストがある。二一世紀に入って間もない頃、そのリストに近代社会史研究会（近社研）が載っていることを知った。日本学術振興会にも近社研が認知されていたことを知って、興奮したことを思い出す。

その近社研に、私は初回から最終回まで関与していた数少ないメンバーであり、近社研の存続期間は私の研究者人生ともほぼ重なっていた。というのは、私が香川大学に就職して二年八カ月後に近社研は発足し、私が奈良女子大学を退職する月に閉会したからである。一九八六年一月、近社研の第一回例会の報告者は私であった。そして、二〇一八年三月の最終例会でも拙い報告をしている。しかも、二〇〇五年四月に近社研が世話人体制になってからは、世話人の一人として運営に携わった（第二期近社研）。そうした関わりを踏まえて、私にとっての近社研、私にとっての社会史、私にとっての歴史学とは何であったのかについて、反省的に振り返ってみたい。

私の社会史との関わりは、他の近社研会員とはかなり異なっていたように思う。というのは、私は法学部の政治学畑で歴史を学んでおり、私の出身は政治史ゼミであったからである。私の院生時代（一九七八〜八三年）は、わが国で社会史が広く紹介されはじめた時期と重なっていた。『思想』（一九七九年）に訳出されたジャック・ルゴフの「教会の時間と商人の時間」を読んだときの感動は、私の身体に刻み込まれている。そのルゴフが、政治史批判の急先鋒であったこともその後知ることになる。

つまり、私はルゴフから批判された政治史を専攻しており、私が政治史家としての徒弟修業をしているときに社会史と出会ったことになる。このように社会史は、私に政治史研究者としてのレーゾンデートルを問いただした。しかも、当時の私は急進社会党に焦点をあててフランス人民戦線を研究しており、フランスの政治史専攻という二重の意味で、アナール派の問いかけに回答しなくてはならないと思い詰めていた。

私は、一九八三年に香川大学法学部に就職した。もちろん、政治史担当である。その時点では、私はブルム内閣の不干渉政策について研究中であり、このテーマであと論文を一本書きあげたら一冊にまとめられるかなと考えていたが、社会史からの糾問が気になり、不干渉政策の研究を一時中断することにした。そこで私は、アナール派は政治史の何を批判したのか、社会史の方法とはいかなるものなのか、アナール派が批判したフランスの政治史学派である実証主義史学とは一体どのようなグループであったのかについて勉強しはじめた。アナール派による伝統的政治史批判は納得できるものであり、私は社会史の手法を活用した政治社会史の可能性に惹かれつつあった。

近社研との出会い

近社研が呱々の声をあげたのは、私がそうしたことを考えていたときである。したがって、近社研への誘いがあったとき、迷わず参加した。他の研究者からの刺激を期待すると同時に、社会史の方法を貪欲に吸収しようと思ったからである。

私が近社研に誘われたのは、院生時代に京都で開かれていた「梨の会」という、若手のフランス史研究者が集う研究会に顔を出していたことによる。近社研には文学部出身の研究者が多かったが、史学科出身者だけでなく、文化人類学・社会学・文学などを専攻する研究者も参加していた。さらに、法学部・経済学部・教育学部といった社会科学系学部の出身者もおり、近社研は若手研究者が集う学際的なアカデミック・コミュニティーを形づくっていた。

近社研第一回例会での私の報告は、リュシアン・フェーヴルが批判した実証主義史家たちのクラスターを俎上に載せた知の社会史であったように記憶している。丁度その頃、同志社大学の望田幸男先生が中等教育の国際比較や専門職と教育課程との関わりなどの研究を精力的に行っており、教育社会史が大きく育ちはじめる時期でもあった。こうして、一八七〇～一九一四年という時代にヨーロッパ社会が直面した共通の課題の一つ、すなわち、教育の近代化をとおした国民統合の問題が明らかになりつつあった。そうした課題のなかから、私は歴史学の科学化・制度化・国民化のための戦いというテーマを取り出したのである。かくして、私の研究も史学史から教育社会史、大学史、科学史へと広がっていった。一九九〇年に近社研が出した論文集『規範としての文化』（平凡社）には、「科学と「祖国」――一九世紀後半フランスの歴史家とナショナリズム」を寄稿したが、それはこの時期の私の問題関心とおおいに関わっている。

また、一九八〇年代後半は歴史学の分野で「政治文化」に関心が集まりつつある時期でもあった。それは、リン・ハントの『フランス革命の政治文化』（平凡社、一九八九年）の影響によるところが大きいだろう。今から振り返ると、ハントの主著は文化史研究の先蹤なのだが、政治学畑出身の私にしてみれば、「政治文化」は一九六三年に比較政治学のキーワードとして注目を集めた概念であり、「政治文化」が歴史研究に応用されたタイムラグに驚きを感じたものである。同時にそのときこう思った。これが学際的アプローチというものであり、それゆえ二〇世紀後半の政治史は、一九世期後半の事件史や国家政治史とは異なり、静態的な制度ではなくて動態的な過程を重視し、政治心理学や政治社会学とも深く結びついており、フェーヴルが批判した政治史はとっくに乗り越えられているのではないか、と。そんなことを考えながら、私は近社研に参加していた。

近社研が平凡社から社会史論集を出した一九九〇年に、わが国の社会史研究のセカンドステージ（一九九〇～二〇〇三年）が開幕した。セカンドステージは、日本人の手になる西洋社会史研究が本格化する時期だ。近社研が精力的な研究会活動を展開し、個々の会員がさまざまな研究を世に問うた時期でもある。私は香川に住んでいたこともあって、第一期近社研の例会に毎回出席というわけにはいかなかった。それゆえ、社会史の方法をめぐる川北―谷川論争の場にも居合わせなかったが、こうした熱い論戦を体験するなかで会員が鍛えられるという研究会文化を近社研は持っていた。

第二期近社研

近社研が世話人体制に移行した二〇〇五年四月は、わが国の社会史研究がサードステージ（二〇〇四～一七年）に突入した時期である。サードステージは、新たな探求、方法の模索が試みられると同時に、研究の拡散・停滞も見られる時期であり、近社研にもこうした負の傾向が現れるようになる。

第二期近社研は、イギリス史二名（指昭博・小関隆）、フランス史三名（上垣豊・長井伸仁・渡辺和行）、ドイツ史二名（南直人・服部伸）、ジョージア史一名（伊藤順二）という八名の世話人体制で出発し、ほどなくして金澤周作氏が加わった。私が年長者であったこともあり、中心的に会の運営に携わった時期もあった。しかし、二〇〇四年四月に国立大学が法人化されて事務作業が増えたこと、世話人その他の会員が大学の管理運営業務に携わって多忙になったことや会員の高齢化、さらに科研や各種プロジェクトの研究会が乱立状態になり、その分、近社研の活力低下が顕著になり、それとともに研究会のマンネリ化も進んだ。それを示しているのが、研究会の開催数である。第一期近社研ではダブルキャストによる年一一回の開催が一般的であったが、第二期近社研になってからは、ダブルキャストは維持したものの年八回、年六回、年四回へと開催数が減っていった。開催数の減少は、上記の状況のなかで世話人が決定したことであるが、世話人体制という集団指導体制がもつ責任の曖昧さという組織論上の問題もあったことだろう。第二期近社研の初期には、世話人二名ずつが責任を持って交互に例会を運営することになっていたが、そのうちそのローテーションが曖昧になって開催数の減少にいたったのである。

第二期の後半は、金澤周作氏が中心になって近社研を盛り立ててくれたが、リシャッフルが必要なのは明らかであり、世代交替も含めた新たな試みが求められていた。

近社研から学んだもの

私は基本的には政治史家であるが、社会史が登場したことで政治史学の存在論や方法論はもとより、歴史学方法論を強く意識するようになった。そこで、最後に近社研をとおして私が学んだこと、とくに問いの重要性について記しておこう。

史料の電子化によって、現地に赴かなくてもインターネットで容易に閲覧可能となり、史料状況が大きく好転した。これ自体は称賛すべきことであるが、その結果、悪しき実証主義が垣間見られるように思う。それゆえ、アナール派が伝統的政治史、素朴史料実証主義を乗り越えて登場したことの意義が忘れられつつあるのではないかと懸念される。もう一度、社会史が登場したことの意味、近社研が誕生したことの意味を押さえる必要があるのではないだろうか。「はじめに問いありき」であって、「はじめに史料ありき」ではない。やみくもに史料に向かっても意味がない。史料は過去に開かれた窓であるが、その史料に命を与えるのが歴史研究者の仕事だ。命を与えるとは問いを発することである。

それでは社会史をくぐり抜けた歴史学はどこに向かうのだろうか。私は「事件史×　構造史〇」という単純な二元論ではなくて、構造に迫る事件の探究、構造が露出する事件の究明が重要だと思う。つまり、歴史学はただ単に「過去の事実についての客観的な知識」を提供する科学ではなくて、「諸構造の科学」（政治構造・経済構造・心理構造などの科学）なのである。研究はとことん部分にこだわるが、それが意味を持つのは全体と有機的に繋がっていること、部分が全体と響き合う関係にあることだ。言葉を換えると、研究は最初から研究テーマの全体を視野に入れつつ、部分を究めるということである。研究に必要なのは「全体の輪郭と肝要な細部」である。以上が近社研と伴走してきた私が学んだものである。

ともあれ、手弁当の研究会が三二年も続き、個々の会員が旺盛な研究活動を展開して、わが国の西洋史研究のレヴェルを向上させたことは間違いないだろう。その近社研も、二〇一八年三月を期して歴史の領域に移行することになった。それは同時に、わが国の社会史研究のフォースステージの始まりでもある。

（フランス近現代史　京都橘大学教授）

5　三二年の重み

上垣　豊

英雄時代の近社研
——第一期の近社研

近社研が設立されたのは、まだ私が島根大学に在職中のころであった。たまたま百万遍の学士堂にいたときに、谷川さんに誘われたのを思い出す。おかげで準備会に参加し、近社研のいわば創立メンバーの一人になる幸運に浴したわけである。今では当たり前かもしれないが、当時は社会史といえば中世と近世が中心であり、近現代史と社会史とを結びつける試みは斬新であった。ほぼ毎月開催され、しかも二本の報告があったのも、魅力であったのだろう。ただし、当時、私は島根におり、初期の近社研の例会はあまり参加できてはいない。熱気にあふれた例会の様子を後で聴いて羨ましく思ったことがなんどかあった。

第一期の近社研では七回ほど報告しているが、準備段階に過ぎないものが多く、褒められた記憶がない。私の報告のときに限らず、核心を衝いた歯に衣着せぬ質問が、時には報告途中でも、飛び交い、報告者でなくともかなり緊張が強いられた。ところが例会終了の時間が近づき、「そろそろ場を変えて」と常松さんが一言発すると、不思議なことにどんなに白熱した討論も終わりになった。そこからは和やかな雑談となり、心地よい知的交流は懇親会の場に引き継がれていった。

一番印象に残っているのは、ピエール・ノラを迎えた、『記憶の場』に関する特別例会であろうか。私の拙いコメントを通訳の長井さんが上手に訳してくれたのを覚えている。第一期近社研の最後の例会も記憶に残っている。参加者も多く、東京から山川出版社の山岸さんも花束を持って現れ、谷川さんの影響力と交友関係の広さを改めて感じさせられた。残念なことは、この時を境に、創立期の主要なメンバーが、つまり、主宰者の谷川さんと十歳ほど離れている私の間の世代の人が、様々な事情でほぼ参加しなくなったことである。

世代継承の難しさ
──第二期の近社研

谷川さんの京大退職を契機に近社研の体制が再編され、世話人による集団指導体制になった。世話人を指名したのは谷川さんであったが、地域あるいは国のバランスがよかった。そのおかげでここまで持続できたのであろう。私自身は報告者探しにあまり貢献できなかったが、多彩な報告を聴くことができたのは、私以外の世話人の知的交流の広さのおかげであろう。ところが、再編初期の活気が失われると、次第に参加者の数が減っていった。とくに、自分の専門分野に近い報告があるときにしか若手、中堅の研究者が来なくなった。一時は報告者と世話人＋アルファぐらいしかいない例会もあったと記憶している。参加者の人数が再び増えてきたのは、ようやく金澤さんが京大に戻ってきて、世話人として中心的な役割を果たすようになってからである。

これは、近社研の最終例会の渡辺さんの言ではないが、近社研で打ち出されたものが通常科学化し、挑戦者ではなくなったためでもあるかもしれない。その代わりに若手研究者の育成の場として重要な役割を果たすようになった。世話人と報告者の年齢が開いていって、その中間の世代の参加者が少なかったのだから、おのずから連合大学院の院ゼミのような様相を呈してくる。その分、質問もずいぶん教育的に配慮したものになっていった。老舗の研究会となって、「近社研での報告の機会が与えられて光栄です」と、報告者が冒頭に述べるようになり、それとともに、自らの重みを支えかねるようになっていった。そのうえ世話人の年齢が上がると、学内での仕事も増えてくる。数年前から私は、運営に苦労されていた金澤さんに何度か世話人の世代交代を勧めてきた。とは言っても、新しい世話人の候補が思いつかず、いわば口先だけの提案であったのであるが。

近年の報告は手稿史料をふんだんに使った精緻な内容のものが多く、実証的にはずいぶん質は高くなっている。だが、問題意識や方法論の上ではどうなのだろうか。たとえば、政治史と社会史との関係の問題も、未解明なままで終わっているように思われる。さらに、この間、歴史学は言語論的転回や歴史社会学の登場などによって挑戦を受けてきた。その上に、人文学、人文科学を軽視する「大学改革」の悪影響もある。今から思えば残念であったのは、世話人の間で、あるいは例会で、方法論的な問題について議論を交わすことが、あまりできなかったことであろう。おそらく、「越境する歴史学」研究会は、近社研では吸収しえない、あるいは扱うことが困難であると感じられた問題に、より敏感であったのであろう。そして「京都歴史学工房」が生まれたのも同様の危機意識が背景にあったものと思う。

誰に向けてどう書くか

社会史の登場によって、歴史学は多くの新しい読者を獲得した。社会史そのものの魅力だけでなく、いちいち名前は挙げないが、作家としての高い能力を備えた歴史家が一定数存在したことも大きかったように思う。だが、日本の学術文化によくあるように、名人芸に終わり、書く技術はうまく継承されていない。同様に、谷川さんによる「帰化史学」への警告にもかかわらず、誰に向けて書くかも、十分に検討されなかった。

私事になって恐縮であるが、二年前になんとか研究をまとめて一冊の本として上梓することができた。その際に、教育学や社会学、あるいは文学など専門分野を異にする研究者によって受容され、利用可能なものを書きたいと考えていた。そのためには、ほかの専門分野の研究者が知りたがっているが、制度の変遷など煩雑であまり手をださないようなことを研究対象とするのはひとつの方法ではないかと考えた。これは「制度史ではないのか」という批判を浴びる一因にもなったのだが、主なテーマが「教養」であることもあって、西洋史以外の研究者から予期した以上の好意的な評価を受けることができた。このささやかな経験から、西洋史もまだまだ需要があると感じている。期待に応えるためにも、もっと言葉を鍛え、他分野の研究者との問題意識の共有により努めるべきであろう。

（フランス近代史　龍谷大学教授）

6　「メディア史」へのスプリングボード

佐藤卓己

自らの専門を問われて、「ドイツ現代史」ではなく「メディア史」と名のるようになったのは、岩波テキストブックス『現代メディア史』（一九九八年）を刊行したあたりだ。もうそれから二〇年が過ぎた。当時も「メディア史」は耳慣れない言葉で、歴史学者なら小アジアの古代史に登場する「メディア王国」を想像しただろう。ちなみに、国立国会図書館のデータベースで見る限り、「メディア史」をタイトル（副題を含む）に冠した日本で最初の著作は、拙著『大衆宣伝の神話──マルクスからヒトラーへのメディア史』（弘文堂、一九九二年、現在はちくま学芸文庫）である。それは京都大学文学研究科西洋史学専攻に提出した博士論文である。

私の「メディア史」がいわゆる社会史かと問われると、正直しばらく考え込んでしまう。社会史よりも歴史社会学に近いと感じるからである。実際、私のこれまでの就職先も東京大学新聞研究所（大学院組織では文学研究科社会学Bコース）、同志社大学文学部社会学科新聞学専攻であり、国際日本文化研究センターにも歴史研究者として招かれたわけではなかった。当然ながら、現在の所属先も教育社会学講座である。その意味で、私は西洋史学から社会学への「越境者」である。そして、そうした越境を容易にさせたものこそ、近代社会史研究会での体験だった。以後は「近社研」と略記するが、それは私の研究する人生においては「新聞研」や「日文研」よりも研究生活のスタイルを確立する上で本質的な意味をもっていたように思える。

近社研に出会うまで

近社研に最初に出席したのがいつだったのか、正確には覚えていない。自分が近社研で報告したテーマや日時も、本書第Ⅱ部の「例会総記録」で改めて確認できた。ただ、近社研創設期の熱気を肌で感じる場所に私が当時いたことはまちがいない。

一九八〇年に私は京都大学文学部に入学し、八二年に史学科西洋史学専攻を選び、八四年に卒業、同時に大学院修士課程西洋史学専攻に進んだ。それは近社研がスタートする一年前である。

谷川稔先生との出会いは、学部二回生の一九八一年にさかのぼる（以下、私が学生として実際に講義を受けた方だけを先生と表記する。その方が自然だからである）。教養部に非常勤講師で来られていた谷川先生の講義「西洋史学2」に私も出席していた。その講義ノートは散逸しているが、一八四八年革命やアソシアシオンに関する内容だった。講義内容よりもその合間に雑談風に語られた西洋史研究者の人物評、人文研共同研究の内輪話などをその教室風景とともに記憶している。

そもそも、私自身が京大文学部を志望した理由は中国史がやりたかったためだった。第二外国語も中国語だったが、教養部で野田宣雄先生の基礎ゼミに参加したことでドイツ現代史にあっさり転向した。西洋史専攻への進学を決め、野田先生に他にどの講義に出ればいいかと聞いたとき、「谷川くんの講義には出ていますか」とたずねられた。そのときの会話はよく覚えている。「教職の単位にも必要だから出席しています。もちろん、進学希望ですが教職も安全のために必要ですから」と応えた。それに対する野田先生の言葉は、「いずれにせよ、研究者に必要なのはセンスだからね」というものだった。若気の至りというべきだろう、私は次のような質問を口にした。「センスのある研究者ばかりではないように思いますが、そもそもセンスの有無はどこで見わければいいのですか」。その返答もよく覚えている。「まずは論文、その文章でしょうね。あなた、谷川くんのものを読んだことはありますか」。

野田先生が研究者をどういう基準で評価しているかはよくわかった。何気ない会話だが、いまに至るまではっきり記憶しているわけだから、私の研究人生にも大きな影響を与えたはずだ。なるほど論文とその文章でセンスがわかるというのはその通りなのだが、そこにはカルヴァンの予定説を思わせる厳しさも感じた。つまり、自分が研究者として予定されているという確信、すなわちセンスを求めて、その証しを得るために禁欲的に研究に励めというニュアンスだろうか。

私が研究会というものを最初に体験したのは、一九八一年学部二回生のときである。谷川先生に誘われて楽友会館で開催されていた社会運動史研究会の合評会を傍聴した。『社会運動史』第九号の合評会だったが、覚えているのはドイツ革命とレーテ運動について議論が行われていたことだけである。その後で、谷川先生から、「ドイツ史なら谷口さんに相談するのがいい」と言われ、人文研の共同研究に参加されていた谷口健治さんを後日紹介してもらった。その他の「創立会員」では当時は博士課程の院生だった上垣豊さん、古本市でよくお目にかかる川島昭夫さんなどは研究室の先輩として知っていた。そんな環境だったから、院生となってすぐに近社研へ参加したはずだが、研究会活動としてはドイツ現代史研究会（以後、これも「ド現研」と表記）の比重が高かったようだ。

「ド現研」と「近社研」

というのも、近社研の事務的な手伝いはしていないが、ド現研では事務局（大野英二代表・藤本建夫事務局長）で名簿作成・ハガキ発送などを担当していた。ド現研は毎月、旧中川小十郎邸の白雲荘（上京区塔之段寺町通今出川上ル）で開催されており、この白雲荘時代がおそらく質量ともに黄金時代だったようだ。そこでほぼ毎月、姫岡とし子さん、若原憲和さん、南直人さん、服部伸さんなどドイツ史研究の「若手」と会っていた。もちろん、ド現研には望田幸男先生、中村幹雄先生、末川清先生、山口定先生などさすがに「さん」とは書けない大家が常連として居並び、その雰囲気はまた独特だった。

ド現研に比べて若い世代を中心とした近社研の方が気楽に議論できたのは確かである。まだ自分の将来を心配することはなかったが、ド現研ではどうしても「業界内」評価も気になった。ドイツ現代史という土俵の上での発表や議論では、特に院生など若手研究者が「先生」方を前に気軽な発言は難しかったのかもしれない。実際、ある院生の報告に少し批判的なコメントをしたところ、その指導教員からやや感情的な逆ねじを食わされたこともある。近社研では、そうした経験は一度もなかった。

私は修士論文をまとめた「〝宣伝政党〟ドイツ社会民主党と風刺漫画雑誌『真相』」を『史林』七〇巻一号に発

表した後、一九九七年三月から一九八九年二月に帰国するまで二年間、ミュンヘン大学近代史研究所に留学していた。つまり、博士課程の大半を海外で過ごしたことになる。研究計画と研究報告をドイツから郵送して指導認定を受けた。制度上は可能だとしても、あまりそれを実行する院生はいなかった。まだ大学院修了後のポストを心配せずに研究に没入できた時代だったのだろう。いや、私が鈍感だっただけで研究室の先生方をハラハラさせていたのではないかと、いまにして思う。

その留学直前、一九八七年二月二八日に近社研の第一三回例会で報告した際のレジュメが手元に残っていた。『『宣伝政党』ドイツ社会民主党におけるプロパガンディストの倫理と情報社会の精神——政而下学 political science でなく政而上学 meta politics としてのコミュニケーション史に向けて」と題している。こうして引用するのもいささか気恥ずかしい、言葉遊びが過ぎるタイトルだ。本書第Ⅱ部の資料では、おそらく開催案内はがき用のものと思われる、よりおとなしいタイトル「ドイツ社会民主党における情宣システムの形成——宣伝政党・編集部とコミュニケーションの機能」となっている。このレジュメを今回見つけるまで、自分がマス・コミュニケーション研究に進んだのはドイツ留学での経験によるものだとばかり考えていた。しかし、このレジュメを見る限り、すでに私の関心が過去の「社会民主党」よりも未来の「情報社会」にあったことは明らかなのだ。まだ「メディア史」という言葉を使っていないが、少なくとも「コミュニケーション史」という自覚は芽生えていたことが確認できた。

また、このレジュメの末尾で私は「残された課題」として、「①メディアの複合的運用 media mix あるいはメディア・マトリックスの史的展開、②読者層分析（受容者＝大衆の心理）を如何に読み解くか」、と書いている。この二つの課題に答えるべく博士論文を書いたわけだから、やはり私の「メディア史」へのスプリングボードは近社研だったと言えるかもしれない。

というのは、このように挑発的なタイトルでの報告をド現研でする勇気は、さすがの私にもなかったからである。実際、ドイツから帰国して三カ月後の一九八九年六月二五日、ド現研で「社会主義者鎮圧法下のSAPD新聞政策――地方機関紙『バイエルン人民の声』の分析から」と題する発表をしている。何とも手堅く、おとなしいタイトルだ。あまり摩擦なく早く業績を作りたいという思いもあったにちがいない。この報告をまとめた論文は「社会主義者鎮圧法下のメディア環境と社会主義大衆機関紙の起源――一八八六年『バイエルン人民の声』を例に」『史林』七三巻二号（一九九〇年三月）であるが、『史学雑誌』の「一九九〇年の回顧と展望」では「メディア史の観点から新しいアプローチ」として好評を得た。そうした高評価がうれしくなかったと言えば嘘になるが、あまり喜ぶ気にはなれなかった。それはドイツの大学院コラキウムで発表したものをまとめたものであり、この程度の論文を書けば評価されるというハードルの高さ、いや低さを確認したようにも思えた。ドイツからの帰国後は、日本学術振興会特別研究員として東京大学新聞研究所にいたため、ド現研での研究報告はこれが最後となった。

ド現研の報告から三カ月後、一九八九年九月三〇日に近社研の第四二回例会で、私は「SPD大衆宣伝のモラルと風俗史家E・フックス」の報告をしている。それは「世紀末ミュンヘンの「モデルネ」とSPD大衆宣伝のモラル――SPD風刺漫画雑誌『南独郵便御者』編集長エドゥアルト・フックスを例に」と題して『西洋史学』一五八号（一九九〇年一一月）に掲載された。「風俗史」で有名なエドゥアルト・フックスのジャーナリズム活動を分析したもので、私の観るところ、近社研のテイストに最も接近した論文だった。

その後まもなく、東大新聞研の助手に採用されたため、京都の研究会に参加することはなくなった。以後の論文は、助手として参加していた新聞研内のゼミ、あるいは東京外大の山之内靖先生を中心とした現代社会論研究会（一応そういう名称がついていたが「現社研」と口にした記憶はない）で発表したものとなっている。「ワイマール期ドイツ社会民主党の「ニューメディア」観と「教養」の崩壊」『思想』八一〇号（一九九一年一二月）は、山之内先生が編集部に掲載を働きかけてくれたものだ。また、「〝鉤十字〟を貫く〝三本矢〟――ワイマール共和国のシンボル闘争」『東京大学新聞研究所紀要』四五号（一九九二年三月）は、新聞研の杉山光信ゼミで報告した。助手時代には院生と一緒に研究会をほぼ毎週行っていた。原稿のための読書に追われている今、研究会のために本を読めた当時がどうしようもなく懐かしい。そうした幸せな記憶の原点として、京都の研究会体験はあった。

一九九四年には同志社大学に就職して京都に戻り、以後、国際日本文化研究センター、京都大学と職場を変えたが、その後の近社研とはご縁がなかった。それでも自分が代表をつとめる科研など共同研究会の運営には、研究会終了後の飲み会での自由な議論のスタイルを含めて、近社研の経験が活きているような気がする。

そんなとき、非常勤に行っている関西大学大学院の講師控え室で上垣豊さんから近社研の最終例会の話を聞いた。これだけは出席しておこうと考えて、四半世紀ぶりに出席した。その感想を二〇一八年四月二五日付『日本経済新聞』夕刊に連載していたコラム「明日への話題」に「研究会文化の暮れ方」と題して執筆した。その文章をここに再録し結びに代えたい。もちろん、私個人の体験からの感想であり、近社研の客観的な評価はまた別にあるはずである。

*　*　*

研究会文化の暮れ方

先月一七日、近代社会史研究会（一九八五年～）と越境する歴史学（二〇〇四年～）の合同最終例会に出席した。いずれも立ち上げ期に参加した研究会であり、その幕引きは見届けておきたかったわけである。どちらも「共同研究をリードした京大人文研」の精神的系譜を引く超領域的な研究会だった。私の場合、大学院生時代、ドイツ留学前に参加した近代社会史研究会の方に思い入れは大きい。研究のみに専念できた「よき時代のよき場所」の記憶だけ残っている。昼過ぎに会場に集まって報告を聞き、討議は飲食しつつ夜半まで続いた。

なぜ日本社会で外国史を研究するのか、そうした根本的な問いをめぐって口角泡を飛ばしたことも懐かしい。

ヨコをタテにする「啓蒙史学」でも、現地の研究動向に従属する「帰化史学」でもない第三の道はいかにして可能なのか。フランス近代史の谷川稔先生の問いかけを心に刻んで留学した。いま思えば、それも私がメディア研究へ「越境」した契機の一つだろう。

こうした超領域的な共同研究が京都で盛んだった理由は、はっきりしている。まず、京都市街の狭さである。若手研究者も多くが大学近くに下宿しており、夜中でも歩いて帰ることができた。また、大東京と張り合うためには、学閥や党派など意識していられないという規模の問題もある。この呉越同舟が議論を自ずから活性化させていた。

しかし、こうした研究会文化の存続は難しい。大学自体が忙しく、週末の例会に毎月参加できる教員は少ない。若手の環境はさらに悪化し、学問の未来どころか来年のポストも展望できない状況だ。伝統の継承には、発想の大転換が必要なのだろう。

（メディア史　京都大学教授）

7　「近社研」をめぐる私的残像

中房敏朗

出会い

「こんど京都で川島さんが発表するから、君もよければ参加しませんか」みたいなことを谷川先生から突然伝えられ、恐れながらも「参加します」と答えてしまった。それが近社研に足を踏み入れた馴れ初めというか、私と近社研との出会いである。この時、川島先生が「十九世紀ロンドンのフェア」（のちに中村賢二郎編『歴史のなかの都市』ミネルヴァ書房、一九八六年に所収）というテーマで報告する予定であったので、イギリス・スポーツ史を志していた私に気を利かせて、谷川先生が声を掛けて下さったのである。当時の私はといえば、ちょうど奈良教育大学を卒業し、翌四月に大学院への進学を控えていた時であり、ただの未熟な学徒にすぎなかった。くだんの例会が終わった後、谷川先生が川島先生を私に引き合わせて下さったが、それが川島先生との初対面の場となった。といっても、川島先生は私に一瞥をくれたあと、会話もないまま、足早に奥の部屋へと消えてしまったが。

当時は、近社研がまだ発足したばかりであり、また谷川先生が近社研の発起人の一人だということも知らないまま（あるいは窺知していたのかもしれないが、大して気に留めず）、その後、不定期に烏丸今出川や百万遍まで通うようになった。例会の案内をもらうため、いちおう名簿に記名はしたが、近社研に「所属」しているという意識はなく、あくまでも「参加」させて頂いているという意識の方が強かった。帰属意識もないのに例会から足が遠のかなかったのは、「来る者拒まず、去る者追わず」という、この会の大らかな性格のお蔭でもあったのだろう。

例会には、同じ学年で同じ体育史研究室の松井良明と一緒に参加することが多かった。例会に参加したあと、近鉄京都駅のプラットホームでは、決まって「もっと勉強せなあかんなあ」ということを言い合ったように記憶する。そんな次第で、近社研は私たちにとっての大切なモチベーターになった。

一九八〇年代といえば、ちょうど体育・スポーツ関係の学界でもパラダイム・シフトが起きていた頃だった。それまでの学校教育を中心とした「体育」から、学校を超えて世界中に広がる「スポーツ」へと、関心の幅を大きく拡げようとしていたのである。これは単に研究対象の変化に止まらず、研究方法の変化を伴うものだった。私が近社研に初めて参加したのと同じ年には、奇しくも「スポーツ史学会」が東京で産声を上げている。こちらは、松井と私の共通の師である稲垣正浩先生も設立発起人の一人だったので、私たち二人も当然のようにその場に加わった。つまり私たちが学問を志した時代というのは、二重の意味で研究史的な節目に当たっていたのである。

その稲垣先生というのがこれまた鷹揚で、自分の弟子が他の研究会に足繁く顔を出すことに嫌な顔をせず、むしろ近社研に参加することを喜んで勧めるような人だった。折しも一九八六年五月に『現代思想』では「スポーツの人類学」の特集が組まれ、前年にはあの岩波から『フットボールの社会史』が新書として刊行されてもいた。『「非労働時間」の生活史』（川北稔著、リブロポート）が編まれたのも、同じ一九八六年である。ちなみに学部時代に選択した授業の一つ、西洋史の演習で、谷川先生が指定したテキストは（教育大生相手の授業なのに）『魔女とシャリヴァリ』（二宮宏之ほか編、新評論、一九八二年）と『近代世界と民衆運動』（柴田三千雄著、岩波書店、一九八三年）であった。そうした環境の中で学生時代を過ごしたので、当然のことながら社会史的な関心をもって「スポーツ史」を探究するようになった。その結果、私自身がスポーツの「社会史」を本当に書けるようになったか否かは、もちろん別として。

一九九一年四月に運よく定職を得て、宮城県に居を移し、近社研に参加することも自然になくなった。たとえ東北に行っても同様の研究会があるだろうと安易に考えていたが、どうやらないらしいことを程なく悟る。あれば私もぜひ参加したいと思っていたが、そんな願望は早々に潰えた。関西を離れてから、関西の研究会文化のありがたみを思ったものである。もちろん近社研の案内はもらい続けたから、例会の報告者名とタイトルだけは相変わらずフォローし続けた。新しい職場に勤め始めてから二年後に、川島先生らと共に訳した『英国社会の民衆娯楽』（ロバート・W・マーカムソン著、平凡社、一九九三年）が日の目を見たが、それは関西時代の縁を切らさないための作業でもあった。

草創期のハイライト

というわけで、私が近社研から直接多くの恩恵を受けたのは、草創期の五年ほどに限られる。その限られた期間の中で、最大のハイライトは、なんといっても「川北・谷川論争」であった。その伏線はすでにどこかの研究会であったようだが、会場の雰囲気は早くから高揚していた。「シラケ世代」のキャンパスに身を置いた私には、全共闘世代の方々の残影を初めて目の当たりにしたように見えたが、それは私の単純な見当違いだったのか。会場は社会史の支持派と否定派の二項対立の構図であったかというと、必ずしもそうではなく、フロアからは様々な立場や見方が表明されて、いささかカオスのような態をさえなしたが、それはこの研究会の間口の広さを表すものでもあった。とはいえ、そのカオスの主軸をなしたのは間違いなく川北・谷川の両先生であり、どちらも一歩も引かない鍔迫り合いは、会場の空気を最後まで張り詰めさせた。歴史研究というものが紙上の冷たい作品ではなく、こんなにも人を熱くさせるものかと開眼させられるような思いがした。

例会が終わった後、参加者がそれぞれの目的地に向かって別れたが、川北・谷川の両先生が乗るタクシーに、なぜか畑違いの稲垣先生も一緒に同乗した。例によって近鉄京都駅のプラットホームでは、奈良に帰る三人（稲垣先生・松井・私）で例会を振り返り、車中での話題に及んだ。稲垣先生いわく、「互いに相手に一目置いていることは、二人の会話の端々からよく分かった。その上でのやり合いなので、だからいいんだ」と。

研究を続ければ、いずれまたこうした舞台に立ち会える。そう思って教育研究職を志す再決心をしたのが、この「川北・谷川論争」であった。ところが、そうした舞台に二度と巡り合えないまま今日に至っているのは、単に私の巡り合わせが悪いだけなのか。

（スポーツ史　大阪体育大学准教授）

第2章　社会史を紡ぎだす——共同論集企画の参加者たちから

1　それぞれに咲く花

長谷川まゆ帆

京都の近代社会史研究会には、草創期の数年、報告や共著の執筆等でお世話になりました。その後、三重大学に就職してからは、出産と子育て、病気と入院などいろいろなことが押し寄せてきて出かけられなくなり、東京にきてからはすっかり足が遠のいてしまいました。谷川先生から閉会と最終例会のお話を伺ったときは申し訳ない気持ちで、その会にはぜひ顔を出してみようとこの春久しぶりに京都を訪れました。行ってみると、そこは、「越境する歴史学」の閉会と合同の最終研究会になっていて、いろいろな意味で発見がありました。京都から戻ってからもわたしは、この会で感じたことを大学院生たちに盛んに話していたのを覚えています。わたし自身考える機会をいただき、二〇代の頃のことも少しずつ思い出してきました。そのあと大分たってから、このメモリアルなエッセイ集のお話が届きました。長い不在とご無沙汰を重ねてきたこともあり、かなり逡巡していたのですが、金澤さんと谷川先生からぜひにというお言葉もあり、それならばということで重い腰をあげました。若い人たちの力になることを何か書いて残せるならそれはそれで意味があるのではと思い、ささやかながら記憶を頼りにあの頃のことを綴ってみることにしました。

現代史・政治史からの離脱

歳月はいつのまにか流れていくもので、近代社会史研究会との関わりは二〇代の頃の思い出と重なり合っていて、思い出すとなんだか不思議な気持ちになります。最初に報告させていただいたのは、一九八六年五月の第五回例会の時で、そのときは『思想』に掲載が決まっていたアルザスの助産婦をめぐる係争問題についての研究を報告させていただきました。とても緊張していたのを覚えています。というのもこの会の中心にいた創設者のひとり谷川稔先生は、わたしがまだ博士課程にあがって間もない頃に「梨の会」という別の小研究会でお会いしたことがあり、そのときにかなり厳しいコメントをいただいた記憶があったからです。詳細は覚えていないのですが、とにかく「こわい」先生という印象が脳裏に刻まれていて、その日も先生が何をおっしゃるのだろうかと心配していました。

わたしは卒論と修論ではまだフランス現代史を専攻していました。リン・ハントも自分が若い頃には学生はたいていフランス革命史かファシズム研究かのどちらかを選んだものだと後に書いていますが、わたしの学生時代にもまだそういうところがありました。革命史研究は一年先輩の天野知恵子さんがすでにやっていらして、わたしの場合は革命そのものにはあまり興味がなく、むしろ当時は現代史に関心があったため、なんとなく後者を選んだのでした。

しかしやればやるほど、現代史研究は暗い気持ちにさせられました。戦争もさることながら、コミンテルンのやっていたことを知れば知るほど、その悲惨さにげんなりし、失望させられたからです。また当時出ていた現代史やファシズム研究の書籍は、どれもこれもみな政治的で党派的傾向が強く、中身を全部読まなくても出版社と著者の名前をみれば何が書いてあるのかがだいたいわかってしまう、そういうのが現代史なのかと思うと気が滅入りました。誰かの論をいいと思えば、他の誰かを敵に回してしまう、そんな闘争的な世界にわたしはいたくないとも思ったのでした。要するに、自分のなかでテーマ選択に関する根拠が揺らぎ始めていたということで、そうなっては「梨の会」での報告もうまくいくはずはありません。徹底的に打ちのめされて、かなり意気消沈して帰ってきたのを覚えています。

それからというものわたしは現代史のみならず歴史学はやはり自分には向かない世界なのだと思い始めていま

した。谷川先生や「梨の会」の先生方が悪いわけではなく、わたしの側のモチベーションの問題です。わたしにも安保闘争だとか大学闘争だとかといった自分自身の実存を揺るがすような政治的体験があり、どうしてもそれを問わずにはいられないという動機があったならば話は別だったでしょう。しかしわたしが大学時代を過ごした七〇年代から八〇年代にかけての大学の空気はそれとは大分ちがっていました。

谷川先生はあの頃まだ三〇代半ばでしたが、一九世紀のフランス史が主たるご専門で、同時にフランスの近代史から現代史までをカバーする俊秀でもあり、かけ出しの大学院生から見れば、はるか先を行く先生でした。加えて舌鋒鋭く、今だから言えますが、とにかくできればあまりお会いしたくない苦手な先生でした。それゆえその日も、質疑応答で先生からまたどんな厳しいお叱りや批判を受けるのだろうかと内心びくびくして京都に出かけたのです。ところがそのときの谷川先生はなぜか拍子抜けするほど優しい調子で、報告が終わると「長谷川さんはいったいいつのまにこんな手稿文書を読むようになったんですか」とおっしゃって笑っていました。あらま、どうしたことかしらと思い、ほっと力が抜けました。セーフ！

折れない問い／自分を大切にすること

とはいえ、わたしはすでにそのときには二〇代も後半になっていて、そんなに素朴ではありませんでした。自分自身のなかでそのテーマでなければならないと思えるだけの強いモチベーションやこだわりがないようなつまらない研究は絶対にすまいと心に誓っていたからです。自分はなぜこの研究をやりたいのか、自分が問うだけの必然性があり、誰かを変えるためではなく、自分自身の認識が広がっていくような、スリリングでおもしろいと思える研究をしたいとそう思っていました。だれかに褒められたいからじゃない、みんながやっているからでもない、一生かけるに値する、ほんとうに自分にとって大事なことだけをやろうと決めていたのです。自分自身の感覚に愚鈍なまでに正直になること、それがいちばん後悔のない潔い生き方なんだとも思っていました。

少々批判されても動じないだけの折れない問いを持つことは大事なことです。「折れない問い」これは最終例会で藤原辰史さんが言っていた珠玉の言葉のひとつですが、これはとてもいい表現だと思います。それは「自分を大切にする」ということでもあります。誰かのために問うわけじゃない、自分がほんとうに問いたいことは何なのか、どういうことができたらうれしいのか、それがわからないようでは始まりません。わたしは緊張すると声が上ずったり早口になるところがあり、きっとその時もそうだったのだろうと思いますが、しかしその時のわたしはすでにさっさと「優等生」のリングを降りた確信犯で、打たれても何度でも立ち上がってくる不死身のボクサーでした。そのとき報告させていただいた内容は、「梨の会」の後、大学院をやめる覚悟でいたときにフランスをしばらく旅したことが契機となり、もう一度歴史学をやってみたいと思い直してふたたび大学に戻ってから始めたものでした。わたしの現在は、その二四～二五歳の院生のときの試練と経験の上にあります。

京都の女性たちとの出会い

その後、『制度としての〈女〉』の出版の企画が動き出してからのことも、いろいろと忘れられないことがあるのですが、この企画でご一緒することになる京都の女性たちと出会ったのは、実はその本のお仕事の話が立ち上がる大分前のことでした。第五回例会での報告よりもはるか以前のことで、近代社会史研究会とは全く異なる文脈でのことでした。当時、京都には上野千鶴子さんがいて、彼女を中心にして「女性学研究会」の活動が始まっていました。後に共同執筆者となるメンバーのうちわたし以外の五名はみな京都生まれや京都在住、京都の大学出身者で、その女性学研究会の会員でした。彼女たちと出会ったのは、一九八四年の秋にその研究会からお招きをいただいたことがあり、それが最初だったと思います。ご招待のお話は落合恵美子さんからいただきました。

関係史論文の賛否両論のなかで

わたしがその研究会に呼ばれたのは、一九八四年八月に『思想』に発表させていただいたわたしの拙い論稿「女・男・子どもの関係史に向けて」に落合さんたちが関心をもってくださったからでした。この論稿はわたしの社会史研究に向けてのマニフェストのようなもので、近世以前の時代を対象に女を全体史のなかに位置付けて浮かび上がらせていくにはどうしたらいいかを模索したものです。女だけに光をあてるのではなく、男性や子どもにも目を向けてその関係を社会全体の問題として考えていくのがよいのではないかと論じたものでした。内容は歴史学の視座に関わっていて今ならそれほど違和感もなく受け入れられるようなことしか書いていなかったのですが、しかし当時はすんなり受け入れられるというわけにはいきませんでした。副題に「女性史研究の発展的解消」などといささか挑戦的な言葉を添えてしまったこともまずかったようで、この論稿は予想外の反響を呼び起こし、賛否両論、思わぬ注目を集めてしまったのです。ご批判もずいぶんいただくことになりました。

捨てる神あれば拾う神もある

しかし落合さんたち京都の女性学研究会に集う女性たちは、わたしの論稿を読んでも、あからさまに拒絶することはなく、共感できる部分もあるというスタンスで、内容を理解した上で好意的に受け止めてくださっていました。相手を敵か味方かに峻別しようとするのではなく、また何が正しいかを性急に判定するというわけでもなく、「考える」という姿勢を共有しているように見えました。関係史論文が活字になって以降いただいていたご批判に少々辟易し疲れはてていたこともあり、それとは大分違う反応がありうるということにひたすら感動を覚えました。これは大きな発見でした。フェミニストにもいろいろある、捨てる神あれば拾う神もある、一枚岩じゃないということがわかったからです。いまやひとりひとりがちがっていていいと考える複数形の「フェミニズムズ」の時代が来ていました。

『制度としての〈女〉』の頃

執筆者六名の専攻は、比較史や文学、社会学や歴史学、経済史と多様で、扱う地域もイギリスやドイツ、フランス、日本とそれぞれに異なっていました。時代も古代から近世近代、一八世紀から一九世紀、二〇世紀の近現代と広く、執筆した内容も身体や医学解剖学の知見あり、書物や啓蒙の言説あり、家族像や出産／助産ありで、扱う材料も文献および聞き書き、統計調査分析と多様でした。しかしどの論稿も、それぞれの研究分野の研究方法や動向を踏まえたクオリティの高いものであり、「女」を可視化しつつも、「女」を一方的に被害者としてみなして女性だけに光をあてるのではなく、「女」を社会との連関で歴史的な構築物としてとらえ直すことに力点がありました。身体も性差も時間や地域によって異なるわけで、それらが具体的な「もの」や「こと」を通じて構築され制度化されてきた歴史的な産物であることを示そうとしていたのです。

いま読み返してもここに収められた論稿はどれも実証的な根拠を示しつつなされた手堅い考察からなり、今でも決して古くなってはいません。今回このエッセイを書くにあたって、久しぶりにこの本を手に取って読み返してみたのですが、あの頃の気概というか、新しい研究を切り開こうという意欲がひしひしと伝わってきて、胸が熱くなります。当時はまだジョーン・スコットの『ジェンダーと歴史学』も、リン・ハントの『フランス革命と家族ロマンス』も翻訳は出ておらず、歴史学の地殻変動がまだそれほど顕著になっていなかった時代です。日本で本格的なジェンダー史研究や女性史研究が出てくるのがその後だったことを思うと、『制度としての〈女〉』は当時とてつもなく斬新でチャレンジングな試みだったと言えます。

京都以外で行われた集まり

近代社会史研究会の例会は京都で行われ、例会の後にはいつも三条木屋町などに出て居酒屋「めなみ」で二次会があり、それも楽しい時間だったのですが、『制度としての〈女〉』の企画に際しては、例会とは別に執筆者六名で集まり、議論をしたのを覚えています。大阪にある千本暁子さんのご自宅に行って研究会をしたり、名古屋に住んでいたわたしの自宅まで皆さんが来てくださったこともありました。それはわたしが三重大学に就職した最初の年の年末年始のあたりで、子どもが生まれて間もないため乳飲み子を抱えて京都まで出かけられなかったからです。

その後もいろいろあって、わたしは脚の痛みと先に予定されている手術のことなどあり、とても原稿を書くだけの集中力がなくなってきて弱気になり、悩んだ末に執筆をご辞退させてくださいと荻野さんに伝えたのです。すると、まもなく何人かの方々から入れ替わり立ち代わり電話がありました。覚えているのは落合さんからの「わたしは書くときはいつも all or nothing なの。書くか書かないかでやってきたのね。でも、でもね、なんとか書けるならその中間ぐらいのものがあってもいいんじゃない」というお言葉。また姫岡さんからの「長谷川さんも（プロとして）一家を構えているわけじゃない、だったら書いてくれなくちゃ」というお言葉。それぞれに個性は違うのですが、わたしのやる気を引き出すために叱咤激励してくださっているのが伝わってきました。

わたしは書くときはいつも一所懸命で体力をものすごく使うため、ベストでないものでもほんとうに書けるのだろうかと不安も大きかったのです。しかし一緒に費やした時間を無駄にし、みなさんの気持ちに応えることができなかったら、これは一生後悔するだろうとそのとき思ったのです。それでやれるだけのことはやってみよう、とにかくこれだけはなんとかしようと決め、予定されている手術までに提出を終えるつもりで執筆に取り組み、なんとか原稿を書き上げたのでした。この経験はとても大きく記憶のなかに刻まれていて、『制度としての〈女〉』を見るたびに思い出すのはこのときのことです。

それぞれに咲く花

かくして近代社会史研究会を通じて『制度としての〈女〉』に参画させていただき、それによって京都の女性たちとの交流を深められたことは、わたしにとっては忘れがたい貴重な経験となりました。六名はそこに集うまでにそれぞれの分野ですでに十分な蓄積があり、いままさに飛び立とうとしていたときでもありました。そうしたタイミングで出会えたこともよかったのだと思います。それぞれがそれぞれに自家薬籠中のものとしてあたためてきた、熟成しつつあった研究を互いに開陳しあい、認めあい、学びあうことができたからです。狭い意味での歴史学のなかにいた人たちだけでなく、方法も問いかけも扱う材料も少しずつ異なる隣接分野の研究者が問題観を共有しながら集い、こんな方法もあるんだなと知ることで、自分自身のやっていることを他者の目で客観化する機会にもなりました。「みんなちがう」ということが実はとても豊かなことであり、広がりをもたらすのです。わたしはいまも大学という場で研究を続けていますが、依然として男性がほとんどの世界に住んでいて時々思うのは、女性たちだけの集まりには独特のやわらかな空気感があり、おしゃべりも気遣いも繊細で笑いがあり、とても楽しかったなということです。辛いときにもこんな京都の仲間たちがいることを思うだけで勇気が湧いてきました。ほんとうに感謝ばかりです。

二〇一八年九月一二日　パリ郊外シャラントン・ル・ポンにて

（フランス近世史　東京大学教授）

2 社会史に魅了された社会学者

落合恵美子

社会科学の基礎としての社会史

「僕はアナールだ。」レギュラシオン学派の総帥ロベール・ボワイエが当然のことのようにこう言ってのけたとき、わたしは少なからず衝撃を受けた。二〇一五年、ブレーズ・パスカル・チェアとしてパリの社会科学高等研究院（EHESS）に滞在していたときのことである。パリ政治学院（シアンスポ）で開催された大きな国際会議でトマ・ピケティが講演し、一つ目の会場に入りきれない人たちが二つ目と三つ目の会場も埋めて、大スクリーンに写しだされる彼の姿に見入った。講演が終わり、会場から流れ出してくる人混みの中での会話だった。

経済学者が、しかもポストフォーディズムや新自由主義など経済の現状と未来について発言し続けてきた人が自分は歴史家だと言うのだから、失礼ながら最初はとまどって冗談かと思った。しかし、彼はまったく真剣である。歴史的視点なしには「制度」に注目する自分の仕事はできなかったというのである。そう言われれば確かにそのとおり。制度学派の経済学は歴史的なアプローチをとる。

「ピケティもアナールだ。」ボワイエは当然のように続けた。『二一世紀の資本』のピケティの研究も確かに長期的変動を扱ったものである。だからこそ不平等は二〇世紀の半ばには縮小し、その後に再び拡大したこと、不平等が縮小した時代には社会的再分配の制度が機能していたことを発見することができた。

社会科学高等研究院はアナール学派の本拠である。しかしその研究所が名称に「社会科学」を冠していることの意味を、恥ずかしながら初めて真剣に考えた。社会科学高等研究院は珍しい分野構成をもった研究所である。社会科学を名乗りながら、歴史研究所が大きなスペースを占めている。人類学も大きい。アフリカの絵や写真でにぎやかに飾られた空間を通り抜けて、わたしは自分が所属する日本研究のエリアに通っていた。別のエリアには社会学研究所もあり、ボワイエのような経済学者たちもいる。歴史学を共通の学問的土台として社会科学者たちが仕事をする。それが社会科学高等研究院という研究所だった。ブローデルのもくろみどおり――というか、彼はこのもくろみがなかなか奏功しないことに苛立っていたので、ブローデルの苛立ちを杞憂に変えて、と言おうか――アナール学派は社会科学に深く浸透し、根をはり、果実を実らせていた。

この気づきはわたしにとって一年間の滞在でもっとも大きな驚きであり喜びだった。ブローデルが苛立ったように、彼の時代以降、もっぱら「短期の時間」を扱う米国流の社会科学が勢力を広げ、「長期持続」や「構造」を見ようとするマクロな社会変化への関心は背景に退いた感があった。アナール学派の方法的支柱であり、わたしが人生の一〇年あまりを捧げた歴史人口学も、中心がケンブリッジから米国に移った一九九〇年代後半、ミクロな社会科学的分析に近づいていった。しかし、アナール発祥の地のフランスでは、こうしたグローバルな流れに対抗し、大きな歴史的視野をもつ異なる相貌の社会科学が育っていたのである。一九八〇年代に社会史に魅了され、しかし歴史家になるのではなく社会学者として生きてきたわたしの選択も、見当違いではなかったのだと思うことができた。しかし同時に、フランスとは大きく異なる日本の社会科学の現状を想うと、自らの非力と怠惰を悔いる気持ちを抑えることができなかった。

一九八〇年代の知的熱気

さて本書は近代社会研究会の活動を記念して編まれるという。ボワイエにならうなら、「わたしも近社研だ」と言うべきかもしれない（が、こそばゆくてよう言いません）。近社研には川越修さんに誘っていただき最初期からメンバーとなり、一九九〇年の共同論集のうちの一冊『制度としての〈女〉』の執筆者でもある。『制度としての〈女〉』に参加したジェンダーグループは、近社研の例会に出席しながら独自の会合ももち、今ならセクハラと言われるだろう言動も無いわけではなかった研究会をサバイブしていた。ジェンダーグループの会合を思い出すと、おっぱいのにおいがよみがえってくるような気がする。わたしが一九八四年に出産したときも、『制度としての〈女〉』の準備中に長谷川さんが出産したときも、それぞれの家にみんなで集まり、動きのとりにくい産後のメンバーが参加できるようにしてきたからだ。ときには授乳しながら発表を聞いた。娘がぐずって手こずっていたらベテランお母さんの荻野さんが上手に抱いてくれて助かったこと、長谷川さんの家の冷蔵庫に搾乳した母乳のボトルがずらっと並んでいて数年間のテクノロジーの進歩に驚いたことなどを、昨日のことのように思い出す。周囲の人たちが柔軟に対応してくれたら出産は妨げにはならないということを、若い世代に伝えておきたい。

今、歴史家なら、年代の齟齬に気づいたはずである。一九八四年にすでにジェンダーグループの女性史研究会は始まっていた。近社研設立に先行していたのである。女性史研究会は女性学研究会の分科会のようにして始まった。女性学研究会は上野千鶴子さんの勤務していた平安女学院短大（当時）の小部屋で定例会をもっていた。姫岡とし子さん、荻野美穂さん、田邊玲子さん、小山静子さん、千本暁子さん、渡辺和子さん、小倉千加子さんをはじめ、多くの女性学研究者が参加していた。小さな会なのに、海外の著名フェミニストを迎える機会も少なくなく、モロッコのフェミニストと額を寄せ合うようにしてコーランについての本音をうかがったのを思い出す。この女性学研究会は、関西一円のアクティビストと研究者が集う日本女性学研究会の研究者部門としての役割を果たしていた。

このように書いてみると、さまざまな研究会が雨後の筍のように生まれ、子株を生み、ネットワークを広げていた様子がわかるだろう。今の例はたまたまジェンダー関係のグループだったが、それに限られない。関西に居を移す前、東京にいたときは、社会学関係では知る人ぞ知る言語研究会の端っこに加わっていた。橋爪大三郎さん、内田隆三さん、江原由美子さんなどを中心に構造主義的な言語派社会学を立ち上げ、構造機能主義とマルクス主義の先生世代を追い詰めていた。江原さんや橋爪さんに関西では上野さんを訪ねるように言われたのが、京都で女性学研究会に出会ったきっかけだった。実は先生世代も学際的研究会などをされていて、わたしの師事していた高橋徹先生が二宮宏之先生と社会史の研究会をされていたから、わたしは大学院ゼミで社会史を学ぶことができた。ルゴフやアリエスを読んだのはその頃だ。アリエスに質問にかこつけたファンレターを書いてお返事をいただいたこともある。戦後の民主化を推進してきた法学、社会学、歴史学、民俗学などの大御所が学際的に共同して若者を巻き込み、比較家族史学会を立ち上げたのも一九八〇年代の初めであった。

今、あらためてあの時代の知的な熱気は何だったのだろうかと考える。「雨後の筍」と言うなら、「雨」は一九七〇年前後の若者たちの運動と若者たちが察知していた社会の変化であったろう。「ポストモダン」、のちに「第二の近代」と名づけられた変化が始まった時代である。フェミニズム、エコロジーなど新しい思想と運動が変化の方向を指し示そうとする一方で、アナール学派が火をつけた「社会史ブーム」は、「長期持続」とその転換として歴史を捉えることで、何が壊れて何が生まれるのかを探ろうとする営為だったのではなかろうか。近代家族をはじめ近代に誕生した制度を知的に脱構築してみることは、現実の制度の脱構築と新たな制度の構築のために不可欠の作業だった。家族やジェンダーなどそれまで私事と片付けられがちだった事象にも歴史があり、国家や経済などの公的事象と絡み合いながら全体史を形作っているという社会史の視角は、現実に進行している親密圏と公共圏の構造転換を把握することを可能にした。近社研の磁力はこの時代の磁場に生まれたものだったと言うことができよう。

歴史人口学と「長期持続」

ではその後、わたしは何をしてきただろうか。一九九三年、念願のケンブリッジ・グループでの在外研究が叶い、ピーター・ラスレット、トニー・リグリー、リチャード・ウォールらのもとで歴史人口学と家族史の勉強を始めた。日本では速水融先生、斎藤修先生の研究グループに入れていただき、宗門改帳の整理シート（ＢＤＳ）を使わせていただけるようになった。なぜアナール学派のフランスではなくイギリスだったのかと質問されるかもしれない。言語のこともあるが、憧れのアリエスはすでに亡く、アナール学派は文化史への傾斜をいっそう強めているように聞いていた。歴史人口学の中心はケンブリッジに移っていた。ラスレットは「社会史」と言わず「歴史社会学」と自分たちの学問を呼んでいた。自分たちは歴史家ではなく、社会科学の方法を歴史に用いるのだという自覚がこめられている。歴史人口学者がよく参加する国際学会に「社会科学史学会（Social Science History Association）」がある。社会科学の歴史ではなく、社会科学の方法を用いた歴史研究の学会である。歴史人口学と家族史はひとつの分科会だったので、家族史界の「ジューイッシュマザー」（ご本人が楽しそうに自称していたので構わないだろう）タマラ・ハレブンに率いられてよく美味しいものを食べに行った。となりのジェンダー分科会ではバーバラ・ホブソンが精力的にフェミニスト福祉国家研究の音頭をとっていた。バーバラとはのちに親しい友達になった。歴史人口学と家族研究、フェミニスト社会科学が同じ場所で相互に関係しながら発展していた。

ケンブリッジから帰国すると、速水先生のもとで五カ国のチームが共同する歴史人口学の国際プロジェクト「ユーラシアプロジェクト」が始まり、わたしはその事務局を務めることとなった。国際チームはイベントヒストリー分析を共通の方法として採用した。社会科学の分析方法としても最先端である。しかしブローデルの言葉を借りれば「短期の時間」にデータを細分する方法であり、変数間の緻密な関係に関心を集中する傾向が強くなったとも言える。もちろんこの方法でも、変数間の関係の変化として、長期的変化をよりダイナミックに捉えることはできる。しかしそうせずに歴史をデータとして扱うだけでも十分に研究が成り立つ。社会科学と歴史とのよい関係とはどのようにあるべきか考えさせられる。

国際チームのプロジェクトとは別に、日本チームは独自の研究を進めた。わたしが世話人を務めた家族史班は歴史人口学と従来の家族史研究の蓄積との結合を試みた。速水説にのっとり、日本の人口―家族システムは地域別に少なくとも三つに分けられると考えた。狭い国土のわりに出生率、婚姻年齢、世帯員数、世帯構造などの基本的な指標について明瞭な地域差が見られることはすでに確かめられていた。それに加え、婚前妊娠や婚外子の割合、生涯未婚率などからわかる婚姻慣習の違い、奉公慣習の違いなどが明らかになった。さらに注目すべきなのは、こうした明瞭な地域差が一八世紀の末から一九世紀前半そして幕末にかけて次第に縮減し、わたしたちの常識にあるような標準的日本家族（イエ）が姿を現してきたことである。明治維新に先立って、日本は社会として統一に向かっていた。「長期持続」の切れ目が政治的変化に先行し、政治的変化を可能にしたのであろう。政治史に対する社会史の勝利、と言えなくもない。

近社研時代、わたしは徳川時代のお産革命について研究していた。胎児、間引き、生命などについての心性が変化し、近代への人口学的離陸が始まったと論じた。その後、大勢の共同研究を通じて、格段の確からしさでこの時代の変化の重要性が裏付けられたことを嬉しく思う。家族史班の成果は『徳川日本のライフコース』（落合編、ミネルヴァ書房、二〇〇六年）、『徳川日本の家族と地域性』（落合編、ミネルヴァ書房、二〇一五年）などとして刊行し、英語での出版も予定している。

「短期の二〇世紀」の先へ

社会学者としてのわたしの仕事は、近代家族は歴史的産物であり、人類普遍の家族ではないことの指摘から始まった。現在はこれを拡張し、「短期の二〇世紀」に注目することを提唱している。経済においてはフォード型生産様式と大量消費、政治においてはケインズ主義福祉国家、家族については大衆のものとなった近代家族に特徴づけられる時代であり、この三者が組み合わさって安定した社会システムを築いていた。人口学的には二つの人口転換の間に挟まれた時代である。一九七〇年代以降にこのシステムが揺らぎ、次の安定したシステムはいかなるものになるのかを求めて模索しているのが現在の世界だと考える。しかしアジアでは転換の時期などがずれる「圧縮近代」や「半圧縮近代」であるため、日本や他のアジア諸国の経験は欧州や北米諸国と必ずしも同じにはならないと見る。ここで詳述はできないので、『親密圏と公共圏の再編成』（落合編、京都大学学術出版会、二〇一三年）、『変革の鍵としてのジェンダー——歴史・政策・運動』（落合・橘木編、ミネルヴァ書房、二〇一五年）などをご笑覧いただけるとありがたい。

このような大風呂敷の説を唱える者は（無謀と言われる）社会学者でもさすがに少ないので、堅実な歴史家は笑うどころかあきれ返ってしまうかもしれない。しかし、構造とその変化に注目するという社会史の提案を大真面目に追究してきた社会学者は、現代の世界のこのような認識にたどりついたということをご報告しておきたい。幸い国際会議で何回か報告する機会に恵まれ、ボワイエやナンシー・フレーザーなどから好意的な応答をいただいた。マルクス主義が総合社会科学としての地位を失って久しい。「短期の時間」の個人の行為に社会を分解するのではない、総合的な社会認識の枠組を世界は模索している。

出よ、現代のブローデル！　総合社会科学の土台は社会史であるはずである。

（社会学　京都大学教授）

3　遊びをせんとや生まれけむ

藤川隆男

むかしむかし

もう今から三〇年も前になるから、記憶も定かではない昔話になる。最初に近社研に参加したのは、この本の編者の一人、南直人さんのお誘いがきっかけだった。私は、阪大西洋史の修士課程を修了後、博士課程一年の終わりからオーストラリアに留学し、二年後に帰国、ちょうど帝塚山大学の講師になったばかりであった。留学前に西洋史読書会で報告したことが一度あっただけで、学外で報告するのは、近社研が二度目であった。その後、生涯で最も多くの報告を行った研究会になるのだが、そういうことを知る由もなく、気軽に出かけた。だいたい谷川稔という人がどのような人かも知らなかったし、どういう研究会か、南さんから、一通り説明を受けたような気もするが、きっと説明されたに違いないが、自分の研究以外にとくに関心はなかったので、どういう人が研究会にいるか気に留めることもなかった。

ただ一つ強く不満を感じたのは、オーストラリア留学前に行っていた研究、白豪主義と中国人移民の排斥と制限の問題について、報告を促されたことだった。実は、人種主義や非ヨーロッパ系移民制限の問題は、従来の西洋史研究では本格的に取り上げられていなかったテーマで、当時は、例えば、少し後にイギリス帝国史研究会で、イギリスによる先住民の文明化という今ではありふれた議論を行った時に、カナダ史の木村和男さんから、イギリスによる文明化など聞いたことがないと叱責される（個人的な感覚です）ありさまであった。このイギリスによる文明化に関して、帝国史研究会では、ほとんど誰もサポートしてくれなかったことも覚えている。ネガティヴな性格なので、悪い記憶は消えない。逆に言うと、こういう状況のおかげで、この領域で『人種差別の世界史――白人性とは何か？』（刀水書房、二〇一一年）につながっていくことになる、近社研の『規範としての文化』をはじめ、いくつもの論文集に参加するよう声をかけてもらえたとも言える。

話が少しそれたが、その時、白豪主義と中国人移民制限に関する報告という要請に対して、「なんでやねん」と思った理由は、オーストラリアで行っていたパブリック・ミーティングの研究にずいぶん自信を持っていたからで、それを報告したくて仕方がなかったのである。しかし、デマンドサイドに重心を置く身としては、すべてをぐっと飲みこんで（というほど大したことではないが）、要望通りの報告をし、以来、近社研の報告者の常連になった。その頃からすでに、西洋史は滅んでも仕方がないと公言しており（何の因果か今や雑誌『西洋史学』の代表になり、第七〇回西洋史学会大会の準備をしている）、阪大日本史（当時は国史だったので、ちょっと恐ろしかったが）の梅溪昇先生の最後のゼミ生でもあり、オーストラリアで書いたMA論文は、政治学でも社会学でも哲学でも論文として成立するとも評価されたような状態だったので、全地球的地域に関して異種格闘技戦が行われていた近社研は、快適この上ない遊戯空間であった。

移民制限と人種主義に関心があったので、国境を越えた歴史、今ならグローバルヒストリーと呼ばれるような歴史にはなじみ深かったし、ジェンダーの歴史やスポーツ史にも関心があったので、近社研の報告は楽しく聞かせてもらった。ジェンダーの歴史に関しては、オーストラリアで受けた刺激は大きかったが、近社研はそれを自分自身の研究の一部として取り入れていく凝固剤のような感じだったろうか。また、近社研でスポーツ史の人びとと知り合ったことが、今まで断続的にスポーツ史を研究し続けている理由の一つかもしれない。後に始めるオーストラリア先住民のアボリジナルの研究やアイルランド系移民の研究に関連する報告もあり、例えば人類学者の春日直樹さんのフィジーに関する報告はまったく納得できなかったが、ずいぶん刺激になった。また、山田史郎さんとは、人種やエスニック研究の盛期にあって、それが行き詰まっているという認識を共有していることがわかったのは、新鮮な驚きだった。

当時は、ただ何となく居心地よく過ごしているだけで、何とも思わなかったが、オーストラリアからの帰国後すぐにこうした研究者の遊戯空間に入れたことは、私にとって本当に幸運なことだったと思う。ずいぶんと気にいっていた証拠に、だいたい一年に二回くらいのペースで新しいテーマで報告していたようだ。

現在は、科研で研究資金を獲得することが義務のようになり、そのために研究計画を練るというのが普通のようになっているが、当時は三年くらい待っていると内容はともかく科研に当たるというような感じで、そうしたものとは関係なしに、面白そうな新しいテーマに次から次に飛びついていた。オーストラリア史のように近い仲間のあまりいない歴史家にとっては、近社研は研究を試乗する最善の場であった。これはちと褒め過ぎか。

裏を取る　と言っても刑事ドラマのような意味ではなくて、サッカーなどで相手の裏を取ると同じような意味だが、近社研に持って行く報告では、できるだけ裏を取ることに気を配っていた。師の川北稔の前で報告すると、その研究は同種のものがイギリスにあるとか、これまでの研究とどう違うのかと、だいたい問い詰められることが予測できた。普段からそうならないように気を付けるのであるが、近社研でも同じようなことが言えた。

例えば、編者の一人である川島昭夫さんは、オーストラリアで選挙の後に当選祝いとして牛を一頭丸焼きにして選挙区の住民に分け与える習慣があるということを報告の一部で言及すると、イギリスでは普通のことだが、それを紹介することにどういう意味があるのかと、当然のごとく突っ込んできた。オーストラリアにおける選挙と演説の歴史の前置きのエピソード程度のものだったのだが、これを華麗に切り返せなかったので、この研究は即日没となった。ケチが付いた感じだ。川島さん自身に関しては、イギリスの木材から石炭へのエネルギー転換、とりわけ鉄鋼業について、森林の枯渇が原因ではなかったという報告をした後のトイレで、なかなか面白いだろうというような感じで話しかけられたことを覚えている。裏を取る歴史の面白さだ。

パブリック・ミーティングの研究は、今のところ生涯唯一日本西洋史学会大会で行った報告だが、川島さんによると偉い先生の質問を大学院生のそれのようにあしらっていたらしい。しかし、近社研ではそうもいかない。時間も長いし、高木勇夫さんのように、質問の前置きがずいぶん長く、途中で訳が分からなくなるし、質問にはどう答えていいか途方にくれてしまうような人もいたので、谷川さん向けのプレゼントを特別用意することにした。聖月曜日である。後に高木さんには、福島大学で開かれたスポーツ史学会で基調講演をした際にコメンテイターを務めていただいたのだが、その簡潔でわかりやすく要領を得た解説と質問に、これが同じ高木さんかとずいぶん驚かされるというか、拍子抜けしたのを覚えている。川北先生を苛つかせる高木さんを内心期待していた。

『パリの聖月曜日』は有名であるが、オーストラリアでも左派系の歴史家が、労働者たちは月曜日に好んで政治活動を行った、パブリック・ミーティングを開催しようとした、という主張を行っていた。これに対し、月曜日の集会開催数が他の平日と全く変わらないことを実証的に示し、労働者たちが、労働時間が犠牲になり、賃金を失う必要のない土曜午後や日曜日、夜間の集会開催を望んだのに対し、中上流階級が、夜間の暴動や放火を危険視し、安息日を強制しようとしたために、こうした曜日や時間帯に開かれた集会が少なかったという議論を行った。資本家による時間的規律の強制が、聖月曜日の衰退に繋がるというストーリーの裏を探ったのである。

谷川さんは喜んでくれたみたいだった。

最近、本を出版するときに、一五〇〇部とか二〇〇〇部を売るとして、どういう読者を対象にして書こうとしているのかと、問われることが多くなった。出版業も厳しく、ビジネスだから当然のことであるし、一般の読者に楽しく読んでもらえれば、アカデミックな権威など糞くらえと思う。が、誰に向けてか改めて問われると、近社研に向けて研究報告を準備した感覚から今も抜け出せないようだ。谷川さんも、川島さんも退職し、多くの方が同じような年齢に差し掛かっているが、近社研で出会った限られた仮想の読者が今でも頭の中央に居座っているように感じる。そろそろ私も引退間近だな。

近社研は、ずいぶん水にあった研究会ではあったが、第一期とされる時期の半ばで「卒業」させてもらうことにした。誰かと対立したとか、何かで忙しくなって疎遠になったのでもなく、「卒業」しようと決めて、出席しなくなった。その理由は、戯れせんと報告を聞きに行っていたのだが、我が身さえこそ動がるることがなくなったからだ。大学院ゼミの指導のようになってきたと当時表現したと思う。「卒業」という手軽な表現を使えればよかったかもしれない。個人の感覚や記憶ほどあいまいなものはないので、実態がそうだった、などとはとうてい言えないが、ある時点で私にとっては、面白い遊戯空間でなくなってしまった。三〇年前の近社研は今も頭の中に仮想の敵国として健在であるが、現実の近社研は、今は昔の話となって久しい。

現在の私はというと、オーストラリアの地方の歴史博物館の研究など、ついに近社研がカバーしていた社会史の領域の外にまで進出し、しかも三万枚近い画像の整理も道半ばで苦戦を強いられている。先住民アボリジナルの研究は、『妖獣バニヤップの歴史――オーストラリア先住民と白人侵略者のあいだで』(刀水書房、二〇一六年)という本にマニアックに結実したが、これも定形外割増料金対象である。パブリック・ミーティングの研究は、「オーストラリアにおけるパブリック・ミーティング新聞記事の自然言語処理解析による世論形成過程研究の高度化」という、高木さん顔負けの訳のわからないデジタル・ヒストリーのプロジェクトとして再生を図っている。

スポーツ史では、オーストラリアン・ルールズ・フットボールに狙いを定め、そのカントリー・フットボール・リーグのチームとクラブ、地域コミュニティーの関係に研究対象を絞り込んで、研究に着手したところだ。これでようやく、かつては手の届かなかった深みに触れられる気がする。線香花火の最後の輝きという感じがしなくもないが。

（オーストラリア史　大阪大学教授）

4　近代社会史研究会の思い出に寄せて

天野知恵子

私と近代社会史研究会

近社研の例会活動がスタートした一九八六年は、私自身にとっても新たな始まりの年であった。和歌山大学に赴任することになったからである。私と近社研とのつきあいは、こうして始まった。そして私が愛知県立大学に転職した二〇〇三年まででほとんど終わってしまう。その後は健康上の理由や多忙を口実に、あまり出席しなくなってしまったからである。今から思えば申し訳なく、またたいへんもったいない話であるが、そういう事情であるからここでは、第一期の近社研に関する思い出について書かせていただきたいと思う。

就職するまでの間、私は名古屋大学大学院でイギリス史の近藤和彦先生に指導していただきながらフランス近世近代史の研究を志していた。近藤先生の演習はとても自由で気さくであったが、近社研もまたいたって自由闊達な雰囲気であった。そこでは年齢や職階を問わず、さまざまな分野の人たちがいきいきと議論をかわしていた。

私自身の最初の報告は、一八世紀フランスの中等教育機関コレージュとその改革をめぐる話で、刊行史料を読みながら改革の意味について考察した、「社会史」というにはむしろ地味なテーマであった。それでも最初の論文集にと声をかけていただいたのに、結局辞退してしまった。しかしそれからも私は、都合がつくときには研究会に参加した。和歌山から研究会の開かれる京都までは時間がかかるうえ、子どもをかかえての忙しい日々であったけれども、近社研に行くときはいつも、何かしらわくわくしていたような気がする。

そこでは欧米諸国の歴史のみならず、日本史や東洋史など実にさまざまな地域に関する研究成果にふれることができた。またジェンダーやセクシャリティといったテーマが、当たり前のように何度も取り上げられ、あつく語られ議論された。このことは、女性や家族、子どもや学校という分野で研究を進めようと考えていた私にとって、大きな励みとなった。そうやっていわば背中を押してもらったおかげで、私自身その後の近社研で、フランス革命期の少年英雄や、一八世紀フランスの子ども向け読み物といった題材で報告させていただくことができた。臆することなく自分のやりたいように子どもの歴史を追究していくことができたのである。なんとありがたいことだったろう。私は果報者であった。

一口に社会史と言っても多様であるが、近社研において私が聞くことのできた報告の中には、これまでにない新しい視野から、歴史を、社会を、人びとの営みを読み解こうとした試行錯誤の懸命の取り組みがいくつもあった。私がわくわく感をいだいたのは、そうした意欲的な挑戦に出会える期待感や、歴史学の可能性が広がっていく現場に居合わせることのできる喜びからであったと思う。今から振り返るとそれは、とてつもなく贅沢な経験であった。

『記憶の場』とノラ・シンポジウム

近社研に集ったフランス史のメンバーが、フランスの歴史家ピエール・ノラ監修の『記憶の場』の日本語版を刊行し（全三巻、岩波書店、二〇〇二～〇三年）、その後ノラ氏を日本に招いてシンポジウムを行ったこと（二〇〇三年一一月）は、私にとって大きな意味があった。

翻訳で私が担当したのは、ロジェ・シャルチエ、フランソワ・フュレといった高名な歴史家たちの論考である。彼らの文章は難解であり、私はといえば、そもそも基礎的な知識にも乏しかった。文意を追うだけで精一杯であったが、何とか日本語の文章にして、他の翻訳メンバーとの読み合わせの会に臨んだ。そして皆で検討し、よりよい訳文に仕上げていけるよう互いの知恵を絞った。この作業は、私にとってはとても楽しいものだった。

何度も原文を読み返す中で、彼らフランス人研究者たちの分析のしかたや研究対象との向き合い方について、多くのことを学んでいけたように思う。私は「読書の社会史」や「表象の歴史学」について関心をもち、理解を深めることができた。そして自分なりにそうしたアプローチで子どもの歴史を読み解きたいと考えるようになった。加えて翻訳という仕事は、子どもをかかえる身にはありがたかった。時間を見つけては少しずつ進めることができたからである。

シンポジウムにおいては、三人のコメンテーターのうちのひとりになって緊張した。悩んだあげくに私は、家族をめぐる問題を提起することにした。家族は人間にとって最初の記憶の場と言えるのか、家族の記憶は何を意味するか、そして「近代家族」のイメージは、「国民国家」の形成にどう関わるか、といったことである。そんな疑問にたどり着いたのは、曾祖父母の名前をどれだけ知っているかを日仏で比較すると、知っている日本人はフランス人のおおよそ半分にも満たないという調査結果を、当時得ていたからである。家族についての記憶のあり方も、国や地域で異なるのではないかと考えた。

当日シンポジウムの司会をされた長井伸仁さんが的確に仏訳してくださったおかげで、私の質問はノラ氏に正しく伝えていただくことができた。氏はまず、記憶の場には順序はないと答えられた。そして家族のように私的な存在が歴史学に登場し始めたのは、三〇年ほど前からだと指摘された。さらに、たとえば「労働者」や「農民」のような社会階級が姿を消し始めると、それらの記憶が人びとの関心を集めるのだとも言われた。

結局、明確な答をいただくことはなかった。けれども私は、家族はここ三〇年間の新しいテーマであるうえ、「近代家族」は今日崩壊しはじめているのであるから、まさしくこれからの検討課題ということであろうと解釈し、今後もずっと考えていこうと思った。もっとも、いまだに自分自身、どうとらえてよいかよくわからないでいるのであるが。

栖原彌生先生のこと

最後に故・栖原彌生先生の思い出を書かせていただきたい。先生は愛知県立大学外国語学部フランス語学科に二〇〇三年三月まで勤務された。私はその後任として、同年四月から赴任したのである。

栖原先生は最初の論文集『規範としての文化』に「女子リセの創設と『女性の権利』」を執筆されている。そこでは、フランス第三共和政期における女子中等教育の公的制度化が「共和国の母」の育成をめざしたものであり、女性の権利を擁護する目的はなかったと結論づけられている。先生は近社研では、この他にも売春や施療院をテーマに計三回の報告をされた。

栖原先生は自分の主張をいつでも率直に展開された方で、女闘士《ミリタント》の雰囲気をどこかしら漂わせていた。研究生活の後半期には一九世紀フランスの女性史を扱い、当時の社会で女性を抑圧していたものについて、さまざまな角度から分析を試みておられた。そしてたとえば、売春婦に関する研究成果を取り入れた授業をされていた。その気概と先進性に、私は驚かされたものである。

ジョルジュ・デュビィとミシェル・ペローが監修したヨーロッパ女性史研究の集大成である『女の歴史』（全五巻、藤原書店、一九九四～二〇〇一年）で翻訳の仕事をご一緒させていただいた私は、先生にとてもお世話になった。ある言い回しについて、適切な訳語を見つけることができずやきもきしていた時、私はふと別の章を担当された先生が、同じそのことばに巧みな訳をつけておられるのを知り、舌を巻いた記憶がある。私はそれから訳に困ると、先生に相談をもちかけるようになった。

二〇〇三年に愛知県立大学で西洋史学会大会がひらかれた際、「革命・公共圏・性文化」というシンポジウムが企画された。その成果は後に『革命と性文化』として刊行された（山川出版社、二〇〇五年）が、そこでは先生は、結婚ではない今日のカップルの形態「パクス」を取り上げ（「パクス　もう一つの『人権宣言』」）、異性愛カップルでも同性愛カップルでも締結することのできるこの新しい制度を紹介されている。栖原先生はそのように、性と差別という観点から近現代フランス社会の実相に迫りつつ、人の結びつき方の可能性をさまざまに考察された、気骨ある社会史研究者であった。

先生は二〇一〇年初頭に突然逝ってしまわれた。ご冥福をお祈りしたい。（フランス近代史　愛知県立大学教授）

5　フランス革命史研究と社会文化史研究

小林亜子

歴史学と教育学のはざまで

はじめて近代社会史研究会に参加したのは、大学院の博士課程に進学して一年目を終える一九八六年春のことだったと記憶している。豊中で生まれ育ち、大阪大学待兼山キャンパスのグラウンド脇をぬけて中学に通っていた私にとって、大学のアカデミズムの世界は、日が暮れても煌々と明かりが灯っている研究棟に憧れをもって眺めるような遠い存在だった。北野高校から東京大学に進学して研究者の道を志すようになり、研究から学ばせていただいた多くの先生方が京都にいらしたことや、高校時代に京都の研究会文化を耳にしていたことから、大学院に進学したのちには、京都の研究会に参加できるようになりたいと願うようになっていた。また、学部では西洋史学研究室に学び柴田三千雄先生のもとで卒業論文を書き、大学院ではフランス革命期の教育史を研究するようになっていた私は、歴史学と教育学というふたつのディシプリンのはざまで、どのように教育史を研究していけばよいのか、とくに、当時、教育の社会史、あるいは、社会史としての教育史が提唱されているなかにあって、歴史学における社会史の位置づけや意義を考え、同時に、教育学における社会史（狭い意味での学校教育史ではなく広い意味での教育・人間形成の営みの社会史）はどのように位置づくのかといったことについて、自問と模索を繰り返していた。そのようなときに、社会史を前面に掲げた新しい研究会（近社研）が京都で立ち上がると知って、ぜひとも参加したいと考えた。

東京で大学院生活を送っていたので京都の研究会に毎月参加するというのは容易ではなかったが、博士課程に進学して比較的時間に余裕ができたこと、当時の指導教員であった宮澤康人先生に相談したところ、積極的に参加をすすめてくださったばかりか、先生が申請を計画された科研のメンバーに入っていただくべく、谷川稔先生、川越修先生にお声がけをする橋渡しの役を仰せつかり、おそるおそる京都に赴いたことは、私の研究者人生にとっても大きな転機となった。

近社研では、家族・女性・子どもの歴史、学校や教育制度の歴史を、社会史として捉え直していく報告に大きな刺激をうけ、私自身の研究の視野も広がっていった。また、近社研では、ときに重みとなってのしかかるアカデミズムの伝統を軽やかにはねのけて、特定のディシプリンの枠にとらわれない自由闊達な議論が行われていたことが、私を新たな研究の方向へと踏み出させてくれた。修士論文で扱った公教育史研究を発展させつつ、子ども期も含めた年齢期概念の歴史を人間形成の営みの社会史と結び合わせて捉え直していこうと考えるようになり、一九八七年の一二月例会で報告したフランス近世の若者期の概念と若者組の歴史へと研究を深めていくことができた。ちょうどそのころ、先述の宮澤先生が代表で申請された科研費が採択されて、谷川先生、川越先生と、ドイツ教育史の金子茂先生、山内芳文先生、フランス教育思想史の森田伸子先生らとほぼ缶詰状態の研究合宿で深夜まで激しい議論が重ねられたことも忘れられない思い出となっている。

フランス留学と『規範としての文化』執筆

『規範としての文化』の企画に加えていただいたが、その原稿は、フランス留学中に、現地で執筆することとなる。というのも、ちょうど博士課程の三年を終える頃が、「フランス革命二百周年」にあたる一九八九年であり、本国での様々な記念シンポジウムや行事に参加して、フランスの研究状況を現地の空気とともに体感したいと切望し、留学を準備していたからである。

幸い、一九八八年秋から、学振海外特別研究員としてフランス国立社会科学高等研究院に留学し、ロジェ・シャルチエ先生の指導のもと、D. E. A.（diplôme d'études approfondies 高等教育免状。日本の博士後期課程一年目に相当する時期に論文を提出し取得する）課程に籍をおくこととなった。シャルチエ先生は、初の日本からの留学生としてあたたかく迎えてくださった。私自身は、修士論文執筆のおりに、シャルチエ先生と教育史家ドミニック・ジュリアおよびマリー＝マドレーヌ・コンペール先生との共著『一七～一八世紀フランスの教育』（邦訳なし）や、先生の単著『アンシャン・レジーム下のフランスにおける読書と読者』（当時は未訳）などをとおして大きな影響をうけていたので、その先生のもとで学べることは望外の喜びだった。

指導教授面談では、ソルボンヌ（パリ第一大学）のミシェル・ヴォヴェル先生の演習をとることをすすめられた。さらに、エコール・ノルマルで開講されているダニエル・ロッシュ先生の演習、国立教育研究所で開講されているジュリア先生の演習も、履修をすすめられ、いずれも正規の単位をとることができた。関係者以外は入ることの難しいエコール・ノルマルの独特の空気感のある教室で授業をうけたり、それぞれの図書館を利用できるなど、今ふりかえってみても夢のような勉学環境が用意されていた。その後、指導教授のシャルチエ先生の推薦によりロッシュ先生には、D. E. A. 論文の副査をつとめていただき、手稿史料に基づいて作成した ANNEXE（論文付属資料）にいたるまで、子細に目を通してチェックしてくださるほどお世話になった。社会科学高等研究院が大学院生のために用意している教育制度はとても素晴らしかったと思う。

ただ、日本から抱えてきていた日本語論文を書くという仕事の面からふりかえると、授業の履修や勉学環境には恵まれていたものの、渡仏直後の一〇月のパリは、連日のようにストが行われていたので、交通機関も郵便もほとんどストップしており、辞典類をはじめ仕事に必要な荷物がひとつも届かない不自由な空っぽの部屋で始まった留学生活は、順調でないことのほうが多かった。そのことは『規範としての文化』のための原稿をはじめ、抱えていた様々な仕事にも影響を与えた。まだ、パソコンもインターネットも普及しておらず、仕事の道具としては日本から機内持ち込みしてきたワープロが手元にあるだけだった。国際電話はとても高額で、当時、文章を送る最も早い通信手段だったファックスはパリの中央郵便局まで送りにいかねばならないという時代であり、日本との連絡には本当に不自由し、いま思い返してもつらい時期だった。

『規範としての文化』の原稿の内容についても、困難があった。修士論文で扱ったフランス革命期の公教育について書く予定であったものの、年が明けてD. E. A. のテーマを決める相談を指導教授とすすめるなかで、日本の修士論文で扱った内容の延長で博士論文を準備するのは難しいだろうという助言をうけた。予想されていたことではあったが、修士論文で扱ったフランス革命期の公教育における祭典というテーマは、研究が積み重ねられており、新たな史料を発掘して捉え直すことができるか見通せないとの見解を示されたのである。このことは、私にとって、留学中に新たな研究テーマと史料を見つけなければならないことを意味していたが、『規範としての文化』の原稿を書くということでいえば、修士論文で扱ったことについて、フランス留学中に学んだ研究動向や新たに得た史料をもとに発展させて、ひとつの区切りとしてまとめようということで気持ちが固まっていった。

「フランス革命二百周年」のパリの研究動向

異なる研究教育機関の授業に出て学ぶなかで、私のなかで漠然としか理解できていなかった「社会史」について、少なくとも、一九八九年のフランスの研究動向がどのような状況にあるのかについては多面的に理解できるようになったと思う。日本で大学院進学後に考え続け、答えを探し続けていた様々な問い、「社会史とは」「歴史研究の方法論」「グランド・セオリーと実証研究」……について、日本にいたときにはわからなかった、「歴史学の理論」「社会史」あるいは「社会文化史」の方法論を、様々な授業をとおして肌で感じながら私自身が思索できたからである。

「ヨーロッパ社会文化史」と題されていたシャルチエ先生の演習は、イーザーやヤウスの読書論やセルトーの慣習的行為（プラティック）をめぐる理論などを素材に、読書の慣習（プラティック）をめぐる議論を行ったり、ミシェル・フーコーの『ピエール・リヴィエールの犯罪』を題材に歴史学の方法論を議論したり、ノルベルト・エリアスの『宮廷社会』『文明化の過程』を取り上げたり、というかたちですすめられていた。演習での議論をとおして、日本では、別々の授業や研究会で読解していたこれらの研究がひとつの方向性をもった研究の視点でまとめ上げられていくさまを目の当たりにし、「社会文化史」という新しい研究動向を深く理解することができた。このときの議論を、シャルチエ先生は『フランス革命の文化的起源』としてまとめられ、夏休みにお会いした折り、じかに本の趣旨のご説明を頂きながら刊行されたばかりの本を頂いたことも得難い学びの記憶となった。

ジャック・ルヴェル先生の演習で扱われたミクロ・ストーリアをめぐる議論や私生活の歴史、ジュリア先生の演習で報告された読み書きや読書の慣習と、文字を独学で覚えた人たちの学びの歴史、革命期の教育史研究の動向など、パリで得たこうした新しい成果を、『規範としての文化』の論文の第二章でとりあげたが、その中には、のちに谷川先生はじめ近社研の方々により翻訳されることになる『記憶の場』に収められた論文もあった。

なかでも、ソルボンヌのヴォヴェル先生の授業では、二百周年の様々なシンポジウムにむけて、報告と討議が重ねられており、先生の革命史の演習だけではなく、フランス革命史研究所が主催し、法制史の大家も数多く報告した「フランス革命と家族」など専門性の高い様々なシンポジウムに出席できたことで本当に貴重な刺激をうけた。なかでもソルボンヌで開催された「フランス革命二百周年記念シンポジウム」は、開会式にミッテラン大統領が出席するなど国家的かつ国際的規模のものであった。日本からも柴田三千雄、遅塚忠躬、西川長夫、中川久定、深沢克己、辻村みよ子先生など錚々たる顔ぶれの先生方が参加され、現地に住む留学生として日仏の研究交流のお手伝いをしながら、懇談会で親密な学問的議論を深められたこと、ル・モンドで日本からの研究者による報告のインパクトが報じられるのを目の当たりにしたことなどにより、私自身が日本人としてフランス革命史研究をする意義を改めて見つめなおすための足場を得ることができた。

日本で伝えられていたほどには、ソルボンヌの革命史研究の伝統と、社会科学高等研究院の研究の方向性、あるいは、フュレの研究との学問的な対立あるいは亀裂といったものはなかったこと、むしろ、両者が切磋しつつ影響を与え合い、共同して二百周年の数々のシンポジウムが組織されていたことを体感するなかで、世界中から集まっている研究者たちを前に、フランス革命研究の中心に私自身も生きている感覚を抱き、その空気を共有していた。ただ、その空気がつくりだす空は薔薇色ではなかった。

一九八九年七月一四日、シンポジウムが終わって参加者が招待されたシャンゼリゼのパレードでは、天安門事件を象徴する自転車の大集団のパレードがあり、シンポジウムには出席できなくなった研究者がいた一方で、パリには亡命者が増えている実感があった。その後のベルリンの壁の崩壊も、フランス革命の理解に大きな影を投げかけていた。

二百周年のシンポジウムでも取り上げられた国民国家論、イメージ、表象、政治文化の視点は、フランス革命のもつネガティブな側面を浮かび上がらせていたようにみえた。その当時、日本にいなかった私は、バブルの只中にあった一九八八年から一九九〇年という時期の日本の空気、また昭和天皇の崩御と自粛のムードといったものも経験することができなかったので、歴史学が歴史家の生きている現在と過去との対話だとすれば、『規範としての文化』を執筆されていた他の先生方とは、おそらくかなりことなる「現在」の意識をもって、私は二〇〇年前のフランスをみて原稿に取り組んでいたのだといまにして思う。

『規範としての文化』に書いた原稿には、そのころの、新しい研究動向をできる限り取り込もうという野心と、他方でそれが「空中戦」的な結論を導いていることへのもどかしさもあった。長くなってしまった原稿を削っていく作業のなかで、その気持ちは強まったが、地に足をつけて研究できるようになったのは、フランス国立公文書館で史料を読み進めるなかでのことであり、その成果を原稿に反映させるには時間が足りなかった。

それでも、あの当時、まだ二〇代で多くのことが吸収できるときでありつつも、研究職につける見通しもない不安なフランス生活のなかで、日本で刊行される論文集への執筆というかたちで、日本の研究の世界とのつながりをしっかりと持たせていただいたことは、私が根無し草の放浪者になりかねないのを防いでくれたのだと思う。

留学中から取り組みはじめた総裁政府期の公教育史研究は、その後、数十年かけて公文書館で一〇〇箱以上の史料調査を続けることとなり、二〇一六年にようやく博士論文として成果をまとめることができた。

「フランス革命二二五周年」を迎えたのちに

留学から二五年たって、フランス革命二二五周年のシンポジウムがフランスのヴィジルのフランス革命博物館で行われ、招聘された私は、ヴォヴェル先生が司会をつとめる部会で総裁政府期の公教育についての報告をした。私は、留学から二〇年以上かかってようやくまとめた史料の分析を、主として数量的な分析データに基づいて報告したのだが、配布した資料のグラフをみて、ヴォヴェル先生が目を輝かせて「自分は数量史やグラフが好きなのだよ」と言ってにっこりと微笑んでくださったことは忘れられない。その言葉の深い背景を思い、胸が一杯になった。この回想を読んでくださるみなさんが承知されているように、また私自身がそうであったように、ヴォヴェル先生の研究で用いられていた数量化の手法には、ダーントンやギンズブルグによる厳しい数量史批判の矛先がむけられ、社会史の手法として時代遅れとみなされた時期もあったからだ。二二五周年の節目は、数量化により数字のグラフを導き出してこそ初めてみえてくるものがあること、その上にこそなりたつミクロ・ストーリアや社会文化史が、また長期の時間枠でのマクロな歴史学があることを、私自身がようやく理解するにいたったときでもあり、当のヴォヴェル先生からいただいた言葉の重みをひしひしと感じた。そのことは、ヴォヴェル先生の重要な著書『フランス革命と教会』を翻訳された谷川先生はじめ近社研のメンバーでもあった先生方に伝えておきたい。

私にとって『規範としての文化』に書いた論文は、近社研に参加して学んだこととともに、研究の方向性を見失いそうになったときに立ち帰る座標軸となり、私を鼓舞し続けてくれるものとなった。まだ研究者の卵でしかなかった私にそのような機会を与えて頂いたことに、またその貴重な記録が活字として残されていくことに、いまはただ感謝するのみである。

（フランス近代史　埼玉大学教授）

6　社会史のムーブメント

山田史郎

ガットマン

近社研との出会いにいたる道のりの出発点は、同志社大学文学部の三年生であった一九七五年に遡る。アメリカ合衆国におけるヨーロッパ人移民の同化について卒業論文を書こうと模索していたときに、指導教授の大下尚一先生からハーバート・G・ガットマンの論文「アメリカ工業化における労働・文化・社会」（*American Historical Review*, 一九七三年六月）を読むように勧められた。ガットマンは、ヨーロッパやアメリカの僻地から出てきた労働者が、前近代的な労働生活習慣と文化的伝統を保持しながら、都市社会と工場労働が強制する管理や規律に対して抵抗を繰り返す姿を掘り起こし、アメリカ労働者階級史研究に新たな地平を開いた。黒人家族を分析した大著（一九七六年）も刊行することになるガットマンが、アメリカにおける新しい社会史の牽引者であることに異論を唱えるものはなかった。ただし、学部生の時代の私には、この歴史家が提示した歴史像の重要性を簡単には理解することができず、結果的には、その成果を活用して移民労働者の社会史に迫ることをしないで、第二次世界大戦中のイタリア系移民とファシズムをテーマに卒業論文を書いた。

ガットマン論文の意義をようやく理解することができるようになったのは、今からちょうど四〇年前の一九七八年に大学院に入学してからであった。七八年と言えば、阿部謹也の『中世を旅する人々』と『刑吏の社会史』、網野善彦の『無縁・公界・楽』、良知力の『向こう岸からの世界史』が刊行され、これらの著作の出現を踏まえて岩波の『思想』がその翌年の九月に「社会史」の特集を組むことになる、まさに社会史が「新しい潮流」として認知された年であり、修士一年生として歩み始める学徒にとって社会史について考えないことなどありえない状況であった。大学院の授業では、講師としてお越しになっていた前川貞次郎先生から史学史におけるアナール学派の位置を教わり、同じく講師の池本幸三先生の授業ではアメリカ南部奴隷制の社会史を学んだ。そしてもちろん、指導教授の大下先生からは、Ｐ・グレーヴンやＪ・ディーモスらのアメリカ植民地時代の家族や村落共同体に関する新しい社会史を学んだ。修士論文では、ようやくガットマンの視点を借用して、アメリカの都市に流入したイタリア人移民が、アメリカ都市化・産業化社会に受動的に順応するのではなく、家族・血縁・同郷者の人的結合を核にして、自発的結社と民族的な学校や教会を通じてエスニック共同体を形成する過程を論じた。

社会史ブーム

一九八〇年に博士後期課程に進むと、それからの二、三年間は、まさに社会史ブームの絶頂期を迎える。中公新書で阿部謹也・網野善彦・石井進・樺山紘一の『中世の風景（上）（下）』（一九八一年）が、平凡社からは、阿部謹也の著作に加えて、角山榮・川北稔編『路地裏の大英帝国』、喜安朗『パリの聖月曜日』（ともに一九八二年）などが、新評論からは、ル・ロワ・ラデュリ『新しい歴史［歴史人類学への道］』（一九八〇年）に続いて、アナール論文選シリーズが第一巻『魔女とシャリヴァリ』（一九八二年）を皮切りに始まった。そこで取り上げられる主題は、家族、女性、子供、学校、日常生活、病と医療、儀礼・パレード、民間信仰、娯楽、暴力、気候と環境など多岐にわたり、社会史の探究には無限の可能性があるように思え、わくわくと胸を躍らされる感覚をおぼえた。共和政ローマのプレブスを社会史的に考察しようとしていた大学院の友人と二人だけの読書会を開いて、心弾ませながら論文や本を読んだことを、懐かしく思い出す。ムーヴメントとしての社会史を待ち望む私たちが、そこにいたはずだ。

数量的歴史

博士後期課程の在籍中には、社会史との関係で私にとって忘れられないふたつのできごとがあった。ひとつは、歴史研究における数量化手法の初歩を学んだことである。社会科学に関する調査の個票データを収集、保存し、それらを学術目的での二次分析のために提供する世界最大級のデータアーカイブであるＩＣＰＳＲの夏期セミナー（ミシガン大学、一九八一年）に参加し、歴史研究で用いられる統計分析の方法を習得した。イギリスのケンブリッジ・グループやアナール学派第二世代が数量化の方法を用いたことはよく知られているが、アメリカ社会史の分野では、ステファン・サーンストロームらがセンサス（国勢調査）の手書き集計表を用いて、特定の都市における住民の職業と住居の流動性を調べていた。このモビリティ研究は、アメリカの都市が移民たち下層住民に対して社会上昇をそれほど約束する場ではなかったことを数量的に立証し、注目を集めた。私自身はモビリティ研究に着手することはなかったが、その後ペンシルヴェニア大学に留学したときにも「クリオメトリックス」の科目を履修し、イタリア系アメリカ人の名士録から抽出した移民指導者層の集合的分析で修士論文を書いた。数量的歴史に関しては後に、田中きく代さん（関西学院大学）と芝井敬司さん（関西大学）に協力していただき、「歴史研究における数量的アプローチ」と題するシンポジウム（同志社大学アメリカ研究所主催、一九八四年一一月）を開催した。経済史を除くと、日本の西洋史研究で数量的方法について正面から考えることはその後もあまりなかったように思えるので、少しは自分を褒めてもいいのかもしれない。

ガットマン・リターンズ

博士後期課程在籍中の第二のできごとは、ハーバート・G・ガットマンの来日である。当時、京都大学と同志社大学の共催でアメリカ研究夏期セミナーが毎年開催され、第一線の歴史研究者が講師としてアメリカから招聘された。一九八四年の歴史部門講師がガットマンであった。セミナー本番に先立って、日本国内で数回、ガットマンの業績を理解するための勉強会のような機会が設けられることになり、関西では関西アメリカ史研究会の例会を使って、院生の私が彼の著書 *Slavery and the Numbers Game*（一九七五年）を紹介することになった。本書は、『苦難のとき――アメリカ・ニグロ奴隷制の経済学』（創文社、一九八一年）――ノーベル経済学賞を受賞したロバート・フォーゲルとスタンリー・エンガマンが計量経済学の手法でアメリカ南部奴隷制の実態を分析し、自由労働の北部と比べても奴隷制が無慈悲なものではなく、また生産性の低い制度でもなかったと主張して、学界に大きな波紋を起こした――に対する批判の書である。二人の経済学者が用いる史料や計算手法の不適切性から、奴隷制における黒人の経験に関する思弁的前提の誤謬に至るまでの徹底した批判は、単なる書評を越えた、れっきとしたモノグラフとしての完成度に到達している。この勉強会には関西の研究者はもとより、名古屋から野村達朗先生が、東京から有賀夏紀先生などもお越しになり、紹介の役にあたった私には相当なプレッシャーであったが、多少なりとも数量的方法を心得ている自分だからこそできる仕事だと勝手に思い込んで紹介したことは、少し恥ずかしい思い出として残っている。

ひとつ付け加えると、ガットマンが来日した本番のセミナーには、私は出席できなかった。フルブライト奨学金を授与されて八四年の秋から留学することになっていたのだが、米国での大学院の授業を受けるには英語力が不足していると判断され、留学先のペンシルヴェニア大学に行く前に、二カ月間英語の長期研修プログラムを受けねばならなくなったからである。ニューヨークから来るガットマンとほぼ入れ違いに、研修の実施場所であるニューヨーク州立大学バッファロー校に向けて旅立つときは、いささか複雑な心境ではあった。ガットマンのセミナーを生で受けていれば、その後の自分の研究になにがしかの違いが生まれていただろうか。このように思いを巡らすことが、その後ないこともなかった。

留学と社会史

バッファローでの英語研修後、一九八二年九月、ペンシルヴェニア大学大学院歴史学科に入学した。指導教授のマイケル・ザッカーマン先生はアメリカ植民地時代史が専門だが、大学院新入生の必修科目プロセミナーの授業では、マルクスの『資本論』からマーカス・レディカーの海賊の論文まで、本当に幅広い分野のものを読まされた。一週間で一冊読んで、授業前日までにレビュー・エッセーを提出して、授業ではディスカッション。今思い出しても苦しくなる経験だが、課題文献の中に文化人類学者クリフォード・ギアーツのバリ島の闘鶏に関する論文や、E・P・トムスンの食糧暴動とモラル・エコノミーの論文、さらにブローデルの『地中海』とル・ロワ・ラデュリの『モンタイユー』（もちろんすべて英訳本）が含まれていたことは、貴重な知的財産になったといっても過言ではない。特に『モンタイユー』では、自由気ままに生きる羊飼いピエール・モリを共感込めて描くラデュリに心酔した。

ペンシルヴェニア大学では、教育史・都市社会史のマイケル・カッツ、労働史のウォルター・リクト、女性史のキャロル・スミス・ローゼンバーグ、医療史のチャールズ・ローゼンバーグなど、社会史と関わりの深い先生方の教えを受けたことも、視野を広げるいい経験になった。

留学との関係で銘記しておきたいことは、フィラデルフィアという大都市の街中に位置する大学が、全米でも有数の黒人低所得者居住区と隣り合っていたことである。レーガン大統領の時代でアメリカの経済状況は決してよくなく、居住区の住民が直面する貧困や犯罪や差別の日常を肌で感じながら考えることができたことも、マイノリティの社会史研究をめざす視座の土台となった。

アメリカ史研究者として

一九八四年四月に帰国して同志社大学アメリカ研究所の助手に採用された。それ以後一〇年間、授業のノルマを課せられない研究所勤務という恵まれた環境のなかで、留学中やそれ以前からやってきた自分なりの社会史の成果を研究所紀要に論文として発表することが仕事になった。近社研に関わるようになったのも、この頃である。私はもっぱら、『規範としての文化——文化統合の近代史』に結実していく分科会に参加させていただいた。同書の「序」で谷川さんがお書きになっているように、非政治(史)・脱政治(史)の社会史を乗り越えて、支配・被支配の二項対立ではなく、諸集団間の相互作用から近代社会の統治や統合を動態的に把握しようとする研究会の姿勢に、強く感じ入った。

このことは、関西アメリカ史研究会のような場でマイノリティ移民集団の自律的な文化形成について研究発表すると、政治史が専門の高橋章先生や志邨晃佑先生などから政治との関わりや意味を必ず問われ、それに満足いく返答ができない自分を歯がゆく思うことが何度もあったことと結びつく。関西アメリカ史研究会は一九七八年から、「インテグレーションとディセント(統合と異端)」を全体テーマとして共同研究に取り組み、その成果は『アメリカの歴史——統合を求めて』(柳原書店、一九八二年)として世に問われた。志邨先生の「序」によると、そこでは、国民・国家を統合する原理・メカニズムが、それに反発するディセントの挑戦を受けて、新たな統合の姿を模索して再確立していく図式が提起された。これは、台頭する社会史研究をも包摂して国民・国家の形成過程を明らかにし、アメリカ史の全体を通観しようとする画期的な試みであった。当時まだ大学院生であった私は、この共同研究の進展を外から（下から？）眺めるにすぎなかったが、かかる全体テーマに自分の個別研究がどのように関係づけられるのかを自問し続けることになった。ヘゲモニー装置を通じた社会規範の形成と変容のプロセスを考察しようとする近社研の谷川分科会は、自分の立ち位置の意味と進むべき道を明確に示してくれているように思えた。うまい具合に、発足当初の近社研は、私が勤務する同志社大学の中で、しかも私の研究室に隣接する建物の地下会議室で例会や分科会が行われることが多かった。すぐ近くで行われた割には、研究会に足繁く出席しなかったことを反省しなければならないが。

新しい文化史へ

今から振り返ると、近社研がスタートし、『規範としての文化』をはじめとする論集が刊行された八〇年代後半は、社会史を中心とした歴史学が新たな段階に移りつつある時期であったように思える。たとえば、カルロ・ギンズブルグの『チーズとうじ虫』（一九八四年）、ナタリー・Z・デーヴィスの『帰ってきたマルタン・ゲール』（一九八五年）と『古文書の中のフィクション』（一九九〇年）、ロバート・ダーントンの『猫の大虐殺』（一九八六年）などの著作はいずれも、史料とは何かという根源的な問いを投げかけながら、特定のテクストを、文脈としては幅広く、意味探求においては深く、読み込むことで、事象の社会的、文化的、あるいは政治的意味をあぶり出した。『モンタイユー』に心酔した私には、こうした文化人類学の影響を強く受けたミクロストリアの成果に心躍る一方で、比肩しうるような研究成果をあげられるはずもない自分の能力の限界を早くも感じざるをえなかった。九〇年代になると、ロジェ・シャルチェの書物・読書・読者の文化史が相次いで翻訳され、九三年にはリン・ハント編『文化の新しい歴史学』（岩波書店）が現れて、「新しい文化史」という潮流がいよいよ明確となった。

アメリカ研究所において新歴史主義の観点に関心を示す文学研究者と学際的な共同研究を行っていたこともあって、私は「新しい文化史」の可能性に強く魅了された。一九九二年に一年間の在外研究の機会を得て、ニューイングランドの静謐な知的環境に包まれたアーモスト大学に滞在し、アメリカ独立・建国期の印刷業者や書籍行商人の自伝や手紙をテクストとして解釈するという作業を細々と行い、テクストと読者の世界に恐る恐る足を踏み入れた。

『規範としての文化』の後、私は九〇年代はほとんど例会から遠ざかってしまったので、歴史学における「文化論的転回」に近社研がどう向き合ったのか、分からない。『規範としての文化』が「新しい文化史」をすでに体現していた、とする評価もありうるだろう。ピーター・バーク編『ニュー・ヒストリーの現在』の「訳者あとがきにかえて」で谷川さんがバークの言う「新しい歴史学」を「広義の社会史」と捉えていることは、興味深い。その後、ピエール・ノラの壮大な企画の翻訳に着手されて『記憶の場』三巻を世に送り出されたことが、すべてを語っているのであろうか。そういえば、二〇〇〇年ごろ「《記憶のかたち》としてのアメリカ移民史研究」というようなテーマで一〇年ぶりに近社研で報告したような記憶がかすかにあるが、定かではない。

（アメリカ史　同志社大学教授）

7　届けられる花束はこれしかないが

柿本昭人

思い出は砕け散っても

現在の勤務先での会議が光塩館で開かれるとなると、一階のラウンジがガラス越しに見えるだけでそのフレーズが浮かぶ。「転げ落ちる年月の　速いこと／ふれるまい　ふれるまい／砕け散った　思い出などには les souvenirs」（Aragon, *Le Crève-cœur Le Nouveau Crève-cœur*, Paris, 1980〔1946 : 1948〕.〔『アラゴン選集Ⅰ』大島博光・嶋岡晨・服部伸六訳、飯塚書店、一九七八年〕58＝一九八頁）。「大学生は Studenten ですが、Studenten は研究者でもあります。ですから君たちも今日から研究者の端くれということになります」という大学の入学式の後で開かれた茶話会での京大文学部長の言葉を信じるなら、近代社会史研究会

（＝以下、近社研）が始まった頃、五・六歳の「子供」と二〇歳前後の「大人」が繋累の束縛もないのに、同じ時間と空間にいたことになる。エルザではないが、格好いい大人たちの言葉にのぼせ上がっていた insensé 小生には、この時間と空間が絶えることなど思いもよらなかった。しかし、幕が閉じる随分と前から足が遠のいていったことに照らしてみれば、楽しい季節を横切る終焉の影が夏の日差しのように眩しかった曙光に紛れ込んでいたのかもしれない。

近社研が幕を閉じたのを知ったのは、一つ年上の佐藤卓己さんの夕刊の記事だった（「研究会文化の暮れ方」『日本経済新聞』夕刊、二〇一八年四月二五日）。近社研を三〇余年にわたって継続させたものが、「「共同研究をリードした京大人文研」の精神的系譜」であるなら、その総括は間違いなく正しい。しかし、近社研の幕が上がる数ヶ月前に阪上孝編『一八四八　国家装置と民衆』（ミネルヴァ書房、一九八五年）が人文研の成果報告として刊行され、その執筆者と近社研の創設メンバーがほとんど重なり合ってもいる。人文研が培ってきた共同研究の精神を引き継ぐのが近社研の目的であるのなら、屋上屋を架すような研究会を別個に立ち上げる必要性はあるのか。別の可能性、近社研の歴史からは見えなくなった何か、「孤児」だった小生がのぼせ上がっていた何か、それを歴史ではなく《記憶》の側から記してみようと思う。それは近社研の幕が下りた同時期に刊行された、創設メンバーと同じ年代の齋藤なずな『夕暮れへ』に所収の作品が問うていた問いとも重なっている。「あの時、本当に滅んだのは……何だ⁉　オレたちでも山の上のアイツらでもなく……」（「ドッグフードを買ってお家に帰ろう」『夕暮れへ』青林工藝舎、二〇一八年、六五頁）。

孤児となった頃

その日は一九八四年の「一一月祭」が終わった頃、小春日和の日だった。文学部の旧館前で当時指導教官であった松尾尊兊先生に出くわした。その話が出るまでに何か話をしたはずだが、まったく思い出せない。去り際の松尾先生からの言葉があまりに強烈だったからである。「柿本君はですね、文学部に向いていません」。勘当ということである。学部の卒業はともかく、大学院には進学させませんという宣告だった。松尾先生の仰る「文学部」の歴史とは別の関わり方をしようとするなら、できれば別の研究科なり別の大学なりで「そのまま進めばよい」と許してくれる養親を、せめて雨露を凌ぐ軒先を捜さなくてはならなくなった。

松尾先生の覚えがめでたくなかったのには理由がある。歴史的事実そのものがある。この「歴史的」とは、人類にとって万古不易の価値があるということである。歴史研究とはそうした隠されていた歴史的事実をもう一度世に示すことである。こうしたスタイルや価値観に小生は反発していた。歴史を超越するものによって歴史を取り纏め、事実の発見において再発見されるのは、いつも人間における不滅のものであるような歴史を斥けること。自分がいつ・どこから・何を見ようとして眺めているのかが実際にはあるにもかかわらずそれを秘しておくことが客観性であるなら、それを決然として拒否し、それらを積極的に示すことを選ぶ（Michel Foucault, «Nietzsche, La Généalogie, L'Histoire», *Hommage à Jean Hyppolite*, Paris, 1971.〔「ニーチエ・系譜学・歴史」伊藤晃訳『パイデイア』第一一号（一九七二年春号）、竹内書店〕159＝七三〜七四頁、160＝七五頁、163＝七七頁）。歴史の終極 τελος からではなく、ボートを漕いで進むように、出来事をまなざす視線の捻れや歪みの現出と由来を対象化したかったのである。

アナーキーの原理の行方

近社研の例会が待ち遠しくて仕方なかったが、「街路を制圧」して「世界を制圧」したと思い違いをしていたわけではない。それでも、三つの論集が出る頃には次第に例会への足が遠のいていったのは、指揮者なしで共同研究を進めるというスタイルとそれを良しとする価値観の向こう側に別の何かが、「書記官が、官吏が、職業政治家が、あらゆる現代のスルタンが alle die modernen Sultane」その姿を現しはじめたと感じたからであろう。「洪水が拡がるほど、水は浅く濁っていきます。革命の洪水が干上がると、後に残るものは新しい官僚主義の泥濘にすぎないのです」。会員の数が増え、組織が大きくなればそれを取り纏める統率者なしで共同性を創出せんとする方向性は後景に退く。見かけは奔放でありながら、「飼い馴らされ、型にはめられることを望んで」いる力が前景へとせり出してくる（Gustav Janouch, *Gespräche mit*

Kafka, Aufzeichnungen und Erinnerungen, Erweiterte Ausgabe, Frankfurt am Main, 1968.〔G・ヤノーホ『増補版 カフカとの対話――手記と追想』吉田仙太郎訳、筑摩書房、一九六七年〕165＝一七八頁）。孤児だった小生こそ声をあげられたのかもしれない。人文研的な共同性から断絶すること。繋累という「自然なもの」を頼りとする共同性と絶縁し、別の組織原理による共同性を打ち立てること。孤児であった小生をのぼせ上がらせていた、そのアナーキーな力を消していいのかと。「アナーキー」とはいえ、それは無秩序や混乱ということではない。その力点は「指揮者―なしで αν-αρχος」（*An Intermediate Greek-English Lexicon Founded upon the Seventh Edition of Liddell and Scott's Greek-English Lexicon*, Oxford, 1945, 62）にある。それは「統率者 αρχος」たるべく「指揮する αρχω」者によらない纏まりである（Johann Baptist Hofmann, *Etymologisches Wörterbuch des Griechischen*, Darmstadt, 1971〔1950〕, 25）。αρχος や αρχω が指示する者／指示される者という関係を孕むのは、印欧語の語源にある「価値を有する」「力能を有する」を意味する ARGH（arh）の系譜にあるからだ（Alois Vaniček, *Griechisch-lateinisches etymologisches Wörterbuch*, Erster Band, Leipzig, 1877, 58）。

「アナーキー」に原理的であろうとすれば、位階の上位にある先行者が統率をはかるべく指示を出し、そうであるから指示に従って後をついて行くという所作はありえない。「証明不能なものの命令に服従することを一切拒絶する姿勢」が各自の振る舞いを導く（Paul Valéry, *Les principes d'an-archie pure et appliquée*, Paris, 1984.〔ポール・ヴァレリー『純粋および応用アナーキー原理』恒川邦夫訳、筑摩書房、一九八六年〕20＝一四頁）。統率者なしで紐帯をなすこと。「人間が習慣的に見るものを見るのではなく、自分の眼が見るところのものを見る」（Valéry, 19＝一三頁）ことだけが必須である。別の歴史の見方を実現するためにアナーキーであり、組織や集団の形成において統率者なしで秩序を生み出すためにアナーキーであること。「各自自由に議論せよ」と命ずる指揮者のもとでの議論は《自由》ではない。指揮者に自由はあっても、指揮される側の者には《自由》はない。指揮者が選び取った領域内で議論することが許されるだけである。全体の利益を指揮者が強調する時、それは往々にして指揮者の個別利益が実現されるばかりである。指揮される側の者は、統率者の利益に貢献する限りで秩序の側に数えられるが、指揮者の利益の実現からはみ出せば「ノイズ」として秩序の破壊者とされてしまう。

アナーキーの原理が、自分が対象に向けているまなざしを自分の側に折り返してみる自己言及的な所作を不可欠とするなら、「国家の力は民衆の怠慢な気持ちと平穏でいたいという欲求に依存しています」（Janouch, 89＝八五頁）という警告を自らにも発せられたはずである。しかも、その国家と民衆との社会的関係を一九世紀のコレラ流行、とりわけ一八九二年のハンブルクでのコレラ流行で例証しようとしていたのは、当の小生自身であった。

老いと歴史あるいは記憶と記載

小生からすれば「大人」であった近社研の創立メンバーも「子供」であった小生も、三〇余年の歳月の経過は否応なしに《老い le vieillissement》に向き合わせられることになる。老いと歴史についてのシャルル・ペギーの記述をここで見ておこう。ペギーによれば「老いとは、その本質において記憶の働き une opération de mémoire」であり、この記憶の対極に歴史と記載 inscription がある。「記載とは、その本質において記憶が欠落する働き」である（Charles Péguy, *Clio*, Paris, 1948〔1932〕.〔『歴史との対話――クリオ』山崎庸一郎訳、中央出版社、一九七七年〕228＝三五七頁）。老い／歴史の対立は記憶／記載の対立と対になっている。老いは「自分自身の内への、自分自身に対しての、自分の年齢に対しての回帰の運動である」（Péguy, 228＝三五六頁）。その自己言及的な動きに対して、歴史＝記載は出来事の外部にあって、出来事に併走するゆえに老い＝記憶を知らないままで済ませてしまう（Péguy, 231＝三六〇頁）。「老人 le vieillard は老いる vieillir ということが何であるかを知らない」。それに対して「まさに青春から抜け出してしまったことを感じ取り、己の内で失われた青春を見つめている四〇歳の男、その男は老いるということと老いとが如何なるものであるかを知っている」（Péguy, 248＝三七一頁）。

歴史＝記載に対する親たちの無頓着に否を唱えたかつての「子供」らが、四〇歳になんなんとして、二〇歳の「大人」となって再び否を唱える。陽気な老人とならず、「自分の思い出を souvenirs 思い起こすのではなく、自分の記憶 mémoire に加護を祈る」大人たちは格好よかった。神の慈悲と哀れみとして「神は人間を歴史家として造った」のなら（Péguy, 250＝三七三～三七四頁）、歴史に関わりながら歴史家にならないことを選び取る大人がいることは、孤児も大人になればできるんだと希望を抱かせた。「大人になった今、僕たちはついに事を正すこと put things right ができるんだ」（Kazuo Ishiguro, *When We Were Orphans*, New York, 2001〔2000〕.〔『わたしたちが孤児だったころ』入江真佐子訳、早川書房、二〇〇六年〕281＝四四三頁）と言える日が来ることを夢見ていたのである。だが大人になりさえすればと願っていた孤児、大人になることに憧れていた子供が「いざ大人になってみると何にも変わらないんだ」（松本次郎『ゆれつづける』太田出版、二〇〇五年、一四八頁）と嘆きの声を上げる前に、その夢は潰えてしまった。だが、思い出は砕け散ってもアナーキーの原理に貫かれた「あの頃」の記憶を未だ捨てられない。「あの頃の俺は、生きるってことをこいつに懸けたんだ。そいつを、嘘にしたくねえからだよ」（広江礼威『BLACK LAGOON 003』小学館、二〇〇四年、一六三頁）。夢を馳せていた「大人」たちの蹉跌の後で、その夢を果たせなかった「子供」は指揮者としてさらに年若い「子供」にその記憶を背負わせるなどできない。偉大な悲劇の後の惨めな笑劇の反復を終わらせるはずが、笑劇の舞台を設えてナポレオン・ボナパルトとして登場などしたくはないからである（Janouch, 165＝一七八頁）。

（外国語文献のうち、翻訳のあるものはできる限り使わせていただいたが、訳文を変更した場合がある。その責任はすべて筆者にある）

（社会思想史　同志社大学教授）

8　人はなぜスポーツをするのか

松井良明

近代社会史研究会（以下、「近社研」）の第一論文集である『規範としての文化』には二篇の「スポーツ社会史」の論文が収められている。そのうちの一篇はわたしが書いた一九世紀イギリスにおけるボクシングの近代化に関する論考であり、ボクシングそのものの「改良」を通して近代スポーツの文化的かつ社会的特質を示すことを意図する内容であった。

京都で「近社研」が発足した頃、わたしはまだ修士課程の大学院生だった。わたしにとって幸いだったのは、「近社研」発足時の発起人の一人である谷川稔先生が奈良女子大学に転勤される前に奈良教育大学で教鞭をとられていたこと、そして先生の「史学概論」と「西洋史演習」を受講させていただくことができたということである。わたしが二回生の時に受講した「史学概論」のテキストの一つがE・ル・ロワ・ラデュリの『新しい歴史』であった。学部時代にアナール学派の構造主義的歴史学にふれていたわけで、「動かざる歴史」や「人間のいない歴史」といった視点がじつに新鮮だったことを記憶している。

わたしが谷川先生の薫陶を受けたのは、将来的にスポーツ史で卒業論文を書くためにベースとなる西洋史の基礎を学んでおきたいと考えたからであるが、近い将来、まさか自分の論考が「近社研」の論集に掲載されることになろうとは、当然のことながら、夢にも思っていなかった。

だが今から考えてみると、私自身の幸運さとは別に、「スポーツ史」を志す者が「社会史」と向き合わざるを得ない必然的ともいえる状況が生じていたこともまた事実であった。

「社会史」への期待とその必要性

実は、「スポーツ史」に関する学術的な専門誌が刊行され始めるのは一九七〇年代に入ってからのことで、それは「近代スポーツの母国」とされるイギリスにおいてもひじょうに遅かった（*Canadian Journal of History of Sport and Physical Education*〔1970-〕: *Journal of Sport History*〔1974-〕: *The British Journal of Sports History*〔1984-〕）。「スポーツ史」は学術的には後発の学問領域だったのであり、それは「社会史」が制度的な「市民権」を得る時期とほぼ同時代の出来事でもあった（*Social History*〔1976-〕: *History Workshop Journal*〔1976-〕）。興味深いのは、社会史研究者たちが早い時期からレジャーやスポーツを主要な研究テーマの一つとみなしていたこと、またスポーツ史プロパーの研究者たちも社会史的研究手法を当初から取り入れようと試みていたということである。

イギリスにおけるスポーツや娯楽、レジャー等を主題とする社会史研究の成果が盛んに刊行されだしたのは一九七〇年代以降のことで、一九七三年に刊行されたR・W・マーカムソンによる『英国社会の民衆娯楽』以後、P・ベイリー、J・ウォルヴィン、H・カニンガム、J・K・ウォルトンといった研究者による成果が積み上げられた。彼らにより、少なくとも一八～一九世紀を中心とするイギリスにおけるスポーツやレジャーの状況がかなり鮮明になり始めていた。その背景として指摘できるのは、第一に「民衆」へのまなざしであり、第二に「日常生活」への注目だったように思う。

たとえば、一九八九年に刊行された『スポーツとイギリス人』の中で著者のR・ホルトはこう述べている。「もはや現在、スポーツは歴史学の本流から孤立した一部分に過ぎないのではなく、真剣に取り組まなければならない研究課題となった」。

では、あるべき「スポーツ社会史」とは何か。この点に関し、ホルトは次のように述べてもいる。「小数の著名な人物を賛美し、記録を編纂するだけでは不十分である。二〇世紀に際立っているのは統計に表れる成功を称えることだが、それは日常の遊びに秘められた動機、喜び、価値を覆い隠してきた。近代イギリスを対象とするスポーツ社会史が問わねばならないのは、「一体何が変わり、なぜ変わったのか」ということだけでなく、「民衆が日常生活を送るなかで、スポーツ空間の移り変わりをどのように感じたのか」ということである」。

彼は好事家的な発想で語られてきたそれまでの編年史的なスポーツ史叙述に対し、あくまでも時代を生きた民衆の生活や意識に根差したスポーツ史叙述こそ「スポーツ社会史」に求められていると宣言したのである。

しかしながら、このような歴史叙述を行うためには、とくに外国史研究を行う日本人研究者にとってひじょうに大きな壁が立ちはだかっている。第一が「史料」の問題であり、第二が歴史叙述の「断片化」という問題である。

「スポーツ社会史」と「スポーツ学」

『規範としての文化』に収められた拙稿は「ブラッディ・スポーツと〈名誉の観念〉」というテーマであり、そこでは一九世紀イギリスで生じていたボクシングの「合理化」過程を、ボクシングが「社会的承認」を取り付けるための歴史的過程として跡付けようと試みた。従来の編年史的叙述に加え、社会史研究の諸成果を最大限取り入れたつもりである。上述のような技術的な問題が存在する中、あえてボクシングに対象を絞ることで叙述の「断片化」をできるだけ回避しつつ、また従来の編年史的な「競技史」に対しては、よりトータルな意味での「種目史」をめざした。同論文では「合理化」に対する「非合理性」の要素の一つとして、「流血 blood」をキー・タームとし、その観点はわたし自身の初の単著である『近代スポーツの誕生』（講談社現代新書、二〇〇〇年）に引き継がれることとなった。

「近社研」による第四論集である『日常と犯罪』では、「違法性 illegality」をキーワードとし、判例を主たる資料とする「ボクシングと刑法」を執筆した。「合法化」のプロセスを「刑法」を主たる史料としたことからいささか「法制史」的な叙述内容になってしまったが、こちらも「刑法」を窓口とする論考を集めた拙著『ボクシングはなぜ合法化されたのか』（平凡社、二〇〇七年）の一部として採録し、同書の中では、ボクシング以外の英国スポーツを取り上げることで、多少なりとも英国スポーツの「全体史」へと近づけることができたと考えている。

同書を刊行した直後には、さらに「法制史」的な観点から論考を整理した『スポーツと政治的なるもの』（叢文社、二〇一〇年）を上梓した。同書でも英国法の理解と解釈において、社会史の蓄積が生かされていることはいうまでもない。

ここにいたるまでのわたしのスポーツ史研究においては、当然のことながら社会史的な視点が大きな意味をもってきたのであり、その意味で「近社研」の存在がひじょうに大きかったし、そのような出会いがなければこれまでのわたしの歩みはそうとう異なっていたに違いない。

手元に残っている『近代社会史研究会会報』第一号には、「今後の方向性について――事務局試案」が掲載されており、そこで挙げられた「個別テーマ」の中に、すでに「スポーツ」という文言が記載されている。わたしが「近社研」で初めてスポーツ史の内容を報告したのは一九八七年四月例会のことで、タイトルは「一九世紀イギリスにおける Bloody sports について」であった。「近社研」ではその後も引き続きスポーツ史を内容とする発表が取り上げられてきたのであり、この研究会が日本のスポーツ史研究の深化にも一役買ってきたことをここに明記するとともに、改めて謝意を表したい。

そこから端を発したわたし自身のスポーツ史研究についていえば、当初の「近代化」への関心に加え、近年はより「文化史的」な広がりを見るようになった。その背景には、イギリス以外の国や地域における独自のスポーツも視野に入れてみたいと考えたことがある。当初の関心は「近代化がスポーツをどう変えたか」であったが、現在はよりストレートに「人はなぜスポーツをするのか」という問いへとシフトした（『球技の誕生』平凡社、二〇一五年）。その意味では、現在も知的な「越境」は続いているわけで、これも「近社研」の当初の狙いに含まれていたし、わたしが現在も影響を受け続けていることの表れであろう。

研究対象を広げた上でも引き続き社会史的考察は不可欠だが、その場合もやはり前述の問題が重くのしかかってくる。わたしなりの「スポーツ学」を模索していくためには、さらに多くの時間と内外の研究者による「協働」が必要だと考えている。

（スポーツ史・スポーツ学　奈良工業高等専門学校教授）
常松　洋

9　『日常と犯罪』から二〇年

近代社会史研究会の思い出を書くよう求められ、二冊の論集に参加する機会を得た人間としては、断る理由はなかったが、これといって鮮明に記憶している事柄や事件がない。そこで、南直人氏とともに、編著者として関わった論集、『日常と犯罪』に寄せた序論の梗概を中心に、論集成立の事情と、「日常的犯罪」史研究の可能性について、考えていることとを記して、責めを塞ごうとした。しかし、古稀を間近に控えて、記憶は薄れるばかりである。現に考えていることはともかく、思い出話には遺漏が多かろうし、とんでもない間違いもあるかもしれない。それも一興と、ご海容のほどお願いしておく。

論文集の作成

『規範としての文化』出版直後の研究会ではなかったろうか――その合評会の場だったかもしれない――、谷川稔氏から、川島昭夫氏を中心とする新たな論集の企画が提案された。研究会の創立時からのメンバーで、熱心な研究会参加者でありながら、三冊の論集いずれにも寄稿しなかった川島氏に、配慮してのことだったろう。どのように参加者が募られたのかについては、まったく記憶にない。過半数が英国史研究者という執筆者の構成から推断するに、あるいは、イギリス史の研究会でも論集が計画されていて、川島氏の呼びかけで、その執筆予定者が合流したのかもしれない。

新たな論集の論題の端緒は、川島氏の当時の研究課題「一八世紀英国の偽医者、非正規医療」に、あったと思われる。氏はそれを敷衍して、広く犯罪的と定義されうる、しかし日常的な営為を、現代の基準では明らかに犯罪ではあるが、当時は必ずしも違法とはされていなかった行為を、共通主題として提案した。氏の提言になる

「日常と犯罪」という題名の趣旨は、そこにあった。この刺戟的な論題は、各執筆者の議論の絞り込みを容易にしたはずである。因みに、「西洋近代における非合法行為」という明快な副題を与えたのは、当初から、論集の作成に関わっていた昭和堂の鈴木了市氏だった。

最終的に、この論集の中心的存在だった川島氏は、寄稿を断念してしまう。その理由は確認しなかったし、かりに出来たとしても、それほど意味はなかったろうが、傍から見ていると、ある種のきっかけ、論文作成に必要な弾みを失ってしまったかのようだった。おそらく、そのためもあって、せめてと依頼した序論も寄せられなかった――おかげで、一執筆者として参加したはずなのに、巻頭に収まる論考作成のお鉢がまわってきた――から、論集の表立った場に、その名前が銘記されることはなかったが、この企画の発端と基本的な方向性が氏に由来したことは、強調しておきたい。

別掲の目次を一瞥すれば明らかなように、同書は、近世イギリス農村社会における名誉毀損裁判から、一九世紀後半の大都市（パリ、ロンドン、シカゴ）を舞台に繰り広げられた売春、強盗、恐喝といった非合法行為に至るまで、多様な題材を取り上げ、その実態と意義を検討する七本の論文を収めている（ついでながら、南氏の論考は、本書出版直後に、大きな社会問題となる「食品偽装」問題を先取りしていたが、そのことで、本の売れ行きが目立って増えたりはしなかったし、そもそも氏は、この言葉を用いていなかった。二人して、マスコミの造語力はさすがだねと、話しあったことを覚えている）。

さて、件の序論だが、各論文に共通する接近法を、以下のようにまとめていた。第一に、この本で扱う犯罪とは、当事者にすれば当然の、少なくとも看過・黙認されてよい権利であるにもかかわらず、当局や主流社会からは非合法と見なされる行為の謂である。つまり、犯罪は、ある種の「生活方法」として把握されている。第二に、上記の認識から派生することだが、犯罪を固定的なものとしては捉えないという視点を重視した。合法と非合法の関係は流動的であり、その境界はつねに曖昧だった。ある種の行為の違法性を明確にするのは近代化であり、その意味で、犯罪は近代化の軋みの一つだった。

第三に、近代化の過程が、非合法の領域を拡大させただけでなく、縮小させたことも事実であった。共同体の社会的・経済的秩序だけでなく、人びとの精神的安定を脅かす行為も、かつては、犯罪視されていたが、やがて個人的良心の領域に収納せしめられ、犯罪とは一線が画されるようになる。第四に、「生活方法」としての犯罪という把握は、摘発する側を単純に正義の執行者と見なさないことを可能にした。少なくとも一部の人びとが合法視していた行為が、権力にとって、排除すべきものにもなれば、容認できるものにもなる。その判断は一にかかって、公序良俗の維持にかかっていた。

新たな接近法

『西洋史学』だったと思うが、この論集を取り上げた書評は、序論について、ありきたりで、新鮮味がないといった趣旨の論評を行なっていた。その指摘は基本的に正しいし、今になって、時期外れの反論をするつもりもない。限られた枚数で、諸論考の公分母を探り出そうとするあまり、一般的にすぎる、もっといえば、図式的にすぎる内容になっているのは、事実だからである。そして、そのため、とりわけ、資本主義化をその不可欠な要素とする近代化によって、合法と非合法の境界が曖昧にされる可能性が、検討されないままになった。

この点について、専門分野のアメリカ史に引き付けて、少し議論を展開してみたい。三年前、『ガス灯に浮かぶ資本主義』という論文集が出版された。二人の編者ラスキィとウルスンによれば、かつて資本主義経済発展史研究は、「エリートの商人と金融家の偉業を検討し、大洋・河川・運河・鉄道による信用、資本、商品の流れを跡づけてきた」。しかし、今では、資本主義が日常生活の些事から出現し、形作られる偶然的な歴史的過程であることを証明するため、周縁的な、非公式の、さらには違法なものとして切り捨てられてきた要素の再検討を、重視し始めている（Brian P. Luskey & Wendy A. Wolson, eds., *Capitalism by Gaslight: Illuminating the Economy of Nineteenth-Century America*, Philadelphia: University of Pennsylvania Press, 2015, pp. 2-3)。

一八八〇年代から半世紀にわたって、過去の情報源として古新聞を収集・整理し、転売する事業を扱った論考を別にすれば、基本的には、一九世紀前半が検討の対象とされている。その具体的主題は、アメリカ北東部を舞台に、馬泥棒その他の犯罪に従事した一味の活動、フィラデルフィアで行なわれた中古品売買、中西部諸州で通用した小額私製紙幣《シンプラスター》、ニューヨークで横行した移民の搾取（密入国の手引き）と偽競売（サクラを用いての売価競り上げ）、違法な奴隷貿易、チャールストンの波止場での商品抜き取り、ボルティモアの売春、ニューヨークの俗悪で扇情的な出版事業と多岐に渡る。

食い足りなさを覚えるものはあるにせよ、論文はいずれも興味深く、読んで面白いが、そのせいもあって、「ガス灯に浮かぶ」資本主義の実態を、詳述しただけの論考の集成という印象を強く抱かせる。どのようにして、これら違法な、あるいは、いかがわしい経済的営みが、表世界の資本主義に繋がるのか、資本主義を生み出すのかが、必ずしも明らかにされていない。その点が、たとえば、贋札という同じような題材を取り上げて、一九世紀前半アメリカの経済発展過程に、それを組み込んだミームの研究書『贋札造りの国』(Stephen Mihm, *A Nation of Counterfeiters: Capitalists, Con Men, and the Making of the United States*, Cambridge, Mass.: Harvard University Press, 2007）とは、かなり異なっているように思える。

おそらく、両者の説得力の差は、対象物に関する、合法・非合法の度合と社会的需要との相違に起因する。内戦（南北戦争）前のアメリカでは、贋札は、それ自体としては非合法だったが、不可欠の媒介手段でもあった。公式な紙幣発行機関（合衆国銀行）が存在しなかったため、民間銀行がその機能を代行することになるが、広い国土に、多種多様な紙幣が流通したから、その真正さを確認する術は皆無に等しかった。その結果、贋札が大量に通用することになる。もちろん、出所が不確かでも、すべての紙幣が贋物だったわけではないから、人びとは、その信頼性に疑惑を抱きつつも、それを用いていた。

つまり、社会的需要の高い事物は、さまざまな方法・手段によって、非合法性を捨象されてゆく。資本主義経済と親和性が強ければ、違法的な営為であっても、認可・黙認される可能性が強かったと考えるべきかもしれない。あるいは、資本主義が日常生活の些事から出現するのであれば、その起源は詐欺、騙りにあったということだろうか。しかし、無責任な印象論は控えるべきだろう。さしあたり、正当でなく、いかがわしい分、犯罪的・非合法的な営みは、近代社会の特徴を——陰画としてではあれ——端的に映し出していると考えて、地道に研究を進めることに専念したい。

かつて勤めていた京都女子大学には、最終講義という制度がなく、市民を対象とした公開講座を退職予定者が担当することになれば、それを（たとえば、講演終了時の花束贈呈によって）最終講義扱いしている。四年前の二〇一四年一一月に、その順番が回ってきて、選んだ主題は「贋金造りと信用詐欺師——資本主義形成期アメリカの社会と文化」というものだった。素材が消化しきれていなくて、説得力ある発表にはならず、研究分野の紹介程度に終わってしまった感はあるが、上述の論集の出版が示すように、それほど的外れの問題設定ではなかった。

この二種類の職業（？）について、その業務の実態とか従事者数、社会的背景や経済的貢献などの全体像は、当然ながら明らかにしようがない（ミームの研究がある程度まで成功したのは、人ではなく、物＝贋札に焦点を当てたからだったし、自伝の公刊などによって、有名になった人物も少しはいたが）。むしろ、彼らが内戦前期、資本主義の初期段階で担わされた、文化英雄という役回りに注目すべきだろう。その役割はそのまま、資本主義に、人びとが感じたいかがわしさを反映していたからである。そのような観点から、今後も研究を続けてゆきたい。それが活字化される日は、永久に来ないかもしれないが。

（アメリカ史　京都女子大学名誉教授）

10　私を成長させてくれた近社研

山本範子

近社研に参加していた初期のころのことを振り返れば、少しの辛さを伴う過去を思い出し、自分の未熟さと向き合うことになる。忘れかけていることも多い。だが、この研究会での人との出会いは私の財産になっていることも事実だ。自分の研究の種を見つけることができたのも、この研究会のおかげである。とても感謝している。だから、恩返しの気持ちをもって、過去を思い返してみることにしよう。

近社研との出会い

私にとって、近社研との出会いは、谷川稔先生との出会いでもある。先生が奈良女子大学文学部に赴任して来られた一九八六年四月に、私も同大学同学部の助手に就任した。先生が前年に立ち上げられたこの研究会の事務局も奈良女に移され、私は、及ばずながら運営をお手伝いさせていただくことになった。まだ現在のようなネット社会ではなかったので、ワープロで作成した案内状をコピーして封筒に入れ、住所がプリントされたシールと切手を貼る作業を、院生も加わって行った。研究会は毎月のように開催され、会員も急速に増えていった。谷川先生を囲んでの発送の作業も、名簿つくりも、とても楽しかった。近社研を通じて、私は、たくさんの研究に出会い学ぶことになる。それまでの自分の生活が大きく変っていくのを感じた。

研究会では、毎回緊張しっぱなしだった。活発な議論がされる中で、私はとても質問できるレベルにはなく、とにかく発表内容を理解することに一生懸命だった。知らないことが、あまりにも多かった。閉会後の懇親会は、アフター研究会ともいうべき場で、出席者の方々が飲み食べ熱く語り、盛り上がった。むしろ、アフターのほうが、リラックスした雰囲気の中で、率直な言葉が飛び交っていたかもしれない。私は、皆さんのお話をお聞きして、歴史学のさまざまな研究動向を窺い知ることができた。今でも、当時の研究会の熱気と美味しい京料理とが、セットになって思い出される。

私は、もともとピューリタン革命期の地方史研究をテーマとしていた。ジェントルマンの家系を調べることにより、その支配の連続性を実証しようとしていた。このころは、家族史が注目されていた時期であった。私が近社研で最初に発表させていただいた研究も、「婚姻と相続」に関するものだった。しかし、この研究会に参加したことにより、別のテーマに関心をもつようになった。それは、犯罪に注目することによって、近世社会の新たな局面を浮き彫りにすることであった。

共同研究に参加して

近社研が発足して二年近くが過ぎたころ、共同研究の可能性が提起され始めた。そして、その成果をいくつかの論文集にまとめて出版しようという話が、持ち上がっていた。同時に、研究会内部の軋みも生じていたが、それは新しい歴史研究を目指す人々の力がぶつかり合っていたわけで、生みの苦しみに必然的に伴うものであったと思う。社会史ということばは、イギリス都市生活史研究会の活躍もあり、すでに広まっていたが、どのような展開が期待できるのか、その役割は何かについて、模索は続いていたのである。共同研究の進め方や、論文集の出版をめぐって、中心メンバーの方たちは相当苦慮されていたが、教育・スポーツ、病気、女性・家族、犯罪といった研究部会が、形作られていった。研究会の発表も、これらのジャンルのものが中心となっていた。私は、川島先生や常松先生、南さんを中心とする犯罪史の共同研究に参加させていただくことになった。しかし、これらの共同研究が原因のひとつとなって、のちに近社研を去っていく方々が出ることになったのは、少しショックだった。

共同研究でのテーマとして、私は、近世特有の犯罪に的を絞ることにした。近世という時代の犯罪のカテゴリーには、現代では罪に問われることのない行為が含まれており、その裁きには教会裁判所が関わっていた。犯罪と宗教との関わりに、とても興味を感じたのである。論文集には、教会裁判所が扱う「名誉毀損罪」についての論文を書かせていただいた。しかし、論文集は、執筆者側の都合ですぐに出版に至らず、不安をかかえたまま時が過ぎていった。それでも、出版社の御尽力もあり、一九九八年に、近社研四冊目の論文集『日常と犯罪――西洋近代における非合法行為』（昭和堂）がやっと日の目をみることができた。論文集出版の話題が出て以来およそ一〇年が経っていた。これが、出版業界が厳しい状況に置かれている現在であれば、出版されることはなかっただろう。

近社研での合評会では、私の論文は批判もされた。最初に書き上げて以来かなりの年数が経ったのも一因だった。出版が取り消しになることも予想された状況では、よりよいものを求めて書き直す気力は湧いてこなかった。私は甘えていたのかもしれない。しかし、出版までに紆余曲折があったので、きちんと批判されることは、むしろ心地よかった。論文集に関しては、私は少々辛い思いをしたが、無事出版されたことがうれしかった。今では、このことは、自分の研究について考え直す貴重な経験になったと思っている。

共同研究が与えてくれたもの

教会裁判所と名誉毀損罪について調べている間に、私は、このテーマに絡んで知ることになったボランタリー団体の動きに関心を持つようになった。社会改革を目指す国教会系ボランタリー団体は、それまで社会統制を担ってきた教会裁判所が徐々に衰退していく一七世紀後半から姿を現し始める。二つの革命を経たイギリスが、ヨーロッパの周辺国から中心国への変貌を開始していく時期である。ボランタリー団体の活動は多岐にわたるものであり、また地理的にもかなりの広がりを持っていた。国内ばかりでなく、ヨーロッパ大陸の諸地域や、植民地にも及んでいるのである。ここ何年かは、私は、このような団体の活動を追っている。近社研でも、「道徳改革運動」、「慈善学校運動」、「布教活動」などについて発表させていただいた。近社研の共同研究が、私に研究の種を与えてくれたのである。

繋がる場所

奈良女の助手であったときに子供が産まれた。それからは、子供中心の毎日を送ることになった。研究会への出席は制限しなければならなかった。参加している研究会が夫と重なっていたので、近社研以外は彼に譲ることにした。この状況は、子供に手が掛からなくなっても続いた。そのため私は、長い間イギリス史の研究会にほとんど出席していない。それは寂しいことだった。近社研だけが、私を友人や先生方と繋げてくれる場所であり、新しい出会いをもたらしてくれる場所であった。だから欠席したくなかった。いつの間にか緊張もしなくなっていた。イギリス史の研究会にあまり出席できなくなったけれど、その代わりに、さまざまな国についての、膨大な数の研究発表を聞くことができた。これは、稀有な経験かもしれない。

　自分のことはさておき、近社研の存在意義は、さまざまな分野・国の研究発表が自由に行われる点にあった。国別の研究会の重要性は言うまでもないことなのだが、各国史の枠を乗り越えて集うことはとても重要だと思う。そこから新たな化学反応が生じ、おもしろい研究が生まれるかもしれない。自分の研究に関係する発表があるときしか出席しないのは、とてももったいないことである。

　二〇〇五年四月から近社研は新体制になり、世話人の方たちが事務局を担われることになった。しかし、大学業務の増加などにより多忙を極められた世話人の方たちは、かなり御苦労されたと思う。発表者を探すことも大変だが、ご自身が毎回出席されることも、難しくなったのではないだろうか。開催回数がやがて年六回に、さらに年四回になっていったのも、残念だが仕方のないことかもしれない。第一期のころとは異なった状況で、研究会存続の難しさを知ることとなった。しかし、第二期の近社研がこれほど長く続いたのは、方々の御尽力のおかげである。また、越境する歴史学との共同開催は、繋がる場所が新たな広がりをもったように感じ、とてもうれしかった。

最後に

　奈良女を去ってから、私は、近社研の事務局の業務に関わることはなくなってしまった。案内状をネットで配信するようになったので、事務局の仕事は様変わりしたことだろう。しかし私は、手作業で案内状の発送をしたころが、とても懐かしい。

　これまでずっと近社研に出席させていただき、さまざまな分野の研究発表を聞かせていただいた。イギリス史の発表はもちろん面白いのだが、それ以外の発表も、テーマの取り上げ方、アプローチの仕方など新鮮で、とても刺激的だった。他の国々についての研究発表も聞けたことは、私の糧になっている。イギリスをもっと広い視野のなかで意識できるようになったかもしれない。

近年、英語をはじめとして、日本語以外で研究発表をしたり、論文を書いたりすることが、重要視されつつある。海外に向けて研究成果を発信していくことは、これからの時代に必要なことだと思う。しかし、近社研のような場で、日本語で発表し議論することによって、研究の土壌を築いていくことも、ずっと大切にすべきだと思っている。そうでなければ、他者として欧米の歴史を研究するという貴重な視点を醸成することができなくなってしまうかもしれない。

歴史学の重要性が認識されにくくなっていることに危機感を感じる昨今、近社研が培ってきた「京都の研究会文化」が、これからもどのような形であれ存続し、歴史学の存在意義を発信し続けることを願っている。

（イギリス近世史　同志社大学他非常勤講師）

11　「社会史の京都」の目撃者として

森本真美

近社研の時代

私の記憶が確かならば、近代社会史研究会（以下、近社研）に参加させていただいたのは、大学院博士前期課程の院生時代であったように思う。後期課程への進学に前後した一九九〇年と一九九三年に不出来な研究報告の記録があるようなのだが、谷川稔先生を筆頭に気鋭の研究者がずらりと揃い、たいへんな緊張感があったこと以外には、たいへんもったいないことだが、現在といわず報告の直後からよく覚えていない。

これらの報告に前後する時期に、勤勉とはいえないながらも、ぽつぽつと例会に出席させていただいた。ただ大阪育ちの私は京都の地理にどうにも相性が悪く、同志社至誠館、京大会館、京大文学部博物館、そして楽友会館と開催場所がたびたび動いたこともあって、会場までスムースにたどり着けなかった。京都は山の位置をつかむとわかりやすいと地元の方は一様に言われるが、いまだに諾としかねるものがある。バスを間違えて洒落にならない大遅刻をしたあげく、ドアの向こうから漏れ聞こえる白熱した議論に気後れし、勇気がなくてそのまま帰ってしまったこともあった。この点最近は京都の町中にボランティアガイドがあふれているので、道に迷うことも減り助かっている。インバウンドさまさまである。

こんな有様の不良会員（素行がとの意ではない）であったにもかかわらず、一九九八年に上梓された第四論集『日常と犯罪』に稿を寄せるという身に余る機会を与えていただいたことには、たいへん感謝している。犯罪史は卒論・修論と携わっている当時の私のメインテーマであった。何をやりたいと言っても、それはきっと面白いからやりなさいとしかおっしゃられない恩師・川北稔先生の後押しと、川北先生が在外研究でご不在の間、非常勤にも来ていただいていた川島昭夫先生に影響を受けた結果である。当時犯罪史は、イギリスをはじめとする欧米で着々と成果が重ねられている一方で、わが国においてはまだ歴史学のジャンルとしての認知が低く、重大事件や犯罪者の年代記的なものとの誤解を受けることもままあった。近社研の論集企画は、このような認識や状況を打開する格好のチャンスであった。

一介の大学院生にはこのうえない栄誉であり、嬉しかったのはもちろんだったが、重圧と不勉強、そして今考えても手前勝手なセンチメンタリズム――この原稿を出してしまったら寂しくなってしまうではないかという――のため、若輩の身でありながら、出版社や編者および執筆者の方々に多大なご迷惑をおかけしてしまったことは、いま思い返しても後悔の念に駆られる。懺悔にはいくら紙幅を尽くしても足りないので、この場ではご勘弁いただきたい。ともあれ、本来の意味でも誤用としての意味でも、私にとってはまさしく「敷居の高い」研究会となった。さらに結果的には、この短い時期が私にとっての近社研の時代ということになってしまった。

いっぽう、近社研と同じ時期に並行して私が関わっていたのは、角山榮先生を主宰とするイギリス都市生活史研究会であった。こちらも京大界隈（学生センター）で例会を開催していた。生活史研には、大阪大学の先輩にあたる川北門下生も多く、まだ修士論文も書いていない頃から末席に加えていただき、事務局を預かった時期もあった。

社会史の京都

この時期の京都は、日本の歴史学界における社会史研究の拠点的な位置にあったといっていいだろう。生活史研はそう大きな所帯ではなくサロン的なムードで、私のような物知らずがピントのずれた素朴な質問をしても、なんとなく許される雰囲気があった（と思っていたのは私だけだったのかもしれない）が、遠来の、ことに東京方面からの参加者の方々は、そういう場所がいかに特殊かということを折にふれ切々と説いておられたものであった。その後、関西以外の研究会に顔を出させていただく機会がいくつかあったが、それらは概して見た目からしてフォーマルで、出席者の上下関係や序列が一見の参加者にも察せられる、緊張感のみなぎる討論の場であった。若手の院生にとっては、自身の評価と将来の展望がかかった正念場だったのであろう。辛辣な批判を同席した指導教員が割って入って返り討ちにし、怒った相手方の指導教員が逆襲するという、まさに戦場の体をなす殺伐とした会合にも遭遇したことがある。

冒頭で、近社研での報告にあたってたいへん緊張したということを述べたが、それはこういった不毛な雰囲気とはまったく質を異にするものである。社会史という関心・手法に興味を持つという共通項を持つ、さまざまな時代・地域を専門とする研究者が集い、きわめて専門的で、ときに学際的な意見交換も活発に展開される場所ではあったが、その方向性はあくまでも前向きであった。フォーマルでありつつも序列や格にはこだわらず、厳しい批判はあっても否定的な非議はない。あくまでも社会史研究というひとつの方向に向けた、真摯でかつ生産的な議論の場であったことは、目撃者のひとりとして証言できるし、ほぼ拝聴に終始していたとはいえ一応の参加者としてのささやかな誇りでもある。

いかにも京都の研究会らしい、そういった自由闊達な空気がいっそう本領を発揮していたのは、アフターの酒席であったように思う。近社研のホームグラウンド的な存在であった木屋町「めなみ」をはじめとする洒落たお店も、洗練された京都らしかった。アルコールで饒舌になった状態で、本編での質疑応答が熱い延長戦に持ち込まれている一隅もあれば、容赦ない追及を浴びせられ、ひたすら怖く見えた先生方がほろ酔いの笑顔で、アカデミックにしてかつ他愛無い雑談に興じている姿もあった。そういった知的な喧噪に、浅学の若輩ではなかなか割り込む余地はなかったのだが、今思えばただそこに身を置いているということ自体が、得難くかつ貴重な勉強であった。

近社研の酒席で思い出されることがある。フランス近世史の大家、二宮宏之先生がお見えになった折、少しだけお話をさせていただく機会があった。当惑した面持ちでやりとりを見守っておられた谷川先生に、冗談交じりの口調で「きみ、誰と話してんのか、わかってる?」と笑顔（ただし目は笑っていなかった）で質されたのだが、今なら言わんとされていたことはよくわかる。まったく物知らずは、怖い物知らずである。嫌な汗をかく思い出である。

社会史のゆくえ

その後大阪大学の助手を経て、神戸の地で現在の大学に職を得、かれこれ二〇年以上になる。阪神大震災の傷跡もまだ生々しい新しい環境になじもうと必死でいるうちに、学会や研究会の類からは自然と足が遠のいてしまった。私生活でもいろいろ変化があり、ひと休みのつもりだった研究に、実質的にも気持ちの上でもなかなか戻れなかった。生活と、授業と、その他諸々のルーティンに追われ、研究動向のフォローすらできない日々に、当時は焦りと諦めしかなかった。だが、古の女優の言にもあるように、人生に何ひとつ無駄がないとすれば、この時期に私が得られたものは何であったのか。今回の寄稿に際して振り返ったとき、ひとつ思いいたったことがある。

自分の研究が進まないこの時期の私は、望まずして歴史学の伝道師に徹していた。学生たちに西洋史を教えるのは史学科の教員としての重要な仕事の一部ではあったし、むろん現在もそうである。史学史では歴史として社会史を説いたし、専門科目では自分のフィールドが中心になるので、その具体的な成果を伝えることも多かった。本務校は女子大で、史学科はとくに素直で真面目な学生が多く、授業や課題には熱心に取り組んでくれたのだが、九〇年代後半以降、彼女らの反応で明らかに変わってきたことがある。

いわゆる「ゆとり教育世代」以前の学生たちは、私が語る社会史とその成果を、新鮮な驚きとして受け止めていたように感じられた。戦後史学の影響がまだ残る教科書と教員から学んだ高校世界史と、研究の前線の動向とのギャップが、そのころはまだ大きかったためであろう。しかしながら、いつからであるとははっきりしないが、社会史は学生たちに目の前に「あるもの」として受け入れられる、さらにはすでに受け入れられているものになっていったように思われるのである。

社会史ブームのピークから幾分かのタイムラグを経て、書店や図書館の書架には近社研やそのメンバーの成果を含めた社会史の研究書や一般書が普通に並ぶようになっていた。卒論のテーマを探す学生たちが、文字通り手を伸ばせば届くところに社会史はいまやあり、彼女らはなんの気負いもなくその成果に接し、取り組んでいる。もはやそこに驚きはないようだ。

学生たちが学んでくる高校世界史も、緩やかに様変わりをしてきた。社会史という言葉こそないものの、社会史的な歴史解釈は着実に取り込まれていった。その教科書を使って生徒を教える高校教員も、自身が社会史を学んだ、あるいは少なくともその存在と意義は知る世代への移り変わりが進んできた。こういった環境の変化は、あきらかに大学で歴史を学ぶ若い世代の意識を変えてきたに違いない。

社会史は過去のものとなった。ブームは終焉し、そのエリートの牙城であった近代社会史研究会も残念ながら形を失ったが、嘆くにはあたらない。歴史は、ましてや社会史は、高邁な問題意識を有し、アカデミズムの世界でそれを議するエリートのものだけであるべきではないはずだ。名もない「普通の人びと」やその営みを研究の対象とし、声なき声を史料として拾い上げて歴史を紡ぐばかりではなく、その成果を「普通の人びと」に返してゆくこともまた、社会史家のひとつの責務のかたちでありえるのではないか。

近年、アカデミズムの最前線にあったジャック・ル・ゴフやアラン・マクファーレンなどの史家が、自身の幼い孫や次世代へ語りかける平易な歴史を著しているのも、これに似た境地ゆえではなかろうか。社会史は社会に、いわば土に還ってゆく。そして新しい樹木の糧となり、若々しい緑の幹や枝葉の部分をなしている。そこにもう社会史という名がないとしても、その志が歴史として語られるだけになったとしても。それでよいではないか、むしろ社会史という学問にとってはそれが本望ではないのだろうかと、私見ながら感じているこの頃である。

（イギリス近代史　神戸女子大学教授）

第3章　近社研の新しい「かたち」を求めて——第二期世話人から

服部　伸

1　研究者養成の場としての近代社会史研究会

近社研との出会い

私が近代社会史研究会（以下、近社研）に初めて出席したのは、大学院博士課程一年だった一九八六年五月開催の第五回例会で、途中、留学、地方大学への赴任、在外研究などで不在の時期があったものの、二〇一八年三月の最終例会まで、比較的コンスタントに例会に出席してきた。出席率の面で決して優等生ではなかったし、研究会の運営に大きな貢献をしたわけでもないが、研究生活のごくはじめの時期から、ある意味で「心の支え」でもあった。とくに、博士課程大学院生の層が薄く、研究室内での大学院生同士の教育がそれほど機能していなかった私立の大学院出身であった私には、近社研は学校であった。このような自分の歴史と重ね合わせながら、ここでは、広い意味での歴史研究者を育てる場としての研究会という視点から、その歴史を私なりにたどってゆくことにする。ただし、三冊の論集を立て続けに出版したという最も華々しい時期に私は日本におらず、私の叙述は、一九九〇年以降の、どちらかといえば地道な例会を中心とした活動の時期に焦点を当てる。

先述のように、私が近社研に出席したのは博士課程に入った年で、所属する研究室の狭い世界に飽き足らず、外の世界へと歩み始めた頃だった。ドイツの社会主義運動を研究していた大学院の先輩に誘われて、「ドイツ史」の発表を聞くために潜り込んだ。場所は、私たちが学んでいた同志社大学のキャンパス内で、当時は法学部・経済学部研究棟だった光塩館という建物の一階にある小さな会議室だった。自分が属する大学のキャンパス内ということで敷居が低く思われ、軽い気持ちで未知の研究会に出席した。

その日の研究会は、乗杉澄夫氏による帝政期ドイツの労使紛争とその紛争処理に関する膨大な統計数値を分析した発表と、長谷川まゆ帆氏による文書館史料を駆使した近世フランスの村での産婆をめぐる争いに関する発表の二本立てだった。「近代」と「近世」、「ドイツ」と「フランス」、「マクロ」と「ミクロ」、二つの報告は、いろいろな意味で対照的だったが、二人が使った一次史料の「重み」に圧倒された。同時に、統計だけでは扱いきれないさまざまな問題が背後にあることや、一地域の個別事例に深く入り込むことによって、大きな流れが読み取りづらくなることも発表とその後に続く討論の中で痛感した。

「ドイツ」「近代」を専門とする私だが、ミクロな世界から大きな物語へとつないでゆく手法に漠然と憧れていたこともあり、この日の報告では長谷川氏の研究が面白かった。討論の時に質問する勇気はなく、研究会後に長谷川氏に文書館史料の活用について何点か教えていただいた。この原体験をきっかけに、私も近社研に通い始めた。もっとも、鋭い理論も、幅広い知識も、そして研究の裏付けとなる十分な史料も持ち合わせていない私は、会場の隅っこで目立たないように腰を下ろしていたにすぎない。しかも、翌年春にはドイツへの留学のために旅立った。研究会では論集出版に向けて密度の濃い活発な活動が行われ、三冊の論集が刊行されるのだが、私はこれらの活動には関わることはなかった。

継続型研究会への転換

留学を終えて、私は近社研に復帰した。論集の合評会が続いた一九九〇年である。論集出版という大事業を果たした後、研究会立ち上げメンバーや論集執筆者の中には研究会を去ってゆく人もいたし、研究会の雰囲気は大きく変わったようだった。

研究会が出版プロジェクト型から継続型へと大転換を遂げた時期である。それでも、創設以来の有力メンバーが主力として活動していた。そこに、論集執筆者よりもやや若い世代が次々と加わった。私もこのグループに含まれるだろう。客観的なデータに基づくわけではないが、この頃の出席者・報告者は、京都大学よりはむしろ、大阪大学、奈良女子大学、奈良教育大学の大学院生・大学院修了者が多かった。同志社や立命館からも、数名の参加者を得た。初期に比べると、体育学関係者を除けば、西洋史分野の人が多くなった。

理論も知識も足りない私だったが、留学中の実地体験と直輸入史料を武器に、報告や討論に参入するようになった。程なく大学に職を得たとはいえ、研究者として未熟だった私にとっては、近社研は歴史学の学校であり続けた。

研究会は基本的には、一回の研究会で二名が報告し、それぞれ約一時間の報告に対して一時間の討論の時間を設けていた。当時のドイツ現代史研究会では、一回の研究会での報告者は一名で、報告二時間、討論二時間だったことに比べると、報告時間は短かったが、文書館史料にこだわらないものの、史料に基づいてディテイルを示すことは求められた。報告後の討論ではリーダー格の諸氏から厳しい指摘を受けた。史実を丹念に検討していない理論先行発表も、個別の事例にはまり込んだ些末実証主義も批判された。

私の場合、地域史研究からスタートし、国民国家史的な意味での全体への視点すら定まっていなかった。加えて、留学経験者にはありがちなことで、留学中に周囲の博士候補生たちが丹念な文書館史料の分析を積み上げて、実証的研究をしているのを目の当たりにし、一次史料による実証面で彼らに追いつくことを念頭に研究を進めてきた。自分でもなんとなく気がついてはいたが、私の研究は些末実証主義に落ち込んでゆく危険をはらんでいた。帰国後もこうした問題点は解消されるどころか、史料を読んできたという自負から、むしろ深刻になっていた。

史料を読み込んでゆくと、時には相矛盾する事象が同時に現れ、その説明をうまくつけることができなくなる。ある時、近社研での発表後の質問に答えられず、「史料からはこれ以上のことは判断できない」と弁明した。これに対して「史料を見た君に判断できないというのなら、この場での議論が成り立たない」と苦言を呈されたことは忘れられない。近社研は、私にとって、自分の研究を近代の大きな歴史の中に接続させる訓練の場だった。

ディテイルから
一国史を越えて

他方で、近社研はディテイルにもうるさかった。私がこの研究会に足繁く通った理由は、実はこの点にあった。ドイツ史研究者としてその意義を述べたい。周知のように、ドイツ近代史研究では「ドイツ特有の道」というテーゼが提唱され、その政治的・社会的後進性、上からの国民操作、権威主義的社会が問題視され、先進国たる英仏との違いが強調された。私自身は指導教授の影響もあってか「特有の道」論には距離をおいていたが、この研究会での経験は自分の立場を補強することにもなった。ディテイルを吟味した、広い意味での「社会史」によって、ドイツは「特有の道」の呪縛から解放され、欧米や日本も含めた近代の諸問題を共有する地域のひとつとして理解できるようになる。

近社研で研究報告を聴くことでイマジネーションは広がった。たとえば、フランス史の研究では、市民的価値観に従った国民統合が進められ、少数派・弱者が排除・抑圧されていったことが浮き彫りになっていた。第三共和政期に共和派の影響力が強くなり、政府が保守的な政治勢力やカトリック教会を抑えて、民主的な社会が作られたという伝統的な理解だけでは、歴史を語ることができない。同じように、民間の活動を重視してきていたはずのイギリス史の研究からも、一九世紀後半には直接・間接に国家の影響力の高まりを認めることができる。

これらの他国に関する研究成果を念頭におくならば、今さらドイツの「後進性」を主張するよりは、差異と共通性のディテイルを示すことの方が歴史研究としては有益であろう。政治、教育、宗教、家族、医療・衛生、スポーツ、植民地・帝国支配、国民意識、ジェンダー意識など、歴史的事象を詳しく語ることによって、国民国家的枠組みによるさまざまな差異をもちつつも、一国史を越えた近代社会の共通性を浮かび上がらせることもできる。

また、ジャンルを越えてさまざまな事象を織り込んでゆくと、社会のさまざまな分野で生じていた変化が、相互に関連性をもっていたことを理解することもできる。ディテイルが語られることによって、たとえば本来は衛生史として構想されていた研究の中に、国民意識やジェンダーの視点からの具体的な議論も可能になってくる。

討論の中で、報告者自身が気づいていなかった可能性を教示されることもある。こうして、近社研では視野を広げて思考することを教わった。紙から得られた知識ではなく、その場で相手に疑問をぶつけ、時には議論になるという点に、研究会としての良さがあった。

さらに付け加えるならば、発表の方法にまで辛口な意見をつけてくれる研究会は他になかった。発表が「わかりにくい」、「面白くない」などとよく叱られた。大学院生の層が厚い研究室であれば、先輩の真似をすれば十分なのかも知れないが、私の周りには手本になるような先輩はなく、指導教授も論文の書き方にこそ厳しく助言をくれたものの、口頭発表についてはロうるさくは言わなかった。発表の作法を習うという点でも、近社研は私の学校だった。

しかし、時と共に私たちの世代もこの学校から「卒業」してゆくことになる。一九九〇年代前半に近社研に参入した世代は、世紀が変わる頃には職を得て遠方へ赴任したり、職務に追われて研究会から足が遠のいた。代わりに、より若い世代が加わった。出身大学院はさらに多様になったが、京都大学人間環境学研究科を除くと、西洋史専攻の大学院生に偏ってきたようだ。

共同世話人制への移行

近社研にとっての二つ目の大きな変化は、このようなメンバー交代と同時期に起こった。谷川稔氏から川島昭夫氏、そして再び谷川氏、と続いた個人研究室単位の事務局を改め、共同世話人体制へと移行したことである。谷川氏が京都大学を退職することをきっかけに、研究会の運営から退くということだったと記憶するが、八人の世話人による共同運営に移行した。

私も共同世話人として多少は運営に関わったが、例会前の打合会に出て、次回以降の例会開催日時を確認し、報告者の候補を挙げたくらいである。ただし、打合会だけでは十分に詰め切れず、最終的な詰めはメールでやりとりすることも多かった。実務として本当に仕事をしていたのは、通信担当の伊藤順二氏や、いろいろな意味でのまとめ役だった渡辺和行氏だろうか。しばらくして金澤周作氏が京都大学に着任して、世話人は九人となったが、後述するように、実際的な業務は次第に金澤氏に集中していった。

それまで近社研を引っ張っていた谷川氏の後を受けて研究会を継続するうえで、共同世話人体制は新しい可能性をもっていた。当初は、共同世話人が例会前の打合会に集まり、そのまま例会に出席していた。上述のように、一九九〇年代の前半の時期には、論集出版後に多くの人が近社研から離れていったとはいえ、それでも、私たち若輩者に有益なアドバイスをしてくれる学問上の先輩たちが常連として出席していた。同じような役回りを共同世話人たちが果たすことができれば、研究会での議論は活発になる。世話人たちがフィールドとする地域や時代が適度に散らばっていたので、多角的な議論が可能だった。事実、一時期に比べて研究会が活発になったと感じたこともあった。また、世話人たちが自分たちのネットワークを駆使して多様な報告者候補を持ち寄ることもできた。

私だけでなく、他の世話人も、漫然と例会に出席するのではなく、ある種の使命感を持って近社研に臨んでいたような気がする。そこには、普段自分が直接指導している学生だけではなく、研究会で発表する若手研究者・大学院生をみんなで育ててゆくという意識が働いていたのではないか。所用で例会に出席できない場合に、世話人同士で事前に連絡を取るという習慣ができたのも、このような責任感の表れだったといえよう。

討論の時にも、ある種の教育的配慮が働くようになった。かつてを知る古参会員の中には、「以前の議論はこんな穏やかなものではなかった」と言う人もあるのだが、とくに若手の報告の際には、できるだけその人の持ち味を引き出すような配慮のうえで質問し、意見を述べることが多くなった。「近社研は連合大学院の総合演習になってしまった」ので魅力を感じないという意見を聞いたことがある。論集を編むためにお互いに激しい議論をしていた時代を経験した人の中から、このような意見が出てくるのは理解できる。

研究が細分化し、専門性が高くなる中で、一国史的枠組みの研究会や出版プロジェクト型研究会の方が効率的に研究成果を出すことができるだろう。しかし、このような時代だからこそ、複眼的な発想のできる研究会で、自分の研究枠組みの中では絶対に見えて来ないような研究報告を聴き、「意外な」視点からの質問を受けることは、自分の研究を広げ、深めるうえでも重要だ。一定期間、このような経験を積み重ねることで人は育ってゆく。

ゆとりなき時代の中で

ところが、世話人体制への移行の頃から、入会後、比較的短い期間しか研究会に来ない人が増えてきた。とりわけ、私の身近な人たちに該当するのだが、入会後まもなく発表し、その後は、ほとんど、あるいは全く研究会に出席しなくなった例が多い。私たちの頃のように、近社研で育てられるというのではなく、一種の学会として発表の場を求めていたのか。若手研究者を取り巻く厳しい状況のもとでは、研究会を通してじっくりと研究者を育てるという方法が機能不全に陥ってきた。

他方、私たち世話人自身も、例会に出席することが次第に難しくなってきた。近社研最終会に、金澤氏が世話人体制期の例会活動を総括し、今後に向けての展望を語ったが、その中で、これまでのような研究会を続けるための条件が失われつつあることを指摘している。金澤氏は「研究会文化」の存立条件として、「土日に余裕があること」、「平日に勉強できていること」という、以前なら当たり前の、しかし、近年は非常に難しい条件を挙げている。

この一〇年ほど、私は「日曜歴史家」ですらなく、「休暇歴史家」だと自称してきた。何が忙しいのか自分でもよくわからなくなるのだが、平日の帰宅後や土日を費やして、職場の業務と授業の準備をしている。

雑誌編集、学会や研究会運営、自分で志を持ってやっている研究助成金申請書作成ならまだ我慢ができる。しかし、組織防衛のためとしか思えないような雑務、本当に学術的価値があるのか甚だうたがわしい、組織の体裁のための「国際」学術交流、競争資金獲得、成果発信など、一体誰の役に立っているのかもわからない業務に疲れ果てているのは、我ながら学問的自殺行為のように思えてならない。

近社研最終例会の際に伊藤氏が作成した共同世話人期の報告者・論題一覧を見て、自分でも驚いた。二〇〇七年五月を最後に、私は研究報告をしていなかった。必ずしも「研究をしていなかった」訳ではないが、近社研で発表するだけの時間と心の余裕を失っていた。すぐに成果を求められるプロジェクト型研究会やワークショップに心を奪われていた。プロジェクト型研究会とは、三〇代の頃から関わっていたが、そのような専門的な研究会での成果を近社研で試して、幅広い意見を聞くというのがかつての私の流儀だった。一つの素材を、性格の異なるいろいろな研究会で話して、その反応の違いを愉しむゆとりがいつしか失われていたのだ。

この余裕のなさは、当然、世話人としての最低限の職務すら難しくしてしまった。私は、勤務先で学科主任程度の役職にしか就いていなかったが、世話人の多くはもっと責任の重い役職に就き、研究会出席どころではなくなった。このような中で、孤軍奮闘していたのが金澤氏だった。いつ頃からか、例会の開催日・報告者の決定から、会場確保、二次会の設定まで、ほとんどの業務を金澤氏に任せてしまうようになった。もう少し世話人たちに時間と心の余裕があったなら、あるいは、近社研育ちの若手が一定数研究者となって研究会に戻ってきて、会の運営を引き継いでくれていたなら、と悔やむことはあるが、そのいずれもが難しい時代になってしまった。

しかし、形を変えてでも、若手を育てる場は作ってゆかなければならない。とくに、母校に教員として戻って実感するのだが、大学院生の層が薄い大学では、私の大学院生時代と同様に、外に出て武者修行を続けなければ、研究者として成長することが難しい。もちろん、大学院生の層が厚い大学でも、研究室内だけで自己完結していては、広がりに限界がある。連合大学院の総合演習と言われても、大学を越え、一国史的枠組みを越えて若い研究者が、時間をかけてともに学ぶ場があることは望ましい。

思いおこせば、近社研の門をたたいてから、お叱りを受けつつもなんとかもちこたえる程度の報告ができるようになるまでに、私は五年の期間を要した。留学のブランクを含むとはいえ、ずいぶん時間がかかったものだ。私がとりわけ鈍かったからだと言われれば確かにそうだろうが、継続の大切さは間違いない。

（ドイツ近代史　同志社大学教授）

2 社会史と現在

長井伸仁

第二期の世話人を拝命しながら、名ばかりで職責を果たさなかった。四国に居るときからすでに足が遠のいていたが、関東に居を移してからは顔を出さずじまいであった。この場を借りてお詫び申し上げたい。そのような失礼を働いたにもかかわらず寄稿を許されたことは、ありがたい限りである。

研究会巡歴

私が大学の演習以外の場ではじめて研究報告をおこなったのは、近社研であった。当時、修士課程の学生だった私は、この近社研と、やはり京都で開かれていた関西フランス史研究会（関仏研）の例会に出席していた。博士課程でフランスに留学し、その後まもなく関西を離れたため、両研究会に通っていた期間は思いのほか短いのだが、率直に言うと、私が多少なりとも帰属意識をもった研究会は今に至るまでこの二つだけである。

私が留学していた一九九〇年代のパリでは、近社研や関仏研のように、研究者と大学院生が所属や研究テーマを超えて定期的に集まり個々に報告をおこなって議論するような場は、存在しなかったように思う。その一方で、特定のテーマを取りあげるアドホックの「研究日（journée d'études）」が頻繁に開かれ、私もそうした場に何度か足を運んだ。そこでは、研究者だけでなく院生も報告の機会を与えられるし、フランスらしく質疑応答では発言が途切れることがない。それでも、私の経験からいえば近社研などに比べるとはるかに予定調和的であって、長く語り継がれるような白熱した議論が起こる雰囲気を感じたことはなかった。おそらくは、テーマがあらかじめ設定されていて出席者の多くが最初から問題意識を共有していることが大きく関係しているのだろう。

日本の研究会に近いと感じたのは、「在野」の郷土史家の集まりであった。フランスでも日本と同じように歴史研究の「裾野」は広い。地方史や郷土史に関心を抱く人びとの組織は、それこそ地方や郷土の数だけ存在し、充実した文書館制度に支えられて研究の蓄積も厚い。そうした組織の例会では、地方という括りを除けば問題関心も研究テーマも様々である人たちが、日頃の調査や長年にわたる研究の成果を持ち寄って、まさに忌憚のない意見を交わしている。

フランス留学を終えた後に長く住んだ四国の徳島県でも、近社研のような研究会は存在しなかったが、もちろん理由はまったく異なる。郷土史研究は組織も会誌もあり、県内大学の日本史教員とも交流を持っていたが、私のように西洋史を専門とするものとの接点は少なかった。一時期、広く高校教員、学芸員、大学教員などを対象とした歴史系の談話会が開かれていて、私も報告の機会を得たが、会はまもなく休眠状態に入った。そのような地でも、否、そのような地だからこそ、研究の幅を広げる機会が多くあったことを強調しておきたい。そもそも大学の数が非常に少なく、各大学の規模も小さいなかで、異分野の方々との協働作業は日常的であった。私の場合、教養学部の性格を持つ組織に所属していたため、社会科学や自然科学の教員と輪講を組むことがしばしばあった。その際に、たとえば人種や優生思想を生物学者がどのように理解しているのかを間近で教示されたことは、貴重な経験であった。余談であるが、私の所属部局にいた自然科学の教員はみな学究肌で教養豊かな方々でもあった。

徳島から関東に居を移すと、再びまったく異なる世界が待っていた。研究会に関しては、専門や出身大学などを基盤とする研究会が数多く存在し、「とりあえずここに行く」という場がないように思えた。研究者の多さが理由のひとつなのであろうが、否が応でもまとまらざるをえない関西の研究会とは、良くも悪くも異なっている。もちろん反対方向をみれば、関西は「西洋近現代史」や「フランス史」など、それなりの専門性を軸に研究会を組織できるが、大学や研究者がより少ない地域でははるかに越境的になるのであろう。それはともかく、関東で研究に関わる議論がおこなわれるとき、文字化されるとそうでもないのだが、なぜか口頭では気遣いに満ちている印象を受ける。私自身はそれで救われることも多いとはいえ、近社研や関仏研を思い出すと、聴衆としては物足りなさを感じなくもない。

ここまで一個人のごく限られた経験を綴ってきたが、それを強引に敷衍すると、こう言えるのかもしれない――近社研に代表される関西の研究会は、学術的に高水準の議論が濃密かつアグレッシブに交わされる場として、世界屈指である、と。

社会史と文化史

私が近社研に参加し始めた一九九〇年頃の日本の歴史学界では、会の名称にある「社会史」は、文字通りの「過去の社会についての歴史研究」を意味するだけでなく、伝統的な権威や流儀を乗り越えるマニフェストとしての性格も持っていたように思う。ただし、私自身が所属していた研究室では、社会史を研究するのは自明のことで、その先に進むべきとの考えが強かったし、史学史や方法論にこだわらない雰囲気もあった。また、フランス史を担当していた教員も社会史の専門家であったが、史料による実証を重んじる方で、方法をめぐる議論には積極的ではなかった。そのような意味で、社会史の語り方について近社研と所属研究室とで温度差があったような記憶がある。

留学した頃のフランスでは、社会史よりも文化史が目立っており、とりわけ「記憶の歴史学」はアカデミズムの範囲を超えて関心を集めていた。私の指導教員も、文化史研究者として新たな領域の開拓に熱心であり、授業では「表象」や「感性」などの語をよく耳にしたし、ゼミの同期生も「一九世紀のパリの夜」や「革命以後のリムーザン地方の城館」などをテーマに博士論文を書いていた。もっとも、歴史学が文化史一色だったわけではない。出席した他のゼミや他大学の授業では、歴史学の方法や方向をめぐる議論には力が入れられていなかった（そうした授業を私が無意識に選んでいたのかもしれないが）。書店の棚に並ぶ専門書をみても図書館に配列されている学術雑誌の目次をみても、多くは古典的なテーマについてのオーソドックスな個別研究であった。それこそ圧倒的な威光を放っているかのように当時の日本では語られていた雑誌『アナール』も、層が厚いフランスの歴史学界のなかでは埋没気味という印象さえ抱いた。

フランスから戻った一九九〇年代後半の日本では、研究のあり方が大きく変わりはじめていた。一次史料へのアクセスが急速に進み、外国語での成果公表も一般的になった。また、研究分野としては社会史以上に文化史の隆盛が顕著になってゆく。そして、それらの動向と関連しているのであろう、研究手法もそれをめぐる議論もいっそう高度なものになっていった。誤解を恐れずにいえば、設立期の近社研での方法論は初学者を遠ざけない部分を持っていて、それが会の求心力をなしていたと思う。しかし、現在の学界における方法論にはそうした広がりが少ないように感じる。この四半世紀ほどで、歴史学について気軽に語りにくくなったといえば、言い過ぎだろうか。

研究がしだいに高度で精緻になるのは当然のことであり、それ自体は批判するにあたらない。ただ、近年の動向に関連づけつつ、若干の私見を述べておきたい。

私には文化史の定義や具体的なあり方について詳しく論じる能力はない。ただ、どのような分野で何を研究するにせよ、最終的には「社会」に帰ってくるべきだと思っている。

近年、個人に関わる史料を読み解くことで人間の内面に迫る研究が注目されている。かくいう私もそうした史料を利用し、拙論を公表した。しかし、私自身にとって個人の内面は手がかりや視座であり、そこから一九・二〇世紀のフランス社会を見てみたいと考えている。「フランス社会」なる単一で均質のものが存在するわけではないことはわかっている。また、エゴ・ドキュメントの考察を通じて浮かび上がってくる人間像は、かつて異端審問研究が前近代の人間の思考や世界観を再構成したのと同じように、たいへん興味深い。ただそうした研究にあっても、当該社会の特徴を浮かび上がらせるような方向に進めねばならないと思う。

私が「記憶の歴史学」に関心を抱いたのは、その研究がフランス社会の一面をよく示していると考えたからであった。人びとが過去や現在をどのように捉え、それにもとづきいかに行動しているのか、そのあり方はフランス社会を根底において特徴づけているのではないか、そこから現在のフランスが見えてくるのではないか、などの関心が出発点であった。こう書くと大げさだが、一留学生とはいえフランスに長く身を置いて、その社会を知りたいと強く思ったのである。私の関心は記憶の性質や機能ではなく、過去をめぐる現実の行為や制度、そして具体的な争いであった。私にとって、「記憶の歴史学」は文化史というよりは社会史であった。個人やその内なる文化が重要性を増す現在にあっても、やはり社会こそが歴史を把握する視座であり、またそれを根底から示す事象であると考えている。

（フランス近現代史　東京大学准教授）

3　アウェー世話人の詫び言

指　昭博

単身アウェーで初対戦

近社研の最初からのメンバーでもなければ、精勤な出席者でもなく、発表回数も三回と極端に少ない。それなのに、ここで世話人のひとりとして名を連ね、回想を記すのは、いささか詐欺に近い気もするが、その三回の発表の次第を述べることで、近社研への感謝の言葉としたい。

最初の発表は一九九二年一月のことで、これが、近社研への最初の出席でもある。専門が一六世紀イングランドということで、当時の近社研の関心の中心であった一九世紀を中心とした「近代」とは、いささかずれていたのも、それまでとくに接触がなかった理由だったと思う。それが、南直人さんを介して発表を頼まれて、いささか場違いではないかという危惧を感じながらも引き受けさせていただいた。

ところが、前日の夜、発表の予習をしながら朝までうたた寝をしてしまい、気がついたら研究会の開始一時間前。当時の大阪池田の自宅から京都の会場まですっ飛んで行き、自分の発表にはギリギリで間に合うという不始末をしでかした。携帯やメール以前の時代のこと、連絡もなく現れない発表者を心配して待っておられたのだと思うと、今更ながら赤面する。

これが初めての出席・発表であったが、当時、近社研といえば、共同研究にもとづく意欲的な論集を次々と刊行しており、このときは、谷川先生率いる最強チームとの初対戦を単身アウェーで行うような気分で緊張したのを覚えている。

発表の内容は、「イングランド宗教改革史研究の最近の動向」。当時の宗教改革史研究の新しい潮流であった、いわゆる「修正論」を紹介しつつ、自分の研究構想の一端を報告をしている。学説史紹介に重点を置いているのは、おそらく馬脚を現さないように用心した結果かもしれない。しかも、遅刻で動揺したままの発表になったので、きっと新味が少ない上、聞きづらかったに違いない。しかし、今日まで継続することになる自分の研究の大枠を、ここで披露しようとしていたことを今回改めて確認できた。

恩恵と不義理

こののち、研究会に顔を出すようになり、多士済々の発表からは「へぇ～⁉」と好奇心を刺激されることも多く、研究会で得た情報を大学での講義に生かしたりと、多大の恩恵を受けているのだが、こと自分の発表となると、あまり熱心ではなかった。論文や書籍など文章を書くのはむしろ好きなのだが、どうも研究発表というのは苦手で、近社研に限らず、どういった研究会でも、自分から進んで発表しようとはあまり思わない質である。

ということで、二回目は二〇〇三年六月の例会で、なんと最初の発表から一〇年以上開いている。ちょうど在外研究から帰ってきてすぐの時期になり、帰国報告といったことで引き受けざるを得なかったという事情があった。このときは「『殉教者の書』とイングランドのプロテスタント・アイデンティティの形成」という発表であったが、イギリスで調べてきた内容をかなり盛り込んで、谷川先生からも好意的な感想をいただいたと記憶している。ただ、ここで発表した内容のかなりの部分は、いまだに論文や著作にまとめておらず、その怠慢ぶりは我ながら恥ずかしい。

その程度の存在であったので、谷川先生から、研究会の世話人のひとりになってくれないか、という電話をいただいたときには、正直、驚いた。「アウェー」ならではの役割——近社研とあまり縁が無かった人々への橋渡し役――を期待されてのことだったと思うが、その後、大学の校務に振り回されるようになったこともあって、その期待には十分応えられなかった。申し訳ない限りである。

そして、三回目は二〇一七年三月で、これが最後の発表になった。大風呂敷を広げたようなテーマで、と頼まれたのを真に受けて、「歴史とフィクション――近世イギリス史から」という、方法論的にも、個別研究としても未熟な話をさせてもらった。発表は、準備不足から雑ぱくなものになったが、少なくとも発表者の意識としては、近社研での先の二回の発表と密接につながるものである。つまり、近社研では、自分の研究関心を二〇年以上にわたって正面切って発表させてもらったことになる。

先にも触れたように、研究会での発表にあまり熱心ではないので、年かさの割に回数はあまり多くはないのだが、パソコンに残る様々な機会での発表のための資料を見渡しても、もっと範囲を限定した小さな素材や派生的なテーマを扱ったものが多い。それに対して、近社研では、直球ど真ん中で勝負をしている（いささか暴投気味になっているかもしれないが）。どうしても専門とする地域や時代、領域を同じくする人の集まりでは、細部にこだわり、議論もそういった箇所が問題になるが、広くヨーロッパ各国史を扱っている研究者が集まる近社研では、構想や歴史観、方法論がより重視された議論になることが多かった。それは、それと意識されなくても、歴史研究者としての訓練になったように思う。

しかし、それにしても、それなりに研究としてまとめて公にしたのは、まだ発表の一部だけというのは恥ずかしい。早く形にして近社研への恩返しにしたいと、研究会がその歴史を終えた今、切に思っている。

（イギリス近世史　神戸市外国語大学学長）

4 「永遠の絶望」の先へ

小関　隆

ウォーリック大学株式会社

今から遡ること半世紀、一九六八年の文書だが、イギリスのコヴェントリ近郊に位置するウォーリック大学の運営構造の調査を委嘱されたコンサルタント会社（John Tyzack and Partners）の報告書は、通常の会社と比較して「この大学は明らかに非効率である」と結論し、その主因をデモクラシーの尊重に求めた。民主的手続きへの拘泥の結果、「時間ばかり浪費する」ことが常態化しており、これでは満足すべき成果をあげるのは困難である。「民主的原則と効率的統治の間のかねてからの軋轢に折り合いをつけることが必要となろう」。いうまでもなく、デモクラシーよりも効率性を優先せよ、というのが報告書の示唆するところであって、副学長への「絶対的忠誠」を求める改革が着手されることになる。

一九六五年創設のウォーリック大学は、六〇年代に相次いで新設された「ニュー・ユニヴァーシティ」の一つである。大学設立ラッシュの背景にあったのは経済的「衰退」への危機感であり、ウォーリック大学も企業的な運営手法を導入して地元ミッドランズの産業（特に自動車産業）のニーズに応えることを基本方針とした。初代副学長のことばを借りるなら、目標は「ミッドランズのＭＩＴ」、産業界の発言力が強い理事会（学外理事が過半数）こそが「私たちの雇用主」であった。一九六八年の報告書を受けて、教員の評議会がくだした決定を理事会が覆すことが頻発する。

企業からの寄付金が流れ込みやすいタイプの研究（たとえば、ダンロップ社の利益に直結するタイヤの摩耗の研究）ばかりが優遇されることへの懸念の声は広く聞かれたが、加えて、一九七〇年二月には教員や学生へのスパイ行為まで露呈した。二月一一日に本部事務棟を占拠した学生が、客員講師デイヴィッド・モンゴメリの政治活動に関する極秘の報告書を発見したのである。地元の労働党にも出入りする労働運動の活動家だったモンゴメリは

「ミッドランズのＭＩＴ」では要注意人物に他ならず、一九一九年外国人規制法に基づいて摘発することを目論んでスパイがつきまとったのだが、結局、それだけの材料は集められなかった。報告書には、彼の講義を聴く学生は「非常に好ましからざる吹き込みにさらされる」とある。また、他にも複数の教員や学生が監視の対象になっていたことも判明した。

モンゴメリを客員講師として受けいれたのが、一九六五年の大学創設時から社会史センターの所長を務めていたＥ・Ｐ・トムスンである。発見された極秘文書を収録した『ウォーリック大学株式会社』(E. P. Thompson ed. *Warwick University Ltd*, Harmondsworth: Penguin, 1970) を彼が緊急出版したことは、よく知られている。トムスンによれば、ウォーリック大学で進展しているのは、大学執行部と「消費資本主義社会の上層部」の癒着が「自治的な学術機関」たるべき大学を脅かし、「学術の発展の歪み」を招来する、という事態であった。公共のものであるはずの大学は一握りの企業によって私物化され、「ビジネス・ユニヴァーシティ」と化した。トムスンは地元企業に財政的に依存すること自体は否定しないが、大学は産業界だけでなく地域社会の人々全体に対して開かれねばならぬと指摘する。「社会との結びつきとは、あらゆるレヴェルの産業との、シェイクスピア記念劇場やベルグレイド劇場との、地元の教員や福祉労働者との、普通の市民との、ケニルワース［コヴェントリの隣町］修道院高校の生徒たちとの結びつきでさえある」。

半世紀遅れの後追い

半世紀前のウォーリック大学は、今まさに私たちの目の前で進む事態をものの見事に先取りしている。一方において執行部への権限集中と合意形成手続きの簡略化ないし棚上げを基軸とする大学運営の「効率化」、他方において産業界が好む「役に立つ」学問分野の優遇というかたちで具体化されてきた日本の大学改革は、文系の縮小と軍事研究の解禁を国家権力が公然と求めるところにまで到達した。自らを企業体として再編成し、「イノヴェイション」と経済戦争の即戦力を提供して停滞する日本経済の成長を後押しすること、大学への要求の核心はこれである。「衰退」に苦しむイギリス経済の起爆剤となることを期待された「ニュー・ユニヴァーシティ」との類似は明らかだ。

ただし、「ニュー・ユニヴァーシティ」がこうした期待に応えたのかと問われれば、肯定的な応答はしがたい。サッチャリズムによってイギリスが経済的に「復活」したという、それ自体が問題含みな認識を仮に受けいれるとしても、「復活」を牽引したのは製造業ではなくサーヴィス業であって、たとえば、ウォーリック大学の運営に過剰なほどに介入したコヴェントリの自動車産業はむしろ衰微した。大学を下請け機関にすれば企業が成長できる、などと想定するのは安易にすぎる。半世紀遅れの後追いが賢明なのかどうか、立ち止まって考えてみる必要があるだろう。

「永遠の絶望」？

乱暴に進められている大学改革への抵抗の拠点になりうるのが手弁当の（資金獲得のためのプロジェクトや制度化された学会とは一線を画した）研究会だ、と論を進めるなら、本稿はそれが置かれる場にまことに相応しい小文となるのかもしれない。実際、筆者はインフォーマルな研究会こそ一番の勉強の場だとの実感をもつ者であり、近社研が果たした大きな役割、そして近社研を三〇余年にわたって存続させた研究会文化には満々たる敬意を抱いている。筆者が発起人の一人となって二〇〇四年に立ち上げた「越境する歴史学」にとって、最も身近な手本となったのは近社研であったし、人文研で共同研究を運営する際にも、ヴォランタリ・アソシエイションとしての研究会の経験は間違いなく糧となっている。そこには「アカデミック・キャピタリズム」に圧殺されない学問が、息も絶え絶えになってはいるかもしれないにせよ、生き残っていると信じたい。

しかし、抵抗の拠点としての研究会に期待する気持ちと同時に、研究会のポテンシャルを過度に楽観するな、という警戒心もある。筆者の心中に整序されぬまま溜まっていたこの警戒心を上手に言語化してくれたのが、小野塚知二「近代資本主義とアソシエーション」（梅津順一・小野塚知二編『大塚久雄から資本主義と共同体を考える』日本経済評論社、二〇一八年）であった。小野塚によれば、アソシエイションを形成する際に想定されるのは、「そこへの参入と退出も、また、非加入も個人の自由に委ねられる……自由で契約的な共同性」であるが、しかし、アソシエイションが活動する過程でほぼ不可避的に「指揮命令＝服従実行の関係」が生起し、個人の自由と共同性との間に緊張を走らせる。統制と服従を内包した人間集団への変質である。結局のところ、自由なアソシエイションは「近代と現代を通じて一度も安定的には、実現されたことのない夢」、「「永遠の希望」の光であったと同時に、「永遠の絶望」の種でもあった」、というのが小野塚の診断である。個々のメンバーの自発性と対等な結びつきに依拠しているはずの研究会の場合も、同じような陥穽を逃れるのは容易ではない。これは筆者自身も経験してきたことである。

こうした共同性の変質を引き起こす要因の一つとして、小野塚が指摘するのが「効率性の呪縛」である。ここで話は冒頭の二項対立（デモクラシーか、効率性か）に戻る。自由で対等な諸個人の自発的な共同性を仮に研究会なりのデモクラシーと捉えてみよう。それでは、研究会なりの効率性とはなにか？　企業にとっては対費用効果に照らした利潤の極大化であり、存在意義の弁証を求められる昨今の大学にとっては「インパクト・ファクター」付きの業績の積み上げだろうが、相互的な研鑽を目的とする研究会の場合、それは質の高い報告と討論を実現することに他なるまい。純然と目的合理的に考えると、パッとしない報告しかできない者、的外れな質問をしがちな者は、効率性を阻害する存在として排除されるべきということになりかねない。こんなトホホな報告を聴くのに半日も費やしてしまうとは、と腹を立てた経験は誰にもあるだろう。デモクラシーと効率性の緊張関係をどう扱えばよいのか、研究会文化を語ろうとする場合に避けて通れない難問である。

正直なところ、筆者にはこの難問への模範解答を提示することはできない。これまでも今も、緊張をできるだけ和らげるべく、折衷的な対処を試行錯誤するのがせいぜいのところだ。ただし、次の点を心に留めておくことは必要だろう。すなわち、そもそも「質」の高低を判定する単一の安定した基準はないこと、そして、「質」は時として突然変異を起こすこと、である。動脈硬化が進んだ筆者の耳には一向に響いてこない報告が、実は常識的な認識や解釈の枠組みを覆す破天荒なにかを含んでいるのかもしれない。研究会を「永遠の絶望」に終わらせないために最低限必要なのは、謙虚で柔軟な聴く耳なのだろう。自戒の念を込めて記しておきたい。

（イギリス・アイルランド近現代史　京都大学教授）

5　近社研の場所

伊藤順二

私が大学院生として歴史系の研究会に顔を出すようになったのは一九九〇年代前半のことだ。近社研が京都学生研修会館（百万遍学生センター）で例会を開いていたころからである。今出川通の南、道路が碁盤の目に全くなっていない区域に佇む研修会館の、京大メインから敷地的に外れた、しかし準京大的な雰囲気はよく覚えている。上賀茂の羽田記念館（ユーラシア文化センター）に資料を探しに行った経験などから、キャンパス敷地外の準京大的な場所の多さに気付いていったのは、院生になって以降のことだと思う。研修会館は二〇〇七年に閉鎖され、今では京都大学関田南研究棟として野生動物研究センターやこころの未来研究センターなどが入っている。研究棟となってから足を踏み入れたことはまだない。研修会館の設立と閉鎖の経緯については『京都大学百年史』等には掲載されておらず、経緯がよくわからない。

研修会館時代から、研究会後の「酒席上の議論」は「めなみ」で行われるのが定番だっただろうか。私は遺伝的に下戸である。一九八五年に流行語大賞を受賞した一気飲みの風習は一九九〇年代の京大でも見受けられたが、幸いなことに、近社研に限らず私の周囲に飲酒強制の風潮はなかった。それでもそうした場での議論を思い出す時に懐かしさより気恥ずかしさが勝るのは、自分が結局、相手との意見の交換よりオタク的な知識の披露に喜びを感じていたこと、そのころの会話技法が今も根本的には改善されていないことが原因である。とはいっても、近社研に限らず、研究会という固い議論の場とは違ったモードの、ネタや針小棒大な誇張もある程度許される緩い議論の場が併設されていることの重要さは認識していたつもりだ。今は多くの学生にとってまず、SNSの言説空間にこうした緩い議論の場がある。問題は議論の場同士をどのように接続するか、だろうか。

近社研で最初に報告した会場は楽友会館だが、院生期からODを経て福井県立大学講師となるまで、京大会館が馴染みの会場だった。楽友会館は京都大学創立二五周年を記念して一九二五年に立てられた。京大会館も楽友会館と同様に京大創立を、こちらは七〇周年を記念する事業として企画されている。創立七〇周年は一九七〇年となるはずだが、企画は「学内に建設した場合管理運営上の問題が生じることから」一度棚上げされ、関西電力から敷地の提供を受け、経営団体として「財団法人京大会館楽友会」を設立した上で、一九七八年に会館が竣工している。「管理運営上の問題」は学生運動をまず念頭に置いていると推測されるが、公式には記述されていない（京都大学百年史編集委員会『京都大学百年史：総説編』京都大学後援会、一九九八年、六六三頁）。

私が学部生のころ、京大会館の近傍に芝蘭会館が立てられた。芝蘭会館は京都大学医学部創立九〇周年記念事業施設として、一九九〇年に竣工している。そのころの我々は京大会館地下の「レストランこのえ」と芝蘭会館附属の「レストランしらん」のメニューの値段の差を、そのまま京大人全般と医学部関係者の平均所得の差として受け取っていたが、今から考えればそれほどの差異はなかったかもしれない。何時のころからか、京大会館での例会後は、地下の「このえ」でひとまず、学生の夕食としては物足りない程度の肴とアルコールを囲んで議論の場を結び、その後に一部が本格的夕食と「酒席上の議論」へ移行するようになった。会館から徒歩で行ける荒神口周辺の店を利用することも増えた。この二段構えの構造は、バブル期の余韻を残した全般的経済状況、そして日本学術振興会特別研究員にありつけた幸運によって、個人的には金銭的に苦にならなかった。加えてもちろん、学生は支払いにおいて傾斜配分の恩恵を受けた。しかし今から思えば、「酒席上の議論」の場の参加コストが次第に学生には負担と感じられるようになっていったことが、研究会文化の変容の大きな要因だったと考えられる。場としての「このえ」にも少しフォーマルで硬い雰囲気（何かちょっとオレンジジュースは頼みにくい感じ）があった。

京大会館は二〇一〇年七月に閉鎖され、大学文書館となった。代替施設として一〇〇周年時計台記念館や芝蘭会館も当てにされていたようだが、我々の近社研には規模等の面でもそぐわなかった。近社研は二〇一〇年の一〇月例会を京都大学文学部校舎の教室で開いた後、一二月からの約一年間の例会を楽友会館で開催している。楽友会館は京大会館の代替として一〇月に改装が終わったばかりの施設で、私が九〇年代に報告した頃よりは現代的になっていたが、京大会館に比べて部屋数が少なく、例会規模にふさわしい規模の部屋の確保が面倒だった。我々は使用料不要という実もとって、京大文学部の教室を例会会場として使用するようになった。

京大の教室を使うことに対する谷川稔先生のためらいは今も鮮明に覚えている。例会の場を大学構内とすることで、研究会そのものに京都大学文学部西洋史研究室の副業のような色合いを付けられてしまう、という谷川先生の危惧は、半ば当たっていたかもしれない。少なくとも他大学を積極的に会場とすることが出来なかったのは我々の怠慢だった。信頼できる統計はないが、「酒席上の議論」につきあってくれる学生の数も減少したように感じられる。ただし、学生研修会館や京大会館のような準京大的な場が消失するなかで、研究会文化の展開の場をむしろ教室に持ち込んで存続させたい、という意図も金澤周作氏等にはあっただろう。

二〇一八年から近社研を発展的に継承するつもりで我々が立てた京都歴史学工房は、あえて名前に京都という地域名をつけた。例会は京都大学人文科学研究所の一室で開催され、メーリングリストも今のところは人文研の借り物である。場所の意味的には近社研末期と大差ないともいえる。しかし「酒席上の議論」の場は、会場にそのままワインや菓子類を参加者有志が持ち込んで開催することにした。育児室も設けた。今のところ盛況ではあるが、どういう議論の場とするかについてはまだ模索中である。例会の内容のみならず、形式（場所）についても、いろいろと考えておくべきかもしれない。京大、いや大学そのものが変容する中で、この研究会が大学における史学系学問の研究体制とどのように相互作用していくべきか、あるいはどの程度距離をおくべきかを考えるためにも、我々は近社研の開催形態についてもう少し深く歴史学的に省みるべきだろう。

（グルジア近現代史　京都大学准教授）

6 研究会文化と修業

金澤周作

阪神淡路大震災の数日前に卒論を提出した私は、一九九〇年代後半に京都における研究会文化を十全に享受した。世の中が今ほど閉塞しておらず、大学院重点化で仲間は増え、時間はたっぷりあり、インターネットやメールなどに束縛されることもなく、総じて自由でにぎやかな二〇代だったと思う。歴史学、哲学、美学、宗教学、社会学などを専攻する京大内外の友人たちと学際的な研究会を立ち上げて五年くらい続けたことや、研究室の一年上の先輩、伊藤順二さんを中心に不定期の読書会を持ったことも大切な思い出だが、これらについては割愛し、以下では私の西洋史研究のあゆみと直結する、既存の研究会における経験を記してみたい。

私の研究会経験

川島研の文献購読

イギリス史研究を志したこともあり、修士課程に入る前から通っていたのは、京大総合人間学部の川島昭夫先生が毎週月曜日の夕方に開いてくださっていた文献購読であった。さまざまな出自の同学の先輩・同輩・後輩たちと、先生のご指導の下、いろいろな英語論文をひたすら訳読していった。正確に読むとはいったいどういうレベルのことをいうのかを、ここで叩き込まれた。今でも鮮烈に覚えているのは、どこかに broom という単語が出てきて、私は正しく「ほうき」と訳したのだが、先生は「それがどんな形か知ってるか?」と問い返されたことだ。答えに窮する私の前に、先生は蔵書の山の中から近世イングランドで使われていた「ほうき」の図版を引っ張り出してこられ、「これがそうだ」と示して下さったのであった。

イギリス都市生活史研究会

このような基礎的な修業の合間に顔を出し始めたのが、イギリス都市生活史研究会（以下、生活史研）であった。かの『路地裏の大英帝国』を産み出した研究会ということで、参加するのが誇らしくもあった。そこは、健全な、信頼に基づくパターナリズムとでも表現すべき世界であった。誰からも敬愛された角山榮先生が文字通りの中央に鎮座し、左右を村岡健次先生と川北稔先生が固め、師範代のような位置に川島昭夫先生がいて、その下で、当時はまだ四〇歳前後だった秋田茂、井野瀬久美恵、指昭博、藤川隆男、山本正、といった方々が意気軒昂に、また自由に発言されるという風だった。何かまぶしいものを見るように感じていた。

誰がどのような報告をしても、角山先生が必ず「それは〇〇年前、ぼくもやっていて／関心を持っていて／本は読んでいて……」とおっしゃるところからコメントを始められ、しかもその報告をくさすでもなく、古い議論に引き戻すでもなく、ただただ建設的に、具体的に内容に立ち入ってゆくので、その学識の底知れなさとご関心の若さに驚愕したものである。他の先生方もそれぞれの知識を惜しみなく出し合って補完し合うかのようで、私が報告した際も、海難とかチャリティとか、当時としては十分に変化球を狙ったつもりだったが、やはり同じようにがっしり受け止められてしまった。そんなわけで、この研究会では強がっても虚勢を張っても仕方がない、と良い意味で力が抜け、知識や考え方を素直に吸収しようと思って過ごせた。振り返ると、大切に育ててもらったという印象が強い。ここは、「（イギリスに関する）歴史をする」ための修業の場であった。

さて、先に「変化球を狙って」云々と書いたが、これは、当時の関西圏のイギリス史研究の潮流があまりにも「帝国史」に傾いていた状況に対し、アマノジャク精神が刺激され、「だったら徹底的に違うことをやってやろう」という気持ちになったことと関係している。そのため、卒論では研究蓄積のある一八世紀議会史（立法過程）

を研究していたのに、大学院に入ってからは「海難救助の仕組み」という、先行研究も論点もなさそうなテーマに没頭した。自分としては、知りたいことを知れて、修士論文では書きたいことを書けた。もちろん、これが知るべきことなのか、書かれるべきことなのか、は別問題である。誰も面白いとは思っていなかったかもしれないが、京大西洋史の先生方は寛容にも放っておいてくださったし、博士後期課程にも上げてくださった。とても感謝している。

近代社会史研究会

近代社会史研究会（以下、近社研）への初参加は、私の記憶では生活史研参加よりも少し後のことであったと思っていたのだが、記録によれば、学部四回生の頃であったらしい。とはいえ、ある程度定期的に出席するようになったのは、博士後期課程に進学したばかりの一九九七年四月、自分が報告をさせてもらってからである。少なくともそれ以前のことはほとんど覚えていない。主体的でなかった証拠だろう。初報告時のタイトルは「近代イギリスとフィランスロピー（博愛主義）――人命救助の成立」。思えば、議会史からスタートし、海難救助に移行して、その次どうするか、という決定的なタイミングに、近社研で報告機会が与えられた。そして、修士論文では海難救助史の分水嶺として慈善団体ライフボート協会の設立を扱っていたとはいえ、あくまで副次的なテーマであったフィランスロピーを、これからの研究の中心に格上げするという方針転換をした。二年前の阪神淡路大震災以降、突然メディアで国内向けの「ボランティア」という言葉が乱舞するようになっていたという背景も作用していたに違いないが、そうした漠とした関心が言語化されたのは、近社研のおかげかもしれない。

二つの研究会の違い

生活史研では、博士後期課程の一年目に、事務局を川本真浩さんから引き継いだ。それから京都を離れるまでの数年間、年六回の報告者を角山先生たちのご意見を伺って決定し、会場（京都学生研修会館）を予約し、はがきで案内状を出す仕事をさせてもらった。だから、どうしても大学院時代の思い出はこちらの方が強いのだが、近社研は、生活史研とはまったく異なった雰囲気を持ち、そこで感じたこと、学んだことも性質が異なっていた。

先ほど述べた通り、生活史研が垂直的な秩序だったパターナリズムの空間だったとすると、近社研は、そこに核となる「重鎮」がおらず、私には良かれあしかれ水平的で無秩序な印象があった。生活史研では、報告があり、質疑応答があって、それが終わると当該報告の向かうべき方向が定まる観があるのだが、近社研では、報告はいわばサンドバックであり、内容のブラッシュアップよりも、質疑応答そのものに力点があるように見受けられた。誰がもっとも鋭い批判・質問をするかを競うような雰囲気があった。しかも、発言の内容は、その方向性も強度も適切性もばらばらだった。勘違いだとしても、そう感じていたことは間違いない。報告者はこれらを真に受けていたらどうにもならなかったろうと思う。

いきおい、主体的に参加するようになってからは、この質問合戦になんとか参戦することをこころがけた。情けなくも一つも適当なコメントが思い浮かばず、無言で会場を後にする日もあれば、気負って口をはさみ、報告者から軽くいなされ、しかも誰も引き取ってくれず、恥ずかしい思いをした日もあった。これが、近社研ならではの修業であったのかと今では思う。まったく知らないテーマに関する報告やその後の議論を必死に理解しようと食い下がり、やっとの思いでひねりだした意見を投げかけ、尊敬する大先輩や先生に黙って頷いてもらったり、「今の彼が言ったこととも関係するけど」と拾って展開してもらったときに、たしかに「いい質問」だったのかもしれないと確認する。この試行錯誤の繰り返しを場数というのだろうが、おかげで、どんな報告もある意味で面白い、どんな報告であってもその場が知的に盛り上がるかどうかはコメント次第だ、報告について特段の前提知識がなくとも意味のあるコメントは可能、という認識を獲得した。「拝聴する」以上のコミットメントこそ、この研究会に参加する意義であろうと確信した。

東京の研究会文化

川村学園女子大学への就職に伴い、二〇〇一年四月から二〇〇九年三月までの間、千葉県に住んでいたため、近社研はおろか京都の研究会とは、時折報告をさせてもらう以外には、ほとんど没交渉になった。その代わり、東京には、見市雅俊先生、森村敏己先生、小関隆先生、山根徹也先生らを中心とする、一橋大学を会場にした「歴史と人間」研究会があり（今もある）、たびたび参加させていただいた。なんとなく近社研に似た空気感であったこともあって、居心地が良かったし、知人・友人の輪も広がった。歴史学研究は孤独な営為であるという言葉は知っていたが、肌身に感じたのは、ほとんど知人もいない状態からスタートした千葉時代である。だからこそ、研究者同士がざっくばらんに意見を交わせる「歴史と人間」研究会はありがたかった。東京なのに、どうしてもっと他に同種の研究会がないのかと不思議に思ったくらいである。

「第二期」近社研

二〇〇九年四月に京都に戻ってくると、近社研は「第二期」の世話人体制に変わって数年が過ぎていた（ちなみに、生活史研は自然消滅していた――数年前に関西イギリス史研究会を有志で立ち上げて継承しようとしている）。そして、私もすぐ世話人の一人に加えられた。ここから、私と近社研のかかわり方は一変した。とくに、会費を取らなくなって、第一期から引き継いでいた資金をすべて費消してからは、無料の会場として私が京大文学部の教室を借りることになり、そうなると欠席するわけにはいかなくなり、院生の報告機会を設けてもらう必要もあり、次第に「運営者」意識が芽生えてきた。参加者が多いと安堵し、報告や質疑応答が充実していたり、そこで新たな人間関係が生まれるのを見たりすると嬉しくなった。やりがいはあったし、使命感もあって数年間はなんとかやってきた。

しかし、徐々に苦しさが募ってくるようになった。開催頻度は最盛期の半分以下になっていたにもかかわらず、明らかに、例会の日程調整は困難になり、報告者の選定に難渋するようになり、この頃京大近辺で並走していた「越境する歴史学」研究会との合同企画で「しのぐ」場面も出てきた。京大以外からの院生・ODの参加が少なくなり、例会で発言する人が決まってきて（個人的には小関隆先生のコメントの仕方から刺激を受けることが多々あった）、これまで研究会を担ってこられた先生・先輩方も校務や科研の用務で身動きがとりづらくなってきた（そんななか、遠方から無理を押してほぼ皆勤して下さった渡辺和行先生の存在は、私にとって大きかったことを付記しておきたい)。学界全体の傾向でもある少子高齢化、すなわち大学院進学者の全般的減少の然らしめるところもあるだろうが、嗚呼、伝統ある京都の研究会文化が窒息しつつある、という危機感が大きくなった。

研究会文化の明日

それほど研究会文化の行く末を憂えていたなら我慢して続けるべきだったのではないかというご意見もあるだろうが、世話人の中で出した結論は、近社研の歴史に幕を引くということだった。二〇一八年三月一七日に、同じく解散することになった「越境する歴史学」研究会と合同の最終例会を持った。五〇人以上の参加者のあった盛会であった。こうした終わらせ方や例会での報告内容に関して、批判的な人もいるだろうが、多くの人のキャリアの途上で少なからぬ影響を及ぼしてきた近社研という生き物に、年表上の終点を打てたこと、すなわち、しっかり振り返り、総括するきっかけを与えたことに、自分では納得している。しかも、これによって研究会文化を放棄するのではなく、仕切り直して継承するのだという思いもある。さいわい、二〇一八年五月に、伊藤順二さん、藤原辰史さんと私の三人が発起人となって、新研究会「京都歴史学工房」を立ち上げることができた。いまだ、箱と不定形のアイデアと意欲しかないような状態だが、自分が恩恵を受けた京都の研究会文化を、同じものではないにせよ、守ってゆきたいと思っている。

最後に、近社研で自分が何度報告したかを数えてみた。企画物での登板も含むと一〇回、かなり多い方ではないかと思う。もちろん、これほど多くの報告をした研究会は他にない。そのつど、思い入れのあるテーマで話させてもらったし、その後で論文化もした。院生時代には生活史研の影響が大きかったのだが、現在まで通覧するなら、私の体の中に、近社研での修業の跡が深く刻まれていることは明らかである。一九九〇年代後半、近社研も生活史研も、新しい歴史学「研究」の発信源として熱気に満ちていた時期はすでに過ぎ、後進の「教育」の場、あるいは受け皿となっていたのだと思う。そこで学べたのは、つくづく幸運であった。では、私が世話人の末席に連なっていた二〇一〇年代、近社研は若い人たちにとってどのような場だったのだろうか。なにがしかの有意義な機会であったらなと、願うばかりである。

(イギリス近代史　京都大学教授)

第4章　近社研と出会う——例会の報告者たちから

近藤和彦

1　一九八六〜九八年の近社研

近代社会史研究会の会合が始まった一九八五〜八六年にわたしは名古屋在住だった。当時のひかり号に乗れば一駅で京都なので、気軽に研究会に出かけてその夜の最終で帰ることができたし、院生たちにも出席を勧めることができた。そうした地理的な近さ以上に、谷川稔さんや田中正人さんは社会運動史研究会（一九七〇〜八五年）以来のお付き合いで、雑誌『社会運動史』は八五年春に最終号を出して幕を引いていた。それとは由来も性格もまったく異なる集いだが、時代と人のわずかな連続性があった。一九八八年に勤務は東京に移り、京都往復は、そうはままならぬようになったとはいえ、（フランス革命二〇〇年とか、だれかの来日とか）機会さえあれば出かけて楽しい時間をともにすることができた。旧交を温めるだけでなく、新しい人と研究を知る好機でもあった。

そういうわけで、わたしには、一九八六年一二月の「民衆文化とヘゲモニー」という報告の前後から、九八年一二月、京都大学の集中講義の後に「近世ヨーロッパをどう問題にするか」を報告した頃まで、近社研との間に擬似ゲマインデ的な交わりの感覚があって、自分の書き物にもその痕跡が残っている。偶然ながら翌九九年一〇月に谷川さんの「事故」があり、その頃から別の事情も加わって、近社研とのお付き合いは薄くなった。

近社研の成立要件

近社研の性格を近傍から観察すると、第一に、京都という土地柄が規定的とみえる。かりに同じような研究会を東京や仙台や福岡で立ちあげて三〇年以上活発に機能させ続けることができたか、と仮定してみれば明白であろう。じつは「＊＊＊研究会」といった集いが東京にも他の都市にもあるとは承知しているが、出身大学・学派からの解放性、メンバーの多さとテーマの包括性と出入りの自由度、そして科研グループのような資金的・制度的な保障の不在といった点で、近社研にならぶ集団は他に知らない。人文科学研究所や国立民族学博物館、国際日本文化研究センターは国の予算と人員をもつ制度（アンシュタルト）であって、本質的に違う。私学にしばしば付置されている研究所という名の営みもまた年度予算と（併任かもしれないが）人員をもち、近社研とは性格が異なる。学会の地方部会の例会は似ている面もないではないが、それは一種の学派の営みであろう。近社研は「社団」「法人」としての要件を欠く、自発的で拘束力のない学問的な集い、しかも多人数で継続的な存在としてユニークである。それを成り立たせる前提には、京都的・人的な結びつきがあったといえる。

第二には、一九八〇年代からの知的情況があった。だれもがパソコン、インターネット、eメールになじむより前の時代、連絡は電話で、原稿は手書きからワープロへの移行期だったから、まだ顔を付き合わせての討論や、会議の資料も記録も紙媒体（コピーないし印刷された文章）で伝えられた。そのうえ岩波書店も平凡社も日本エディタースクールも大学出版会も小出版社も、また『思想』や『現代思想』、『日本読書新聞』や『朝日新聞』のようなメディアも含めて、出版はわたしたちに好意的であった。『規範としての文化』『制度としての〈女〉』『青い恐怖　白い街』といった三つの論集が平凡社から刊行された一九九〇年の前後に、メディアは関連記事や書評を掲載してくれたし、もちこみの交渉は相対的に容易で、いまでは信じられないくらいだろう。

民衆文化から近世・文明へ

そうした環境と時代にあって、わたし自身はといえば、一九七〇年代のE・P・トムスン由来のインスピレーションが、八〇年からの留学中に遭遇したいくつもの史料、そしてホーガースの銅版画によって再び甦っていた。八五年に「一七一五年マンチェスタにおける「恐るべき群衆」」を、八六年に「シャリヴァリ・文化・ホッガース」を、八七年に'The workhouse issue at Manchester: selected documents 1729-35, I'を、八八年に「宗派抗争の時代——一七二〇・三〇年代のマンチェスタにおける対抗の構図」を続けて公にできたが、それは個人的問題意識と社会文化史を求めた時代とが同期していたからだともいえる。さらに八七年には「複合社会と儀礼の象徴機能——イギリス皇太子結婚式と都市暴動」も脱稿して出版社に渡していたが、編者の事情で『深層のヨーロッパ』の公刊は一九九〇年になった。

この頃の主観的な印象はというと、七〇年代からそうだったが、社会史ブーム・文化史ブームといったものが存在するから、それに答えて自分も同じ流れの仕事をするというのではなく、むしろ自分が感じ考えるとおりに調べて書くと世の中が反応してくれる、という感覚だった。八〇年代後半の名古屋でだったと記憶するが、谷川さんはわたしのことを「天真爛漫やな」と評してくれた。なんの屈折も戦略もなく、解放感とともにストレートにものを書いていたという点で、たしかに天真爛漫（ナイーヴ）だった。近社研におけるわたしの報告や発言のトーンもそうだったろう。

留学の中間的成果といえるのは、「一八世紀マンチェスタ社会史——関係史料をどう捜すか」「マンチェスタにおけるヘゲモニー集団——一七〇〇年〜一八五〇年」、「ジョン・ライランヅと「プロテスタントの倫理と資本主義の精神」」、そして上記のマンチェスタ物であった。二年間の留学は学位取得には不十分だが、史料にまみれつつ、現場を歩きつつ、いろいろな可能性を考えあぐねることはできた。そのフラストレーションに近いものが、八五年からの連作（と近接する小品）になって噴出したわけだろう。一九八六年、八八年、九〇年、そして九八年に近社研が計四回もわたしに研究報告ないし合評コメントの機会を与えてくださったのは、振り返って、じつにありがたく、研究報告としての成熟度に問題はあったとしても、本人にとっては大きな意味があった。とくに九八年の報告は、京大集中講義と翌九九年の『岩波講座　世界歴史』第一六巻「近世ヨーロッパ」との間にあって過渡的な試論だった。

紙幅がすでに一杯になりそうなので圧縮して述べると、こういうことである。

『社会運動史』の時期にも、わたしは「ヴ・ナロード」と唱えて民衆的解放の契機だけを追求していたわけではなかった。一九七〇年代の大学は内ゲバの時代にあり、純粋に正義や信念、忠誠だけを追い求めることは、少なくとも賢明ではなかった。宗教戦争や革命や幕末のテロリズム、混乱を考察した人ならば、権力的抑圧との死闘をただ美しく謳いあげたり、「万人の万人にたいする戦い」に悲憤慷慨して、「おしまい」とすることはできないだろう。絶望的情況から（今日なら）公共性、市民社会、文明といった語で指示されるリベラルな秩序が、いかにして生まれ育まれるのか。七〇年代にも八〇年代にも明快な表現はできなかったが、かつての『市民社会と社会主義』といった議論の延長上に、公共善と res plebeia、また文明（civilization）という語のなかに市民的（civil）という要素が内包されるのはなぜか、といった論点を星雲状態のまま考えていた。そうしたときに、ヨーロッパにおける絶対主義や市民革命の修正論、また礫岩国家、社団的編成や「こころとからだ」、そしてユーラシア史の転変といった議論が、CPUの乏しい脳ミソをブンブン回転させ、発熱させた。

こうした転回・展開が世の中でもわたしのなかでも進行していた一九八〇年代・九〇年代に、近社研は少しは落ちついて、わかるように話すための良き「演習室」であった。しかも京都のソシアビリテとオスピタリテの備わった演習室。感謝しています。

（イギリス近代史　東京大学名誉教授）

2　なにかにつけて面白く

春日直樹

九〇年代前半という時期

懐かしい方々から執筆依頼を頂いて思わず引き受けてしまったことを、正直反省しながら書きはじめている。私は歴史学の門外漢なだけでなく、あらためて記録をたどれば近社研には九〇年代前半の三年弱しかかかわっていない（海外調査の一年間はのぞく）。九〇年代後半から経験した大学の激動で物理的・精神的な力を奪われたとはいえ、意外な短さだったことに愕然としている。こんな身で何がしかを書くのは後ろめたい。だが愕然とする思いは、私の埋もれた記憶と近社研の鮮烈な記憶とを同時に含意する。この不可分な二つを、発掘と確認という対照的な作業を織り合わせて明らかにしながら、読むに堪えるものを産出できればと考える。

一九九〇年の秋深い日、『規範としての文化——文化統合の近代史』を読んだ私は見知らぬ著者かつ編者である谷川稔さんに手紙をお送りした。出版社に電話すれば、筆者の自宅などすぐに教えてくれた時代である。私が読みたかった論考が何本も並び、これらの若手・中堅を結集させる場が谷川稔というひとを中心に七〇キロ先の京都で組織されていると知れば、「参加させて下さい！」と叫ぶのは当然だろう。三〇代半ばの人類学者は当時、調査地フィジーの人々を歴史の観点から描き直すことを「欲望」していた。ほどなくして、温かい歓迎のご返事を得た。

最初に参加した研究会で、社会学者の冨山一郎が目の前に座っているのに驚いた。同じ表情を浮かべた彼は、同僚（当時）の川島昭夫さんに誘われて自分も初めて来たという。当日は発表と議論の内容・形式ともに新鮮だったが、さらに強烈なのは「ポスト研究会」での議論であり、議論を埋め込んだ会話、さらには議論から自由な放言だった。社交の苦手な私が近社研で二次会へ三次会へとしばしば赴くことができたのは、「とことん、つきあってみましょうよ。よければうちに泊まって下さい」と最初に背中を押してくれた冨山がいたからであり、それ以上に異分野の新参者を温かく受け入れて下さった研究会の面々のお陰である。谷川さんをはじめとして、田中正人さん、常松洋さんにはとくにお世話になった。

ポスト研究会は私にとって、近社研の中核をなしていたのかもしれない。大学院生が院ゼミ後の飲み会で専門分野の「暗黙知」（明文化できない知という意味でもちいる）を習得するように、社会史のありかたを学びたいという強い思いが私にはあった。「歴史人類学」と呼べる斬新な書物がいくつか英語圏で出版されていたが、海外の研究者との交流はいまのように容易ではなかった。日本の人類学でアナール派を読むひとは少なくなかったが、私にとっての歴史学はたとえばカルロ・ギンズブルグやナタリー・デイヴィスみたいに、緻密だがおおらかで、精確だが楽しいはずの研究だった。なにをどう書けばよいのかがいまだに覚束ない状態で、私は近社研の方々の懐の深さにすがり、なにかにつけて面白くしてしまう技法を少しでも吸収しようと努めたのだ。

九〇年代後半とそれ以降

私の研究については、九一年一〇月さらに九四年一一月に発表する機会を頂いた。前者では書きたい歴史の内容をどの研究会よりも先駆けて発表し、後者では歴史の記述をめぐる楽しくない問題を思い切って投げかけた。ともに当時の専門分野と私の状況を凝縮していたと思う。日本の人類学では「権力と言説」のテーマが勢いづいており、エドワード・サイードの『オリエンタリズム』を模範とする歴史を描くことがさかんだった。九〇年代後半の私は大学院教育に軸足を移した教員として、このポストコロニアリズムにいかに対峙すべきかに時間を割かれた。源流の一つである文学理論を意識して文芸批評のような本まで出したが、フィジーの歴史を書きたい欲望は鬱積するばかりだった。

ある日、海外調査の合間に絶望的な気分でエピローグを書き出すと、意外にもよどみなく筆が進んで一気に仕上げることができた。そこから書きたかった物語の冒頭に戻り、帰国後に初めの章、次の章と書きつづけた。書き終えてから全体の序論をあとづけで用意し、その序論に合わせて最後の結論をつけると、今度はエピローグが浮いてしまったので、仕方なく中間の章にばらして消した。苦労の挙げ句のなんとも場当たり的な執筆で完成したためか、主著としていろいろと評価を頂いたが素直には喜べなかった。嬉しいといえば、「楽しく読める」と言ってもらえたときである。だから常松さんから届いた嬉々とした長い感想文は、いまでも大切に保管している。

谷川さんが事務局をしりぞかれてから、近社研とポスト研究会がどう変わっていったのかはまるで知らない。誠に勝手な想像ながら、近社研を畳むと聴いて驚いたひとはそういないのではないか。もとより手弁当の研究会を土曜日に月例で開くなど、今世紀の大学関係者にはあり得ない発想だし、とことんつきあう三次会の「成果」

などよくわからないので、ほかの勉強法やストレス解消法に置き換わるべき状況なのであろう。
研究会のありかたは、研究の内容そして評価のありかたとかかわる。私の関連分野では、評価の基準と社会技術的な文脈との間に、高い相関がうかがえる。ものごとをAか非Aかで整理する工程を構造的に構築して、なにがどうわからないのかを明確に提示する議論が高い評価を受ける。デジタル化の進行に適合する研究である。守るべき無矛盾律、ありがたき排中律によって世界を照らし出す知識は確かに強い。あの難解だったフランス哲学でさえ、英語で読んでも日本語で読んでも変わりなく理解できる研究が評価される昨今である！

九〇年代前半の私に惜しみない恵みを与えてくれた近社研は、もはや存在しない。しかし、その存在の記録は私の寿命や今日の状況などをはるかに越えるスケールで、いつの日か人文社会系の研究を再評価し時代を論じるための視点を提供してくれる力能を宿す。近社研を支えて下さった方々に対して、いまは深甚なる感謝を捧げたい。

（人類学　一橋大学名誉教授・大阪大学名誉教授）

3　「記憶」のなかの「近代社会史研究会」

村上信一郎

『規範としての文化』合評会

私が「近代社会史研究会」と初めて接点を持つことになったのは、記録によれば、一九九〇年三月二五日に同志社大学で開催された『規範としての文化』（平凡社、一九九〇年）の合評会である。本書の表紙には編者の名前がなく、共著者の名前が一四人も連記されていたことに、新鮮な驚きを覚えたことだけは、今でもはっきりと記憶している。だが、これほど多種多様な論点にわたる本書を私がどのような形で論評しようとしたのかについての記憶は、ほとんど残っていない。しかし著者の一人から、何が言いたいのか全く分からないとの手厳しい反論を受けたことだけは今でも棘として心の中に止まり続けている。

西洋史学から比較政治学へ

私は一九八八年の秋から一年間の予定で在外研究に赴き、ニューヨーク州のイサカにあるコーネル大学政治学部と西欧社会研究センターで客員研究員を務めるようになり、西洋史を離れて、政治学の世界に大きく足を踏み入れようとしていた。とはいえ、私のホストだったシドニー・タロー教授は、今でこそ社会運動研究の大家として知られているが（唯一の邦訳は『社会運動の力――集合行為論の比較社会学』彩流社、二〇〇六年）、最初の著書が『南イタリアにおける農民たちの共産主義』（一九六七年）だったことから分かるように有数のイタリアニストでもあった。それゆえ一九七三年に私がイタリア政府招聘給費留学生としてローマ大学で国家・教会関係史を学び始めて以来、すでに第二の故郷となっていたイタリアを研究対象から放棄したわけではなかった。

拙著（『ベルルスコーニの時代――崩れゆくイタリア政治』岩波新書、二〇一八年）の「はじめに」でも記したように、日本の自由民主党を「一党優位政党制」の観点からイタリアのキリスト教民主党と比較分析することが、在米中の研究課題であった。その頃知り合ったフルブライトの留学生で、まだ三〇歳の北海道大学助教授だった山口二郎くんと雪深いキャンパスを横切り、シェルドン・ウォーリン教授の政治思想史の講義を聴きに行ったのは、今でも懐かしい思い出である。もっとも彼が『政治改革』（岩波新書、一九九三年）を著し、一世を風靡するような論客になるとは夢にも思ってはいなかったのだが。

「個人史」のなかの一九八九年

一九八九年は世界でも日本でも大きな転換点となった。また、まったくの個人的なことではあるが、私にとっても大変な年であった。父が末期癌との知らせを受けたので、三月に予定していたイタリア共産党の路線転換に関するタロー教授との調査旅行を急遽キャンセルして帰国した。四月二日の父の葬儀には満開の桜とともに、三パーセントの消費税が課せられたことを鮮明に記憶している。

私も四〇日に及ぶ病室での看護のために体を壊し、アメリカに戻った後も連日の病院通いを余儀なくされることになった。結局、在外研究を切り上げて八月に帰国し、九月には手術を受けて一か月の入院をすることになる。

そればかりか翌年一九九〇年の秋に、もう一度手術をすることがすでに決まっていた。こんな満身創痍のなかで、しかも西洋史学からは離れつつあった私が、どうして『規範としての文化』のような地域も異なれば論点も多様な一四もの論文からなる共著の評者を引き受ける気になったのか、今でも不思議でならない。

その謎は、本書の序を再読して、すぐに氷解した。

〈政治〉マニフェストとしての『規範としての文化』

内外の政治的緊張の高まりは、再び伝統的な政治史や思想史の復権を告げているかのようである。だが、そうした風見《かざみ》は時代錯誤的な短絡というべきであろう。かりそめにも社会史という認識論上の「禁断の実」を食した者が、再び英雄や大思想家のみが闊歩する「大文字」の伝統史学に逆戻りすることは考えられない。（中略）これは、方向こそちがえ、社会史研究プロパーの側にも同じことが言える。たとえば、ファースト・ステージの社会史の一部で見られた過度の「政治（史）アレルギー」は、そろそろ払拭されてよいころだろう。この十数年来、飽食文明下の若者のポリティカル・アパシーに迎合したり、それらを助長してきた「ファッションとしての社会史」の時代は終わりを告げたのである。

ここに私は自分の転身を正当化する〈政治〉マニフェストを見いだしていたのである。

（国際政治史　神戸市外国語大学名誉教授）

近社研と生活史研

4 「最初の一歩」を支えた研究コミュニティ

井野瀬久美恵

私が大学院生から若手研究者と呼ばれていた時代、すなわち一九八〇年代から九〇年代を通じて、関西には、大学の垣根を超えて活発な活動を展開する歴史学関係の研究会がいくつか存在した。近代社会史研究会（通称、近社研）、そしてイギリス都市生活史研究会（通称、生活史研）は、そんな勢いある研究会として知られていた。

記録によれば、私が近社研で初めて報告したのは、一九九〇年一二月一五日、第五六回例会においてである。タイトルは「子どもたちの大英帝国」。私の二冊目の単著（中公新書、一九九二年）と同じである。その半年余り前、私は最初の単著『大英帝国はミュージックホールから』（朝日選書、一九九〇年）を上梓していた。演劇法の改正（一八四三年）によって一九世紀半ばのロンドンで生まれたミュージックホールは、都市化、工業化、そして大衆消費への傾斜を強めるイギリス社会で労働者の心をぐっとつかみ、急速にその数を増して、一世を風靡した。この「酒と演し物」の空間では、政治諷刺のみならず、労働者たちが直接体験できない植民地の出来事を、わかりやすく（ということは、複雑な国際情勢を端折って、イギリスに都合よく）舞台にあげ、人気を集めていた。それゆえに、ミュージックホールは、世論操作や愛国心の高揚と深く関わる、一種のメディアでもあった。

そんなふうにこの娯楽施設を見る目を育んだのが生活史研であったとすれば、近社研で鍛えられたのは、一九世紀末の流行歌に出てくる「フーリガン hooligan」という言葉への洞察であった。私が報告した当時、この言葉は、サッカー場内外で集団暴力行為に走る人たちを示す言葉として、日本でも定着しつつあった。一九八五年、ブリュッセルのサッカー場でイングランドのサポーターが暴徒と化し、三九名の死者、三五〇名余りの負傷者を出した大惨事の記憶はまだ新しく、その後のイギリス政府による（国外渡航禁止といった）取締りの強化は、彼らフーリガンの排外主義的愛国心を世界に強く印象づけた。現代イギリスの「衰退」を象徴する（と思われていた）この言葉が、一〇〇年前のミュージックホールで繰り返し歌われていたという私の「ささやかな発見」を膨らませてくれたのが、近社研での報告とその後の質疑応答であった。

「フーリガン」は、一九世紀末、イギリス諸都市で頻発していた集団暴力を働く不良たちに当てられた「新しい英語」であった。大衆消費社会に向かって流動性を増す当時のイギリスには、生涯食べていけるとか、家族を養えるというわけではないが、荷物運びや伝言メッセンジャーのように、気軽に小銭が手に入る臨時仕事が数多く生まれていた。そのなかで、「生き抜く」こと以上に「息抜く」ことを覚えた彼らの姿は、その一〇〇年後、「経済大国」となった東の島国で、フリーターやニートという「新しい日本語」で呼ばれるようになった若者と重なって見えた。

デジタル革命のなかで失われたもの

二つの研究会が名称に掲げた「社会史」と「生活史」は、台頭しつつあった「文化史」とともに、一九八〇年代から九〇年代を通じて、歴史学の大きな潮流であった。それまでの歴史学が看過してきた女性や子ども、マイノリティらを含む民衆に焦点を当て、「下からの動き」を具体的に描き出し、出来事が位置する構造を浮かび上がらせようとするこれらの手法は、一九七〇年代以降の「物語の復権」、歴史（history）と物語（story）の境界溶解と深く関わる。英文学科から西洋史学科に学士入学し、歴史研究のとば口に立った私の「最初の一歩」を、二つの研究会が支えてくれた。そこには、すでに名を成した先生や先輩も、まだ先の見えない院生も、分け隔てなく自由に意見をぶつけられる空気があった。だからこその勢いもあった。この自由な空間の創造にリーダーシップを発揮された世話人の方々には、今なお感謝しかない。

だが、このときすでに、近社研や生活史研のような研究会が成立しづらくなる時代は、すぐそばまで来ていた。競争原理をベースとする新自由主義（ネオリベ）がグローバルに拡大し、教育・研究の世界にも入り込み、成果主義や自己責任を声高に叫び始めた。そして、競争のための条件公正化の名のもと、社会的・ジェンダー的・民族的不平等の現実を隠蔽したまま、個人のエンパワメントと評価の数値化を前面に押し出したのである。

経営用語が闊歩し出したキャンパスで、中堅大学教員となった私たち世代は、グローバルな大学ランキングを横目で見つつ、それぞれの「大学改革」に駆り立てられた。同時期に急速に進んだデジタル革命、続くオープンサイエンスは、歴史学研究で重視されてきた史料を探す場所も論文掲載のありかたも大きく変えた。史料の「発見」以上にその読み方や解釈に研究者としての意識が問われ、記録と記憶のはざまで「歴史的事実とは何か」の見直しが迫られたとき、その議論を鍛えるはずの研究会は持ちづらくなっていた。エンパワメントの証でもある留学、そして留学先の大学に提出した修士論文や Ph. D 論文が、帰国後の就職に必ずしもつながらない厳しい現実も目につくようになった。

二〇一五年六月八日の文部科学大臣通知が人文・社会科学系学知に求めた「社会的要請」が物議を醸すなか、「大学改革の二〇年」余りをふり返り、激減したのは研究時間だけではなかったことに（今さらながらに）思いをはせたのは、私だけではないだろう。研究会を彩るはずの院生たちは、彼らを輝かせるはずの「研究する人生」への希望は、どこにいってしまったのだろう。それは、ネオリベやデジタル革命というグローバルな動きのなかで、社会史や生活史が歴史学のプレゼンスを示す突破口を見いだせなかった、ということなのだろうか。

歴史研究の醍醐味は、過去に対するワクワク感、ドキドキ感にある。対象が違っても、「研究する人生」を支えるのはこの気持ちなのだと、今も思う。それが、研究者個人のみならず、研究者が生きる社会をも幸せにする——今はそんな共感と連帯を培う歴史研究がしたい。

同じ思いの人は、この指とまれ！

（イギリス近現代史・大英帝国史　甲南大学教授）

5　平成の終わりから

北村昌史

昭和から平成へ

平成が終わろうとしている今、昭和が終わり平成が始まった頃の記憶が蘇ることがある。昭和が終わる前数ケ月の異様な自粛の雰囲気もだが、ちょうどその時期は、私が修士論文の生みの苦しみを経験していた時期に重なる。とくに、あの日、昭和から平成に年号が変わったところで、一月一三日の修士論文の提出期限は変わらないのだからと思い、修士論文提出に向けての作業を淡々と進めたことが思い出されるのである。

修士論文提出後一ケ月強たった二月末の近代社会史研究会の例会ではじめて報告の機会をあたえていただいた。報告の内容は修士論文をもとにしたものであったが、さすがにどのような質疑応答が展開したのか覚えていない。はっきり覚えているのは、この例会が、大喪の礼のあった二月二四日の、たしか、翌日にあったことである。例会の前後や懇親会ではこの話題が語られていたのだが、その中でも異彩を放っていたのが、大喪の礼への抗議のデモに参加し警官と対峙してきたと語る、私と同世代のKさんの話であった。その話が共感をもって迎えられ、一番盛り上がったように記憶している。こうした雰囲気もまた当時の近代社会史研究会を語る上で欠かせないだろう。

私の近代社会史研究会は平成とともに始まり平成とともに終わったわけではなく、修士課程入学とともに参加していたので、昭和の最後の二年近くもかかわっていたことになる。後のほうについても、一九九四年に新潟大学に就職してから以降はあまり参加できなかったので、積極的に参加できたのは昭和の終わり二年から平成の始まり数年にすぎない。

その頃の近代社会史研究会では、「社会史」というジャンルの可能性が盛んに議論されており、それは研究会の出した四冊の論集に反映されていることは改めて強調するまでもあるまい。これらの論集では実験精神と多様性がうまく融合していたが、それでいて最初の三冊にくらべて、数年後に刊行された犯罪史の論集は、社会史研究の研究成果を公表する「作法」のようなものが形成されていることをうかがわせた。一つの研究ジャンルとしての「社会史」研究が成熟を見せていたことを感じたものだった。

論集にとどまらず、当時の近代社会史研究会では、研究の視角・手法・問題意識の必然的、かつ内発的発展が急速に進み、「まだそんなテーマにとどまっているのか」といった類の指摘が強く印象に残るような討論のあり方であったように記憶している。海外への留学や史料調査、成果の海外発信など、「海外」がなければ研究ではないという風潮にある平成の終わりからみると隔世の感があるが、日本においても欧米の研究の後追いでない自律的な西洋史研究の「場」が、かつて確立していたことは、とくに若い人たちには知っておいてもらいたい。

ただ、私が当時の近代社会史研究会での討論で今でも印象に残っているのは、議論の内容そのものよりも、毎回繰り出される三人のかたの発言である。

「三賢人」の発言

報告が終わった後まず発言されるのは、谷川さんであった。谷川さんの発言は、常に報告の射程や意義付け、そうした射程をふまえれば本来論じるべき論点に関するシビアな指摘である。自分の報告の時はもちろん、他のかたの報告の際の指摘も研究対象を狭く限定しがちな私には大変刺激になった。谷川さんの次、あるいはその次あたりに発言されるのが谷口さんであった。該博な知識と論理的矛盾を見抜く思考により、発表内容の事実関係や説明に関して「そんなん成り立たへんで」とよく「暴言」を言われていた。当時の私にとってお二人の発言は、一見するとまったく別のベクトルに向かい、両方の指摘に対応するのは無理だろうと感じさせるものだった。二〇〇七年に自分が『ドイツ住宅改革運動――一九世紀の都市化と市民社会』（京都大学学術出版会）を上梓した頃になってようやく、歴史研究のあるべき姿を別々の方向からいっているにすぎないことを認識するにいたった。私自身はこのお二人の発言両方に対応できるように研究を進めるのを理想としているが、それが実現できているか心もとない。院生学生の指導の際にはお二人の発言を念頭に置いている。

三人目の話をする前に、私が京都大学の助手をしていた一九九二年からの二年間だけ会場係をしていたことにふれなければならない。当時完成したばかりの京都大学の博物館の、かなり広く天井の高い会議室を利用させてもらったのである。広いといってもアラン・コルバンの講演会を開いたときは満杯であったと記憶している。

この会議室は、私が事務から鍵を借り出して返せばよいので、エンドレスに研究会が続く可能性があった。それに区切りをつけてくれていたのが、いつも一七時三〇分頃に発せられる、常松さんの「谷川さん腹減った」という発言であった。念のため説明しておけば、懇親会に議論の場を移そうという合図である。たぶん時間を気にしなくともよい会場では毎回言われていたのではないかと思うが、さすがの論客たちもこれには論駁できず、この発言があると、研究会モードから撤収モードに入るという点で会場係の私にとっては大変大事な発言であった。

思ったことを単に口に出されていただけだったのかもしれないが、議論の区切りに的確に繰り出されるこの発言からは、議論の場はふさわしい時点でひと段落つけなければならないという感覚が身についたような気がする。

（ドイツ近現代史　大阪市立大学教授）

6 参加していたときは、なにかよくわからなかったけど、いろいろなものを与えてくれた研究会

進藤修一

近社研に参加するまえ、近社研に参加してから

私は大学院生活七年間のうち、三年をドイツで過ごしました。彼の地との行き来が激しい環境のなか、決して真面目な近社研会員だったことはなく、会のメンバーとして何かを語る資格はないと考えていました。ですが、教員となって二〇余年が過ぎ、自らの研究者としての道筋を振り返ってみると、近社研から受けた影響は決して小さくはないと思い直し、筆を取る決意をした次第です。

私は一九八九年に同志社大学大学院に進みましたが、そこで「史学研究法」という授業を担当しておられたのが、当時奈良女子大におられた（谷川先生のご同僚でもあった）中村幹雄先生でした。当時の同志社院は一コマ一二〇分授業でしたが、中村先生は授業を延長されるので大変有名で、二時くらいからはじまって、四時近くになると「さて、」と来るので、授業が終わりかな、と思いきや「休憩しましょうか」。おいしそうにたばこを一服、また六時くらいまで、ということがしばしばでした。ただ、私たちのころは大著『ナチ党の思想と運動』ご執筆が最終局面に入っていたようで、「きょうは、もう限界です。すいません」と時間通りに終わることもよくあり

ました。テキストは中村先生や谷口健治先生たちが翻訳されたイッガース『現代歴史学の新潮流』でしたが、それが終わると中村先生がチョイスした史学史の文献をお持ちになり、授業を進められました。ある日「この文献はすごく面白い」といって紹介されたのが渡辺和行先生の「歴史家の誕生――修業時代のガブリエル・モノー」「フランス実証主義の成立とガブリエル・モノー」でした。激賞されておられました。私はまだドイツ現代史研究会に顔を出していただけでしたが、こうして知らず識らずのうちに、近社研へと接近をしていたのでした。

研究をすすめていくうちに、社会史の方向へと舵をきった私は、当然近社研へ参加してみることとなりました。はじめて参加したのがいつなのか、どなたの報告だったのか、まったく覚えておりません。ただそのときは京大の附属博物館で開催され、まだ研究会で喫煙が可能だったこと、谷川先生がたばこがお嫌いで、喫煙組が会場の後ろのほうに固まっていたことが妙に印象に残っています。それから、ほかのかたも書かれていると思いますが、近社研といえば「めなみ」ではないでしょうか。研究会終了後タクシーで「連行」され、そのときはじめてお会いした川島昭夫先生に、以前からの知り合いだったかのように話しかけられたこと、谷川先生に「進藤さんにとって、ドイツってなんですか」と問い詰められたこと、ここに挙げきれない思い出がたくさんあります。

近社研とビーレフェルト大学

そもそも私はドイツ史研究に特化して深く沈潜することが苦手だったため、文化人類学や法学、いろいろな分野の専門家が集まる近社研の雰囲気が気に入っていました。文化人類学の報告のとき、谷川先生が「歴史家が多い集まりなので、少し歴史的な話もしてもらえませんか」と振ったところ、「わたしの研究地域では数年に一度大洪水がきて、みな流されてしまうので、歴史的なお話はできません」という報告者とのやりとりにはおもわず笑わされました。また、さまざまな分野の方がおられるので、まったく想像しない方向から弾が飛んでくる、緊張感に満ちていたことも、この研究会の特徴だったと思います。三成賢次先生が法学者の立場から、鋭い発言をしておられたのも記憶に残っています。そのようなさまざまなシーンを回想するにつけ、場を切り盛りしていた谷川先生の技に、いまさらながら感心しています。

一九九三年、私は当時のドイツ社会史研究のメッカであるビーレフェルト大学博士課程へ入学しました。同大学にはスター研究者、あるいはスター研究者の卵ですでに大部の著書を刊行している若手研究者がひしめいており、自ら飛び込んだもののエラいところへ来てしまった、と感じていました。そのころはまだ社会学のニクラス・ルーマンが存命でしたが、ビーレフェルトといえばなんといってもハンス＝ウルリヒ・ヴェーラーです。当時のビーレフェルト大歴史学部は「ダブルセミナー」という変わった制度をとっており、どの授業も教員が二人やってくるのです。ヴェーラー先生の相方はクラウス・テンフェルデ先生です。このヴェーラー、テンフェルデ組が博士課程以上の院生や研究者を対象にしたコロキウムを開催しており、そこには常時五〇～六〇人の人間が集まっていました。講師はすべて外部の著名なかた、コロキウム一週間前にはレジュメが配布されます。レジュメといってもほぼ完成型に近い論文のようなもので、事前に目を通しておくことが求められます。コロキウム当日は報告者から一五分程度の補足があり、残りの時間はすべて質疑応答です。学生時代に陸上の選手だったヴェーラー先生はジャージにスニーカー、というラフな格好が多かったのですが、開始前にヴェーラー先生が会場をにらみ渡すと、緊張感と静粛が支配します。議論の時間になると、なにせ、議論好きのドイツ人、しかも錚々たる顔ぶれですから収まりがつかなさそうなものですが、ヴェーラー先生はてきぱきと、そして広い視野で、また厳しく場を取り仕切っていました。しばらく参加するうちに、この風景に既視感を感じた私は、日本とドイツの違いはあるものの、近社研と非常に似ているなぁ、と懐かしい気持ちで思い出したのでした。

忘れられない友のこと

一九九七年に大阪外国語大学へ奉職した私は、言語境界領域における学校政策、言語をめぐる社会史へと研究テーマを方向修正しました。二〇〇三年の夏だったと思います。オーストリア、インスブルック大学の歴史学部図書館で仕事を終えて出てきた私は、京都大学の大学院生だった佐久間大介君とばったり出会いました。彼は私より一回り下で、それまでは近社研で遠くから姿を見かける程度、話をしたこともありませんでした。ところが佐久間君はほがらかに、近社研でよくあるように、昔からの知り合いかのようにあいさつをしてきました。こちらも一人旅、夕食の約束をして一旦別れ、その夜彼の希望でインスブルック駅前のイタリア料理店に行き、研究のこと、ヨーロッパでの生活のことなど大いに語り合いました。佐久間君は二〇〇五年からインスブルックへ留学されるのですが、そのときすでに将来の計画を意識していたのでしょう、いろいろなことを意欲的に聞いてきたことを覚えています。

その後佐久間君は谷口健治先生の主宰するドイツ史研究会のメンバーとなり、私とはより頻繁に顔を合わせるようになりました。オーストリア留学後もメールで連絡をとりあい、彼の帰国を楽しみにしていました。二〇〇六年の八月佐久間君は帰国し、しばらく親しい交流が続きましたが、翌年四月に研究発表をしたいのでコメンテータをお願いしたいが、体調がよくない、という相談があり、とにかく体を大事にして、という返答をしました。多くの方がご存じのとおり、彼はそのとき病に冒されており、その四ヶ月後帰らぬひととなりました。早いものでそれからすでに一〇年以上。いま、彼と出会った近社研が「なくなった」ことであらためて、時の流れの速さを実感しています。

（ドイツ近代史　大阪大学教授）

7　スポーツ史研究の興隆と「近社研」

池田恵子

ＩＪＨＳと近社研

「日本におけるスポーツ史研究はどのような形で進展したのか、自分史を踏まえて執筆して欲しい」との依頼を受けて執筆した（拙稿）「ニューレフトによるカルチュラル・スタディーズの源流を探究する旅路」が『国際スポーツ史ジャーナル』*The International Journal of the History of Sport*（Vol. 34, No. 5-6, 2017）に掲載された。その冒頭で八〇年代の研究状況と近社研の果たした役割についてこう切り出している。

一九八〇年代というのは、レジャー史研究という学術の興隆に導かれ、世の東西を問わず、様々な場所で体育・スポーツ史研究が誕生した時期にあたる。（中略）実際、一九六一年に創立の日本体育学会体育史専門分科会（二〇一一年以後は体育史学会）は一九八四年に『体育史研究』を創刊し、一九八六年創立のスポーツ史学会は『スポーツ史研究』を翌一九八七年に創刊している。（中略）欧米流のスポーツは社会・経済・文化的かつ軍事的統合を伴う近代国民国家建設の脈絡に沿って理解されたが、さらに「新しい歴史学」やアナール学派の影響を受けた社会史研究の役割を議論する中で、もう一つの重要な歴史的試みがなされた。当時大学院生であった筆者は、こうした学術状況のもとで研究を開始した。この「民衆史」の試みは「下からの歴史」であるとか「表象と真実」といった新たな方法論を用いながら、制度史のようなそれまでの権威的な歴史学の中で軽視されていたパースペクティヴの理解を促した。一例を挙げれば、『思想』（岩波書店）八一九号（一九九二）は「表象と真実」や「表象（ルプレザンタシオン）——言葉・観念・事物」といった表題の論説を特集した。一九九〇年代の日本の影響力のある学派にとって鍵概念のひとつであったのは文化統合や文化規範の役割を通して近代社会の成立を描く社会史の構築であった。とりわけ、近代社会史研究会は『規範としての文化』（一九九〇）と題する著書を出版し、個別テーマごとの執筆者の学術関心に即したスポーツの問題も射程に入れている。こうした社会的エイジェンシーを照射する学術的意図は継続し、庶民の慣習や娯楽の意義を欠落させてきたそれまでの権威的な歴史学におけるメインストリームの変更を促す重要な社会的エイジェンシーについて解き明かした。より重要であったことは、文化の問題は社会における様々な現象の一部をなすのではなく、文化統合や階級闘争における要《かなめ》だと考えられたことである。つまり、文化の問題は階級の境界を再定義し、道徳規範や「ハビタス」に作用し、そのことが結果的に歴史のメインの潮流における変化と持続の問題にダイナミズムを生じさせるということであった。（以下略）

とはいえ、近代社会史研究会が扱った様々なジャンルの社会史とその長い歴史においてスポーツ史研究に関する発表や筆者の貢献が大きなものであったというわけにはいかない。しかし、まさにこうした一九九〇年代を中心とした時期の学術動向を振り返るとき、私自身、この研究会で六度ものスポーツ史研究報告を行っていたことは日本における社会史研究の発展の脈絡と無縁ではなかったことを示している。

近社研との出会い

八〇年代の後半、奈良女子大学文学部の学生であった筆者が教員免許の社会科の免許を取得したいと考えて講義を受講したことが、近社研発起人の谷川稔先生との出会いにつながった。もともと西洋史を専攻した学生ではなく、時間割の都合でたまたま西洋史学特殊講義を選んだのだが、それが谷川先生の講義だった。大学院生になり、上級生から京都の近代社会史研究会に行かないかと誘いを受けた。この時も、スポーツ史研究を志す上で、「社会史とは何かが少しでも分かれば儲けもの」という程度の呑気なノリで、気軽に参加した。だが、その日の会場、同志社大学を訪れたときのことはいまも鮮明な記憶のうちにある。なぜなら、その日は阿部謹也著『社会史とは何か』を巡る白熱した議論が展開され、初めて訪れた研究会のその空気感にまったく圧倒されてしまったからである。筆者は近社研に参加することが自身のライフワークにとって重要な何かになるという直感を覚えた。中身がわからなくても、その直感だけは修士課程の学生なりにかなり正しかったのだと今あらためて思う。

その後、「近社研」という贅沢すぎるゼミでの学びは続いた。谷川先生は後にアレン・グットマン著『スポーツと帝国――近代スポーツと文化帝国主義』（昭和堂、一九九七年）の翻訳出版にまで導いて下さった。スポーツ史研究における上記の重要な書籍の翻訳は社会史の幅広い領域に関心を寄せておられた研究者としての谷川先生の造詣の深さに基づくものであったが、近社研の若いスポーツ史研究者に対するエールとご指導の意味も伴っていた。本書は共訳によるものであり、筆者は共訳者の一人として加わり、筆者と同じ時期に近社研に加わっていた石井昌幸氏が訳者解説を務めた。すでに大学での役職に就き、忙しい日々をお過ごしであったにもかかわらず、谷川先生は会議の合間を縫って、細かな作業のひとつひとつに適確な助言を下さり、苦心の末、翻訳書は完成した。その後、筆者はこの書を大学の「スポーツ史」の講義のテキストに指定し、今日まで活用している。

また、谷川先生に開いて頂いた道、「近社研」を通じて個人的にお世話になった先生方や研究者のお名前は枚挙にいとまがない。スポーツ史学会そのものにも近社研は影響を与えた。たとえば、藤川隆男先生は第二二回大会（二〇〇八）のシンポジストであり（「アボリジナルの近代スポーツ史――一九～二〇世紀のオーストラリアをめぐって」、コメンテイターは高木勇夫先生）、川島昭夫先生は第二四回大会（二〇一〇）のシンポジストであり（「社会史以後のスポーツ史研究――英国スポーツに見る〈伝統〉と〈近代〉」）、井野瀬久美惠先生は第二六回大会（二〇一二）のシンポジストであった（基調講演「スポーツにおける英国のミッションは終わったのか？」）。スポーツ史学会には大いに近社研の風が吹き込まれた。「近社研つながり」は海をも越えた。二〇〇五年に第二〇回ＣＩＳＨ国際歴史学会がニューサウスウェールズ大学（シドニー）で開催された際、筆者は「政治とスポーツ」のセクションのパネルの一人として孤独な思いで壇上に立っていたが、別のセクションに登壇されておられた藤川隆男先生が会場に駆けつけて下さり、スポーツ史の議論を盛り上げて下さった。広い会場の中の日本人はわずか数名であったので、藤川先生の存在は「近社研のミニ海外派遣」のような空気を伴い、心強く感じられたことが思い返される。

以上のことは近社研がスポーツ史研究にもたらしたもののほんの一部に過ぎず、そのすべてをここに記載することは到底不可能である。近社研の会員の学びは、目に見えない形で今日さまざまな場所で受け継がれているし、筆者はリベラルなアカデミズムの精神とともにそれを日本におけるスポーツ史研究の興隆に与えた功績としてここに記すということが自らの責務だと感じている。

（イギリス・スポーツ史・日英比較スポーツ史　北海道大学教授）

8　いちスポーツ史家がみた九〇年代近社研の雰囲気

石井昌幸

「体育畑」出身の私にとって、近社研は学校だった。歴史学というものを基礎から学んだことのなかった私には、近社研と、そこで出会った先生方、先輩、仲間たちから学んだことが、歴史家として、大学人としての原点である。とりわけ、谷川稔先生と川島昭夫先生から受けた学恩は計り知れない。いまでも何かを書くときや、講義・ゼミをするときには、お二人の顔が思い浮かぶ。

私が初めて近社研に出席したのは、たしか『規範としての文化』、『制度としての〈女〉』、『青い恐怖 白い街』が上梓された一九九〇年のことだったと思う。少し寄り道をしてから入ってきた、修士課程の二年生だった。その頃すでに、スポーツ史では同世代の松井良明さん、中房敏朗さん、小澤英二さん、池田恵子さんらが近社研で発表しており、松井さんと小澤さんは『規範としての文化』の執筆者にも入っていた。以後一〇年ちょっとだから、九〇年代の近社研をまるまる体験したことになる。その史学上の意義については、他の執筆者の筆に委ねるとして、私はいち若手（当時）スポーツ史家のみた、この稀有な研究会の「雰囲気」について書き残しておきたいと思う。

緊張感

最初の近社研の印象は、「恐かった」というもので、その恐さの正体は緊張感だった。とにかくピリピリしていた気がする。私は学部時代に運動部にいたのだが、近社研の雰囲気は運動部のそれに、どこか似ていた。上意下達という意味ではなくて、各自が自分のために、自分の水準を上げるためだけにそこにいて、お互いに気を使わないという意味である。身も蓋もない批判を平気でぶつけあう。それが大学時代の運動部の空気に良く似ていて、なにかしっくりきた。ひとつだけエピソードを紹介させてもらうなら、谷川先生から、「発言しないなら、もうくるな」と言われたこと。それで、壁の花を決め込むのはやめて、おずおずと質問するようになったのだが、最初は当然、的外れなことを言って恥をかく。だが、それを繰り返していると、恥をかきたくないので人の話を真剣に聴くし、誰が、なぜ、ここでこの質問をするのかを考えるようになった。研究会の質問には、ひとつひとつに意味がある。いま聞かれるべき質問がある、ということを知った。川島先生の「質問力」には院生みんなが憧れていて、先生の質問パターンを研究したりした。近社研での議論を聴き、それに加わろうとすることは、のちに学生の研究指導をするための最良の「修行」になった。

しかし、恐かったのと同時に、そこには自由な精神と、愛情があった。発表すると叩かれるけれど、続けているとチャンスをもらえる。これもどこか運動部に似ていた。私の場合にはそれは、『スポーツと帝国――近代スポーツと文化帝国主義』（一九九七年）の翻訳と、そこに付させていただいた「訳者解説」であった。とにかく自由に書かせてもらった。筆が走って原著者を批判した部分を読んだ谷川先生は、「私が「あとがき」でフォローしておくから、思ったことを書きなさい」と言ってくださった。

社会史とスポーツ史

日本史、東洋史、女性史・家族史・文化人類学など、多様な分野からの野心的な報告は常に刺激的だった。それを月に一度、ダブルキャストで組織することは、並大抵のことではなかったと思う。アフター研究会での議論も魅力的で、居酒屋談義ではスポーツ論が主役になることも少なくなかった。スポーツ史という分野が歴史学の研究会に入ることができたのは、京大を中心とする関西の自由な学風のゆえであったと思う。自由であろうとすることは、貪欲であるということでもある。なんでも無尽蔵に取り込んで、その混沌のなかから、何らかの形を切り出してしまう創造のエネルギーが、近社研には横溢していた。

九〇年代というのは、ちょうどイギリスでスポーツの社会史的研究が隆盛となった時期でもあった。日本では八〇年代にレジャー史研究が脚光を浴びていたが、この頃にはすでにポスト・レジャー史のような形で、Tony Mason, *Association football and English society 1863–1915*（1980）や James A. Mangan, *Athleticism in the Victorian and Edwardian Public School*（1981）、八九年にはそれまでに出た個別研究を総合した概説書、

Richard Holt, *Sport and the British : A Modern History* など、いまではスポーツ史の「古典」とも言える研究書のいくつかが出ていた。九〇年代になると、これらの影響を受けたスポーツ史の研究書がフォローしきれないほどの勢いで刊行されるようになった。日本でも、川島先生、松井さん、中房さんらによるR・W・マーカムソンの『英国社会の民衆娯楽』の翻訳（一九九三年）が出版され、社会史研究の一翼としてのスポーツ史の水準は格段に上がった。そのような環境のなかで、私は「スポーツとしての狩猟」と、「スポーツの伝播史」をテーマに近社研で数回報告させていただき、その縁もあって、やがて川島昭夫先生の大学院ゼミに加えていただいて、一層本格的に学ぶことができた。基本的にはその研究をいまでも続けている。

近社研が、イギリスにおけるスポーツ史研究と同時代的に進行していたことは偶然ではないし、そこで九〇年代を過ごせたことは、ほんとうに幸運だったと思う。そのおかげで、職を得たあと一年間イギリスに滞在する機会をもらい、先にあげた書物の著者たちと直接交流したときにも、時代や場所のギャップを感じることがなかった。

結局私は、学部時代の母校に戻って、「スポーツ科学部」でスポーツ史を教えることになった。五〇代半ばとなって、私も大学の役職に就くことになり、大学とスポーツを取り巻く時代状況に翻弄されながら毎日を送っているが、そうしたなかで、自分のものの考え方の原点は、近社研という学校によって作ってもらったものだと思っている。

（スポーツ史　早稲田大学教授）

9　近社研からの定期便

並河葉子

わたしは近社研の幽霊会員であった。一度だけ報告させていただいたのは、二〇世紀の終わりごろだったと思っていたら、谷川先生が一九九〇年代半ばだと教えてくださった。いずれにしても、かなり昔である。

出身ゼミの外で報告する機会などまだ数えるほどしかなかった当時、何を話したのか、内容についての記憶はもうほとんど残っていない。

近社研での報告

その時の例会にも研究者として一線で活躍しておられる先生方から研究を始めたばかりの人まで、とにかくたくさんの方たちが参加されていた。自分自身の専門とは違う分野を研究する方たちからたくさん質問を頂いたのに、ろくに答えられなかったというか、質問の意味すらよく分からなくて立ち往生してしまったように記憶している。当時わたしは、大学院には入ったものの、歴史とどう向き合えばよいのかよくわからずにいた。大学で西洋史を専攻に選んだのは、川北先生の講義のダイナミックな世界観に惹かれたからだ。そうはいっても、いざ自分で研究テーマを選んで何か考える対象を見つけて探求するというのは、誰かの世界観にのんきに魅了されていれば済むようなものとは全くちがう。そんな当たり前のこと、その厳しさに立ちすくんでしまっていたころの当惑がそのまま、報告にも出てしまっていたのだと思う。西洋史という枠を共有しながら、所属も専門も様ざまな谷川先生はじめとするたくさんの大学の先生や院生の方が、自分の報告からどんどん議論を展開していかれるのを、あっけにとられたような思いでただ聞いていたように思う。

自分自身の専門に近いイギリス近代史やイギリス帝国史以外を研究する方も多く出席されたこの時の研究会でいただいた質問やアドヴァイスは、それまで考えたことのない角度から問題を再検討するきっかけになった。イギリスやイギリス帝国での当たり前とその他の地域の当たり前は違うこと、普遍的なはずの近代は内部に大きな多様性を抱えていること、同じ言葉でも意味するもの、イメージするものは時代や地域によりかなり違うことなど、研究を進めるうえで当然のことをその時にあらためて痛感した。

その後もなぜ自分が西洋史をやっているのか、すっきりした答えはさっぱり見つからずに（せめてワクワクするほど面白いとのめりこめるほどに好きだ！　と言えればよかったけどそうでもなく）、考え込むことはなくならなかったけれど、自分なりに歴史研究の意味や面白さを見つけられたのは、そして、今でも何とか細々と研究を続けていられるのは、この時の近社研での経験があるからだと心から感謝している。

研究会案内の読者として

その後、個人的な事情で外部の研究会に参加することがなかなかかなわない時期が一〇年以上続いた。近社研からは報告者と報告タイトルの載ったシンプルな研究会案内がよく送られてきた。研究会などになんの支障もなく行くことができる環境にあれば、おそらくさっと見て終わりにするメールの案内だけれど、研究会というものが恐ろしく遠いものになってしまっていた私には、この情報がとても大切だった。学術雑誌で情報をフォローすればよいとはいえ、たった一行か二行の報告タイトルも、それをつなぎ合わせれば、それなりの情報を与えてくれるものである。近社研の研究会案内は、西洋史を研究する人たちの間でどのようなものに関心が集まっているのか、それに対してどのようなスタンスで研究が行われているのかを知らせてくれる定期便だった。途中から案内すら途絶えてしまって、とても焦った。なんだか、研究の世界がとてつもなく遠いところに行ってしまったような感覚を覚えたからだ。

定期的に顔を合わせて議論すること。研究を続けるうえで、これの何が大切かといえば、そこで交わされる言葉から、研究に携わる人たちが共有している関心事項や新しい動向が必ず見えてくるからだ。完成された研究論文をきちんと読めばそんなものは分かるではないかといわれそうだ。その通りかもしれない。けれど、生で発せられる言葉の端々からは、それぞれの研究報告者や質問者が日々考えていることの背後にあるまだ固まりきっていない考え方がなんとなく分かる。たくさんの人のそうした言葉を聞くと、それぞれの時期に共有されているトレンドがおぼろげながら形をなして見えてくるのだ。歴史研究者がトレンドに振り回されるなんてありえないと思われるかもしれないけれど、歴史研究こそ、現実社会の問題をより長い時の流れに位置づけなおして解き明かそうとする試みなのだから、その時々の社会のありようは研究者にとっても無関係あるいは無関心ではいられない。

研究会案内の読者を卒業して、いつかリアルな研究会という場にまた参加させていただきたいと思っているうちに散会となってしまったのは本当に残念でならない。

西洋史の研究を続けるきっかけをくれた研究会と、日常の雑事に忙殺されて本格的な研究の世界からどんどん遠ざかりそうになるたびに研究について思い出させてくれた研究会案内にあらためて心から感謝を伝えたい。

（イギリス帝国史　神戸市外国語大学教授）

10　私の記憶のなかの「近社研」

中村年延

近社研の思い出

この研究会に参加するようになったのは、ポーランド史研究の第一人者であり、研究上の恩師でもある中山昭吉先生の勧めもあった。まだ同志社大学で開催されていた一九九〇年の頃、参加者の多さと、その熱気をはっきりと覚えている。その後、大学院生時代から大学非常勤講師を経て高校教員になる頃までの約一三年以上にわたって、参加させていただいた。毎月、多様な研究領域での二名の報告に圧倒されたが、特に、発表者と川島先生をはじめとする聞き手の間で交わされた自由闊達な本音トークが私には本当に勉強になった。専攻分野・領域対象が異なる研究者同士の議論は、論点を平面的なものから立体的なものとして理解させてくれた。その後のアフター会で、研究仲間としてお互い率直に情報を交わし、自分自身の研究視野を広げることもできた。振り返ってみると、常松先生、田中先生からは研究だけでなく、社会人としての心構えも学ばせていただき、渡辺先生、上垣先生をはじめ、多くの先生方からのご助言や励ましに助けられたおかげで、これまで何とか研究を続けてこられたと思っている。留学に際しては、谷川先生のご配慮で、当時パリに留学されていた優秀な留学生の方々と交流することができ、貴重な体験を積むこともできた。感謝すべき思い出は枚挙に暇がないほど多くある。大学や専門領域という枠を越えて開催されたこの研究会は、まさに魅力的な共同体であった。

教育活動のなかの「近社研」の存在

現在の高校教員という立場で考えると、剣持氏が報告された『仏独共通歴史教科書』の実例報告は、多くの点で教えられることがあった。というのは、共通教科書が、日本の多くの高校歴史教科書に見られがちな政治史的文脈、および国民国家論に基づく歴史観と価値観、大学受験のための「暗記」主体の「世界史」というイメージとかけ離れていたからである。この時に、学生に歴史を「記憶の場」として認識させ、自らの判断力で歴史を考えることができるような「思考型」教科への転換が必要であることを痛感した。そして、歴史研究の本来あるべき姿をいかに伝えるのか、歴史的な共感を伴うことが可能であるのか、という疑問から、社会史研究の大きな意義を再確認することになった。高校教科書にも社会史の成果はいくつか紹介されているが、単なる知識としてではなく、この研究会での様々な経験を生かして、研究現場の雰囲気と熱気を伝えることこそが、私の役割であろうと実感できるようになった。現在では、高校での歴史授業に、社会史をいかに取り込むことができるのか、また、既製品としての歴史ではなく、聞き手の価値観と判断力で意見を持つことができるような授業のあり方を試行錯誤しつつ、模索する日々が続いている。

私の研究と「近社研」の存在

私は学部生時代から、パリにおける亡命ポーランド人社会内部での国民アイデンティティー形成過程を西欧文明への同化と異化という視点から考察し、亡命詩人ミツキェヴィチが果たした役割を明らかにしようとしていた。ポーランド研究会と関西フランス史研究会にも参加し、報告させて頂いたが、この研究会に参加するにつれて、二つの問題意識と自らの研究的な偏狭さを強く感じるようになった。一つは、ポーランド史の枠だけでなく、世界史的潮流の中に位置づけることが可能か。もう一つは、亡命集団内のルーリング・エリート ruling elite を研究対象とする思想史的研究で十分といえるのか、という疑問であった。また政治亡命者と移民という存在は滞在期間が長期化した場合、両者の違いが曖昧になる特徴がある。これらの理由から、問題関心を下部組織である移民社会にまで広げる必要性を感じるようになった。その糸口として、北フランスのリール炭鉱にいたポーランド系移民社会の活動を追うことで、パリのオテル・ランベールに亡命政権を築いた亡命貴族の末裔で、オルレアン家の血筋を引くチャルトルスキ家と、草の根的運動を展開した「ソクウ」による支援活動を見い出すことができた。また合衆国内のポーランド人コミュニティーの基盤作りが、一八三一年以後の亡命者たちによって始まっていたことにも気付かされた。現在では、アメリカへの亡命を選択したポーランド人とヨーロッパの亡命ポーランド人社会の繋がりを明らかにすることによって、大亡命期の亡命ポーランド人の活動を再検討することに主眼をおいている。

あらためてこれまでを振り返り、この研究会に参加できたことで、数多くの研究者との議論および対話の場を得ることができたこと。また、ポーランド史の文脈からだけでなく、より幅広い視野から考察することの必要性を痛感させられたことに、心から感謝している。

（ポーランド近代史・移民史　ノートルダム女学院中学高等学校教諭）

11 あこがれの近社研

栗田和典

長い出会い

近代社会史研究会の存在は発足後の早い時期から知っていた。研究室の年上の方々が参加され、例会やアフター研究会のようすを話してくださったからである。毀誉褒貶のなかばした「社会史」の名を掲げるのが清々しかったし、洩れ聞く熱気に圧倒される思いもした。しかし、一九八五年末にはまだ学部四年生であったし、博士前期の二年間は大学内の複数のゼミと名古屋市内の研究会ですごした。基本的に出無精である。

『規範としての文化』『制度としての〈女〉』『青い恐怖 白い街』が三月から七月にかけて上梓された一九九〇年には、九月に高木勇夫さんが名古屋市政資料館で分会のような研究会を開催なさった。フリート債務者監獄についてはじめてここで報告させていただき、川島昭夫さんや森本真美さんにお目にかかった。おそらくはこのときのご縁が、論集『日常と犯罪』の合評研究会でのコメンテイタへとつながったと思われる。まがりなりにもこれが近社研で発表した最初の機会となった。市政資料館の翌年には、はじめて例会通知を手にした。名古屋大学で開催された第四一回日本西洋史学会のおり、あちこちの部会会場をとびまわっていたところで谷川稔さんと遭遇し、「よかったら」と直接に渡された。しかし、結局のところ、この幸運は活かせなかった。

短い蜜月

手元にのこっているもっとも古い例会通知（図）からはじめての参加の日付を特定できる。第一二〇回（一九九七年四月二六日）である。京都大学楽友会館でおこなわれ、金澤周作さんと槇原茂さんが報告なさっていた。この例会通知がおくられてきた理由は、手書きで添えられた一文「院生（林田）にていねいな励ましをいただきありがとうございました。」から推測される。この年の二月、林田敏子さんから『寧楽史苑』の抜刷が送られてきて、コメントをお返ししたやりとりがあった。いただきものを読むのも、返事を書くのも（おまけに考えるのも）遅くて時宜を逸する自分が、めずらしくまともに反応した結果がもたらした好機であった。

毎回とはいかなかったものの、このあとはいくつかの例会に参加した。保管してあるレジュメには、伊藤順二さん、長井伸仁さん、中本真生子さん、姫岡とし子さん、三成美保さん、宮川剛さん、といった方々のお名前がある。自分自身も一九九九年九月の例会で発表させていただいた。アフター研究会にも参加した記憶があり、そのうちの一度は栗原眞人さんと京都駅までタクシーを飛ばして新幹線に飛び乗った。しかし、こうした直接に顔をあわせる関係は短くおわってしまう。

一九九七年一〇月に勤務校が変わり、週末に名古屋にもどる生活をしばらく送ったあと、九九年四月から本格的に静岡の生活がはじまった。静岡は東京と名古屋の中間点にある。自分で望んだこととはいえ、名古屋《ホーム》の研究会に出席するのも時間と手間がかかるようになり、京都《アウェイ》はいっそうのこと、物理的にも心理的にも遠くなってしまった。基本的にものぐさである。

長い別れ

院生のころにむさぼるように読んだ三冊の論集のみずみずしさが、近社研へのあこがれをかきたてつづけた。手作り感のあるハガキの例会通知から一斉送信の電子メールに変わっても、報告者のお名前とタイトルを見ると、誰それさんが、どこそこの地域の、いついつの時代の、あれこれのテーマをあつかっていると知れて、わくわくとした。二〇〇一年三月末からつくりはじめたウェブサイトに例会案内を登載したのは、参加したくても時間がままならない焦燥感も手伝っていた。ページの更新は二〇〇一年三月二四日の第一五七回（「新世紀最初の例会」）から〇五年三月二六日の第一九二回までつづいた（第一八八回だけが抜けている）。すなわち、世話人会が近社研をひきつぐ回までである。この間には、そして、このあとも今日まで、一度として例会への参加はできていない。

二〇一三年に京都大学で開かれた日本西洋史学会のおり、すれちがった谷川さんが例会通知を載せていたサイ

近代社会史研究会

第１２０回例会ご案内

冠省、第８１回例会より四年間にわたって事務局をお世話いただいた川島昭夫氏が、来月より在外研究でイギリスに発たれます。そのため、奈良女子大・谷川研が再びリリーフのマウンドに上がることになりました。球威の衰えは変化球の切れとコーナー・ワークで補っていきたいと思いますので、以前と変わらぬ打線の援護を、ぜひともよろしくお願いいたします。

なお、恒例のアフター研究会を川島氏の壮行会を兼ねて、下記の要領で行ないますのでそちらのほうも万障くりあわせてご参加いただければ幸いです。

とき　　**４月２６日（土）**　午後１時～６時

ところ　京都大学**楽友会館**　（東大路、近衛通り東入ル）

報告者とテーマ

金沢周作氏（京都大学・ＤＣ）
「近代イギリスとフィランスロピー（博愛主義）
ー人命救助の成立ー」

槙原　茂氏（島根大学）
「１９世紀後半フランスにおける民衆教育
ー「教育同盟」の運動を中心にー」

アフター研究会　６時３０分頃より、「ビストロ・めなみ」（木屋町御池下ル）にて
会費：院生・非定職者　３０００円／定職者４０００円程度

今後の予定　５月３１日（ナタリー・デーヴィス氏を囲むシンポジウムに参加）
６月２８日　定松　文氏、　松井良明氏
７月１２日　論集『近代ヨーロッパの犯罪と社会』（昭和堂、近刊）の合評会
（７月例会以降の発表者を募っています。）

追伸！

今年度（97年4月～98年3月）の会費１５００円を、同封の振込み用紙にてお願いします。
昨年度以前の分が未納入のかたは別紙を参照のうえ、合算してください。

名簿を改訂します。住所・所属などに変更のあった方は、下記までご連絡ください。

〒630 奈良市北魚屋西町、奈良女子大学文学部、谷川研究室（☎ 0742-20-3318）
FAX 0742-20-3319(比較歴史共同研)

(※) 院生（林田）にていねいな励ましをいただき有難うございました。名古屋の研究会にお誘いいただいたとのこと、よろしくお願いします。—谷川 稔

トのことを不意に口になさった。そのまま会話することもなく別れ、例会通知を受けとることもなくなっていた。近社研の最終回すら知らなかった。このエッセイのお誘いをうけていただいた感懐は、「誰にも知らせずにつくっていた個人のあんなウェブページを、ご存知の方がいたのか」であり、いたずらを見咎められた子どもの気分になった。

ＨＴＭＬで書いていたページをいまの自分のウェブサイトに移行してみた（http://www.kkurita.com/home/kenkyuu-to-shumi-no-rinku/kinshaken2001-2005）。フォントや画像やリンクは無効になったものもある。けれど、文面はそのままである。大切な情熱を思いだす便《よすが》にしたい。

（イギリス近代史　静岡県立大学教授）

12

東京と京都の狭間で

剣持久木

手もとの記録によれば、自分が近代社会史研究会で報告させて頂いたのは、一九九八年五月と二〇〇八年一〇月の二回である。また、関西フランス史研究会では、一九九八年一〇月と二〇〇六年七月の二回報告させて頂いている。一番最近の機会でもすでに一〇年が経過しているので、随分ご無沙汰してしまっていることになる。谷川先生の表現に従えば、「研究生活のほんのひと時の寄り道」にも満たないお付き合いで、寄稿者の資格もないかもしれないが、京都の研究会にお邪魔した時期の前半は名古屋に勤務していた時代、後半が静岡ということで、東京と京都の狭間に生きる者の独り言をお許しいただきたい。

名古屋時代

京都の研究会（近社研も関仏研も谷川先生の研究会というイメージだったので、まとめてこの表現を使うことをお許し願いたい）にお邪魔するようになったのは、一九九六年に名古屋の名城大学に勤務するようになってからである。名古屋から京都は、のぞみで三〇分あまりなので、学生時代に神奈川県の自宅から都心の大学で開催される研究会に参加するのと時間的には殆ど変わらない近さであった。とはいえ、時間的な近さがそのまま気持ちの上で身近になったかというと別問題であった。名古屋時代には、自分の研究発表の回以外にも京都の研究会に出席する機会はあったはずであるが、自分の記憶の中では、京都が常に遠かったという印象がある。言い換えれば、京都の研究会を身近に感じるには至らなかったということかもしれない。これは第一に私の研究者としての能力不足によって、京都の皆さんには認めてもらえなかったという認識に由来していると思われるが、それに加えて、京都の研究会文化の求心力の中には自分が入れなかったということだったということだろう。また、方法論的には、フランスファシズムの思想史研究という当時の自分の専門的関心と、(『記憶の場』以前の）社会史との間に一定の距離があった、ということもあるかもしれない。本書のタイトル、さらには拙編著のタイトル（『越境する歴史認識――ヨーロッパにおける公共史の試み』岩波書店、二〇一八年）に擬えれば、まさに「越境できなかった」歴史家ということになるだろうか。

静岡に移って

名古屋で七年間過ごした後、静岡に移ってからは、しばらく京都の研究会にご無沙汰するようになったのは地理的距離が遠のいたからばかりではなかったと思う。確かに地理的にも時間的にも距離は、もう一つの研究センターである東京に近づいたということもあるが、前述のように、京都の研究会文化の中には自分の居場所が見出せなかったことがそこにあったことは否めない。とはいえ、二〇〇八年頃から共立女子大学の西山暁義教授と立ち上げて現在に至っている、仏独共通歴史教科書を中心とする歴史認識共有の可能性を問う共同研究プロジェクトの関連では何度か京都の研究会を利用させて頂いたことには深く感謝している。さらに正直な事情としては、海外の研究者を招請する際には、日程に京都を組み込むと先方に喜ばれるということがあるのだが、これは言わずもがなであろうか。

東京では、修士課程の学生の頃から、現代史研究会に参加している。参加しているといっても、実際の月例会参加回数は、平均しても二年に一回くらいしか出ていないかもしれない。月例会で報告した回数も二回だけであり、京都での四回にも及ばない。ただし、コメンテーターに呼ばれたり、科研招請外国人研究者の講演会をタイアップしたことが何度かあるので、あたかも現代史研究会の常連のような錯覚をしているだけなのかもしれない。また、毎年刊行されている雑誌『現代史研究』にも実は二回しか寄稿したことがなく、それも学会参加記と書評が一回ずつだけである。それでも、京都の研究会に比べて身近で、しかも居心地がいいと感じていたのはなぜだろうか。これが在京の研究会全般の特徴ではないだろうが、現代史研究会には中心がない。毎年運営委員は交代して、雑誌の編集委員も定期的に交代している。京都の谷川先生のような存在がない、つまり求心力に乏しいのである。それでも（自分だけの感覚かもしれないが）居心地がいいと感じてきたのは何故だろうか。おそらく、毎回の月例会に参加する人たちが、（時々の常連はいるにせよ）基本的にみな他所者であるという共通点を持っているからではないだろうか。あるいは逆に、常に誰もが、その都度の研究会の中心にいると感じられるということもあったかもしれない。自分の感覚だけで京都と東京の研究会文化の違い、とまで述べるのは僭越であるが、一つだけ言えるのは、東京は他所者が集まる場所であり、他所者として研究会に参加することに違和感を感じることが京都より遥かに少ないということである。

もっとも現代史研究会も東大の関係者が中心だった草創期には、諸先生の中での派閥対立のようなものがあったことも仄聞しているが、少なくとも自分が関わったこの三〇年くらいの間で、（上智出身という）外様ゆえの居心地の悪さを経験した記憶はない。

このように書いたからといって、京都より東京の方が優れているなどと言うつもりは毛頭ない。むしろ、求心力のある京都であるからこそ、共同研究の優れた成果を次々にあげてこられたのであって、その点は東京は遥かに及ばない。最近こそ科研の大型プロジェクトが目白押しで、東京でも共同研究がなされる機会は少なくないかもしれないが、公的機関でも科研プロジェクトでもない、「手づくり研究会」が三〇年以上も続いたのは、京都の研究会文化、そしてその中心の谷川先生をはじめとする京都の研究者の皆さんの卓越した研究能力と結集力なのだと思う。

記憶の中の越境

個人的に残念なのは、最後までこの京都の研究会文化に入れなかったことであるが、それはひとえに自分の能力不足であったので他人のせいにはできない。そんな私だが、一度だけ少しは認めてもらえたと感じたことがある。確か二〇〇八年三月の日仏歴史学会総会の場だったと記憶しているが、出席者の一人だった谷川先生から講演者の喜安朗先生に、思いもかけずご紹介頂いた時である。私にとって喜安先生は、書物の著者としてしか存じ上げなかった、雲の上どころか大気圏外の存在であったが、それが谷川先生という、こちらも雲の上の存在の方にご紹介頂いたことにいたく恐縮したことを覚えている。この時期は、拙著『記憶の中のファシズム――火の十字団とフランス現代史』（講談社、二〇〇八年）を上梓した直後ということで、今から思えば、政治史に傾いていた自分のフランスファシズム研究に「記憶」というアプローチを取り入れたことが少しはお眼鏡にかなった部分があったのではと、密かに手前勝手な解釈もしている。

以上、「越境する歴史認識」を課題としながらも、自分自身が殆ど「越境」できなかったという反省を込めた雑文でお許し頂ければ幸いである。

（フランス現代史　静岡県立大学教授）

13　近代社会史研究会と東西カルチャーショック

山之内克子

近社研との出会い

近代社会史研究会、通称「近社研」にはじめて参加したのは、一九九九年秋のことであったと記憶している。この年の春に、千葉大学から神戸市外国語大学に赴任し、はじめての関西での生活をスタートさせていた。勤務校での仕事と日常の暮らしには間もなく馴染んだが、他方、長年、東京とその周辺の大学に学び、勤務した私にとって、研究上の議論と交流のベースとなるべき学会や研究会のつながりを新たに築くことが課題となっていた。そのきっかけを作るのに苦心する様子を見かねてか、同僚の指昭博先生が、「京都大学でとても面白い研究会があるので、行ってみませんか」とお声をかけてくださったのが、参加の契機となった。最初に訪れた月例会の会場は、改装前の楽友会館であった。赤い絨毯が敷かれた廊下をくぐり抜け、ステンドグラスを横目に古色ゆかしい胡桃材の手すりをつたって二階へと上がるうちに、大正時代の洋館建築がもつ重厚な雰囲気にただ圧倒されたことが、いまも忘れられない。

その後、おりに触れて例会に参加し、二〇〇一年から二〇〇三年にかけては、二度にわたって報告の機会に恵まれることになった。報告にあたっては、二度とも、前もって谷川稔先生が直接電話をかけてこられ、どのようなテーマを考えているのかを細かく訊ねられて、ヴィジョンについて丁寧に耳を傾けて下さった。当時はまだ若手で、関西の研究会ではほぼ「デビュタント」に近い状態だった私に、先生ご自身が報告を打診してこられたことに恐縮の念を抱くとともに、ルーティンで報告者を決定する会が多いなか、アウトプットすべき内容を抱えている研究者を探して発表の機会を提供しているという印象を強く抱き、改めて感嘆した。

ウィーンとパリ、都市描写の魅力

当時はちょうど、研究テーマを一九世紀から一八世紀へとシフトさせたばかりで、ハプスブルク君主国の首都ウィーンにおいて、匿名の、あるいはすでに忘れ去られた小作家らが認めた夥しい記述から、当時の都市生活のあり様を再現するという、仮説の積み上げに近いような作業に着手していた。研究史においてはとても主流とはなりえない、ニッチで特殊な研究テーマであることは、自分自身でも十分に認識していた。いまでこそ、若手を中心に多くの西洋史研究者が「文化」の領域を手がけ、歴史、文学、芸術学のボーダーを超越するようなすぐれた研究が積極的に展開されるようになったが、少なくとも二〇〇〇年以前の西洋史研究の世界では、「都市文化」や「文芸」、「芸術」といったテーマは、どちらかといえば鬼花的な存在で、珍しがられはしても、真剣な議論の対象となることはさほどなかったという印象がある。これはあるいは、日本の研究史において、オーストリアとウィーンが、当時政治的激動に揺れていた東欧圏との関連で扱われることが多かったせいもあるかもしれない。

二〇〇一年三月の近代社会史研究会での報告は、私にとって実質、関西に来て初めての研究発表であった。ヨハン・ペツルという文筆家による都市描写を史料として、ヨーゼフ二世下のウィーンで、啓蒙主義が具体的にどのようにして人びとの日常生活を変えていったのかを読み解く、という内容で、結局時間をオーバーして九〇分あまりの報告になったと思う。

あまりに個別的な主題であったため、最後まで気後れしながら話したが、報告後の質疑応答では、多くの先生がたから非常に有益な指摘や意見が寄せられた。とりわけ、フランス史の領域の人たちから、「都市描写」というカテゴリーに属しながら、ペツルの『スケッチ』とメルシエの『パリのタブロー』との間には本質的な相違があると繰り返し指摘されたことが、新たな比較の可能性として鮮やかに脳裏に焼きついた。深夜を過ぎての帰宅後、読了しないまま本棚の奥にしまいこんだ『タブロー』の岩波文庫版を引っ張り出し、未明まで読み耽ったことが、まるで昨日のことのように思われる。政治性もイデオロギーも含まない、「都市の生活文化」という切り口が、これほどまで深い質疑に発展したことが意外でもあり、多くの研究者と関心領域を共有できたことが、なにより嬉しく感じられた。

歴史研究作業の「ショーケース」

自分の報告のことを書き連ねたが、「近社研」の例会のなかには、いまも忘れられない報告やシンポジウムが数多くあったことは、言うまでもない。特に、二〇〇三年一一月、谷川先生を中心に日本語訳が完成されたピエール・ノラ『記憶の場』を記念するシンポジウムでは、原著者と翻訳者、コメンテーターによる活き活きとした歴史研究のワークショップを見るような、得がたいグルーヴ感に胸がときめく思いがした。その前後の月例会に、ドイツやオーストリアの「記憶」をめぐる松本彰氏、水野博子氏の報告が組まれたことも、参加者がひとつのストーリーに沿って歴史研究に対峙できるようにという、企画側の心憎い仕掛けをしみじみと感じさせるものであった。

時は流れ、時代は変遷する。歴史研究の方法論とスタンス、そして研究者のテーマへの取り組み方も、それとともに少しずつ変化するのは当然の経過だと思う。新しい時代の流れのなかで、三〇年以上続いたその歴史にあえて幕を閉じようとする選択も、ある意味ではこのきわめて自由な気風の研究会にふさわしいものと言えるのかもしれない。いま思うことは、その長い軌跡の後半期に、ご縁を得て、近代社会史研究会の雰囲気を実際に知り、体験することができた幸運である。

（オーストリア文化史　神戸市外国語大学教授）

14 長崎にて思うこと

正本　忍

京都の研究会文化

私が近代社会史研究会（以下、近社研）に初めて参加させていただいたのは、一九九六年のことです。一九九三年、留学先のフランス・パリで谷川稔先生と知り合う機会を得たのですが、九五年に帰国しますと、先生が関西フランス史研究会（以下、関仏研）と近社研に誘って下さったのです。

九州大学で学んでいた私は、それまで学会以外で出ていたのは、二宮宏之先生が主宰されていたフランス国制史研究会だけでした。帰国した年の四月に幸運にも長崎大学教養部に職を得ていた私は、初めての土地で新たな研究態勢を整えようとしていましたし、その頃はまだ留学先に学位論文を出そう（出せる）と本気で考えていました。そこに、古都・京都で開かれる二つの研究会を紹介していただいたわけですから、とても感激したことを覚えています。東西の学問の都で研究会に出られる。九州から出たことのないまま留学した私には、それは実に素直な喜びでした。当時はまだメールのない時代でしたから、谷川先生から直接お誘いいただいたのは、その年の五月、山口大学で開催された西洋史学会の時だったと思います。

関仏研には一九九五年の一〇月から出席させていただきました。近社研では一九九六年七月、第一一四回例会に報告させていただきました。相方はイタリア現代政治史の村上信一郎先生で、剣持久木さんや平野千果子さんもお見えでした。どちらの研究会も活発で自由な議論と雰囲気にとても刺激を受けました。こういう場所で学問というのは育っていくんだな、と感動しました。近社研の場合、特に参加者の多様性に驚きました。フランス史以外の研究者が多く集まる研究会に出たのは、それが初めてだったからです。

その後、関仏研には現在に至るまで、年に二回ほどのペースで参加していますが、近社研には九七年七月の第一二三回例会（姫岡とし子先生＋松塚俊三先生の御報告）を最後に、二〇一七年六月の第二六三回例会（カトリーヌ・ドニ先生の御報告）に参加するまで、申し訳ないことに、二〇年間も欠席することになってしまいました。とくに一二三回例会は、和田光司さん、高橋暁生さんをはじめ三〇人以上が集った盛会だったにもかかわらず、以後、足が遠のきました。

地方国立大学の窮状

二つの研究会への参加にこのような違いが生じた理由は、主に二つあります。この本にエッセーを寄せる方々の多くは、近社研の学術的な意義や知的な思い出を書かれるでしょうが、三、四回しか参加していない私にはそのような資格はありません。ただ、他に書けることもありませんし、この二つの理由のいずれもが地方に住む研究者が抱える問題であると同時に、運悪くポストに恵まれない中堅若手研究者が抱える問題でもありますから、敢えて書くことに致します。

まず、費用の問題です。福岡で開催される場合を除き、ここ長崎から学会や研究会に出るためには、前泊・後泊が必要になります。一九九五年、特急と新幹線を乗り継いで京都の研究会に出た時、京都駅に着いた時点でかなり疲れてしまいました。会の当日、飛行機で上洛したこともありましたが、始発の飛行機に乗るためには、朝五時に起き、六時過ぎのバスに乗らなければなりませんでした。これも、大変疲れました。頭が疲れた状態でせっかくの研究会に出るのは非常にもったいないですし、報告者や主宰者にも失礼ですから、私の出張は、特別な事情（その多くは予算不足か会議です）がない限り、前泊・後泊つきです。ですから、航空運賃に加え、二泊分の宿泊費がかかることになります。

ご存じのように、大学の研究費はどんどん削られています。私の研究費は赴任したばかりの教養部時代が最高で、一九九五年当時、四五万くらいの研究費に七〜八万の出張旅費がついていたと記憶しています。それからどんどん下がり続け、二〇〇〇年代の初め頃にはすべて込みで二〇万程度になり、今年度、初めて二〇万円を切りました。これで出張、書籍、備品、コピー、通信などすべてを賄うわけですから、出張先は選ばざるを得ません。出たい学会・研究会に出るのではなく、出られる学会・研究会にだけ出ることになります。

お金の話なんて、みっともないと思います。私もかつては研究にお金をかけることを惜しみませんでしたし、就職して数年間は夏のボーナスはすべて夏休みにフランスで研究することにつぎ込んでいました。でも、私の場合、給料を研究に使えるのは子どもができるまで。給料はいっこうに増えませんし、子どもができてからは、「家の金はいっさい研究に持ち出すな」が鉄則になってしまいました。以後、科研費が採択されるかどうかで、すべてが決まるようになりました。フランス行きはもちろん、国内出張も同じです。地方に住んでいる研究者は、恐らく誰でもそれなりの「覚悟」をして出張に行くのです。

もう一つ、大学に拡がる業績主義の問題もあります。今の大学は改組に次ぐ改組で、そのつど資格審査があり、常に多くの業績が求められます。教員は、研究の実態に関わりなく、常に論文を生み出し続けなければなりません。外部審査の導入で客観性は担保されたのでしょうが、内部の事情は考慮されなくなってしまいました。学位、単著、過去五年間の論文数（可能な限り査読付き専門誌に掲載されたもの）。これによって、昇進、昇給が決まります。在籍年数は関係ありません。学位と単著のない教員は、少なくとも外部審査が入る時は、私がそうであるように、戦力ではなくお荷物です。学内のことだけならまだしも、過去五年間の業績は、科研費の申請にも重要になってきます。

要するに、家族を養いつつ研究を続けるために、ブロイラーの鶏のように論文を生み出し続けなければならないわけです。そういった状況に置かれると、より長期的な展望やより広い関心を持つより、目先の論文執筆に役立つかどうか、という短絡的で狭い発想になってしまいます。情けないことですが、私の場合、どうにもならない現実でした。

このような言い訳を書き連ねているからといって、私が関仏研と比べて近社研を低く見ていたとか、意図的に避けていたとかいうことは、全くありません。

私は九州大学文学部の出身ですが、ここの西洋史は旧帝大の西洋史の中で唯一、一講座しかなく、私の在籍時、主任教授がフランス中世史、助教授がドイツ現代史、教養部からの学内非常勤が古代ローマ史とフランス近世史という構成でした。その後しばらくしてドイツ史の先生が去り、フランス史三名、ローマ史一名という編成に変わりました。院生も学部生も基本的にこの四領域を学んでいましたから、その他の地域や時代に目を向けることはあまりなかったのです。また、大学院生も多くはありませんでした。博士課程まで進学した直近の先輩は、五学年上です。先輩たちは議論の相手というより指導者でした。さらに、福岡の場合、全国学会の運営や学会誌の編集を手伝う中で、様々な領域の若手研究者と交流するような機会もありませんでした。おまけに、就職してからは、職場で同僚教員と歴史学の話をすることはほとんど皆無です。

ですから、私にとって、近社研のような「学際的かつ大学横断的な『オープン・フォーラム』」、「『学際的で超領域的な＝越境する』歴史学」を作り出す場に参加することは、学問的な刺激である以上に、自分が歴史家、研究者であることを再認識させてくれる機会であり、恩恵でもありました。でも、それは得たいと思って得られるものでは決してありませんでした。「越境する」ことを夢見るより、まずは近世フランスを「深掘り」すること、そこに集中せざるをえなかったのです。

（フランス近世史　長崎大学教授）

15 記憶のなかの近社研

林田敏子

私が近代社会史研究会（以下、近社研）に初めて出席したのは、学部四回生のときだったと記憶している。「公式」の記録とは齟齬もあろうが、これも一人の人間の「記憶」のありようを示すもの、あえて確認はしないでおく。当時、社会史研究は「流行り」をやや過ぎた頃で、近社研の研究成果がおさめられた四冊の論集のうち、三冊はすでに出版されていた。社会史の看板を掲げる近社研は、社会史批判には敏感で、その意義や課題についての議論が重ねられていたようにも思うが、それまで研究の対象とされることがなかった事象、とりわけ社会のマージナルな部分に目を向けることが、それなりの意義をもって受けとめられていた時代であった。

歴史研究との出会い

私が定期的に研究会に出席していたのは一九九〇年代から二〇〇〇年代にかけての一〇年ほどで、第一線で活躍する研究者の報告に触れる数多くの機会を得た。本でなじみのあった名のある先生方を直に見たときの興奮はもちろん、研究会に通いはじめた頃に聴いたいくつかの報告は、その内容も含めてよく覚えている。森本真美先生の「ギャロッティング・パニック再考」はとりわけインパクトが強く、そのとき抱いた「憧れ」とともに、今でも鮮明な記憶のなかにある（どうしても「再考」の二文字を論文のタイトルに入れたくて、数年後に実行してしまったほどである）。近社研ではじめて発表の機会を与えてもらったのは、修士論文を書いていた頃であった。それまで「聴く側」であった人間が、「話す側」に立たなくてはならなくなったときの緊張感、コメントの内容はもちろん、拙いレジュメに書き込みをする出席者の様子や、机の配置、窓の外の景色までもが脳裏に焼きついている。その後も、学会発表や博論執筆など、研究の節目ごとに発表の機会を与えていただき、さまざまな角度から有益な助言を賜った。

当時、奈良女子大学に勤めておられた谷川稔先生の研究室に事務局がおかれていたこともあり、数年間は会計や案内状発送のお手伝いもした。研究会で私の顔を見ると会費のことを思い出す人がいたらしく、「林田さん、私、会費払ってる？」と何度聞かれたかわからない。そうしたやりとりを通して名前と顔を覚えていただいた面もあるだろう。ただ、正直に告白すると、院生の頃、純粋な探究心からというより、（強制されたことはもちろんないが）半ば義務的に研究会に出席していた時期があったのも事実である。とくに学位論文を準備しているときなどは、「とことん狭い世界に閉じこもりたい欲求」との葛藤があった。しかし、今、振り返ってみると、自分の関心から少し離れた国やテーマの発表ほど新鮮で、学ぶところも多かったように思う。また、その後、教員になり、自分のテリトリーのなかだけで講義をしたり、ゼミ指導をおこなったりするわけにはいかなくなったとき、研究会で聞きかじった話が大いに役に立ったことは言うまでもない。

近社研とは何だったのか

最近は、研究会として「成果」を上げることを第一義とはしない「伝統的な」研究会よりも、科研で立ち上げられた研究会や、本の出版という明確なゴールをもった研究会が増えているように思う。目的がはっきりした、期限つきの研究会であればあるほど「生産性」は高いし、領域横断的な研究など、思い切った試みに挑戦できるという利点もある。こうした研究会と違って近社研は、もう少し長い時間のなかに身をおき、社会や学界の動きを感じながら議論を重ね、会としての性格も少しずつ変化していったところに「良さ」があったように思う。関心を異にする研究者が集うからこそ、思わぬ論点が浮かび上がることもあるし、共通のテーマなどないからこそ、議論に広がりが出る。ときに議論は平行線をたどることもあるが、それはそれで、自分がとらわれてきた「常識」に気づき、それを相対化する機会にもなる。私が出席していた頃の近社研では、発表者の問いそのものが問題視され、討論を通して、さまざまな方向性が探られることがあった。これもさまざまな国や地域、異なる時代（当初から、近社研の発表者は「近代」に限定されていなかったように思う）の研究者が集っていたがゆえであろう。研究会での発表・討論を経て活字化された論文を読んで、研究が「形になる」過程を学ばせていただいたこともあった。

私にとっての近社研のイメージはというと、一〇年前から「凍結」されたままである。育児と転居を機に、最後の一〇年ほどは研究会から遠ざかっていたためである。解散前の最後の研究会にも参加することができなかったし、近社研の受け皿となった（あるいはまったく新しい研究会といったほうがいいのかもしれないが）京都歴史学工房にも未だに出席できていない。そのためだろうか、近社研が「なくなった」という実感が今ひとつない。京都歴史学工房には大勢の研究者が出席していると聞くが、谷川先生を中心に二〇人ほどが集う近社研が、一〇年前と変わらぬ場所で続けられているような感覚が今もある。

私にとって、近社研の意味は時とともに変化してきた。院生時代の私にとって近社研は、果てしなく続く、それこそ、いつ離陸できるかわからない長い滑走路のようなものであった。職を得てからは、いくつかある研究活動の拠点となった。そして今、近社研を通して知り合った研究者とのつながりが、研究会というものになかなか足を運べない私の「命綱」となっている。「社会史」という言葉は古くなってしまったかもしれないが、逆に社会史的な要素をもたない歴史研究はないといっていいほど、「あたりまえの手法」として定着したともいえる。そういう意味で使命を終えた近社研は、研究を生み出す場から、社会史研究の検証の場へ、いわば「研究される対象」へと変化した。私のなかでの近社研の意味や位置づけも、今後、変わっていくかもしれない。近社研がなくなっても私が研究を続けるかぎり、そこは私にとって研究活動の「源」であり続けるだろう。

（イギリス近現代史　摂南大学教授）

16　近社研との出会いを振り返って

中本真生子

出会い

私と「社会史」との出会いは、一九八〇年代後半、立命館大学の学園祭の講演会でした。まず一年目に「社会史は終わった」、その翌年に「社会史は終わらない」と、「社会史」の意義をめぐって熱い議論が交されたのです。前者は川北稔先生、後者は谷川稔先生による講演でした。まだ右も左もわからない学部の学生でしたが、特に二つ目の講演（「一つ目だけでは不十分だ」、という声があり、私も企画に関わりました）を聞いた時、これは非常に大きなものを賭けた議論なのだ、と緊張と興奮を感じたことを覚えています。この時はまだ近代社会史研究会の存在を知らず、自分が大学院に進むことすら想像していませんでしたが、この講演会に関わったことが、私の原点となりました。

憧れ

大学卒業後は一度就職し、数年後大学院に戻った時は興味の方向が国際関係学に向いていた私にとって、社会史との二度目の出会いは、『規範としての文化』でした。冷戦終結とともに噴出した民族紛争に衝撃を受けて、国際関係学研究科に進学したのですが、『規範としての文化』によって、再び歴史の世界に引き戻されたのです。「文化統合」という視点からナショナリズムの問題を捉え直すきっかけとなっただけでなく、教育をはじめジェンダー、スポーツ、移民等の多様なテーマに、社会史の魅力を再確認しました。今読み返しても、「規範」というキーワードのもとで様々な場、対象を自由に論じたこの論文集の力強さには驚かされます。また、この本の序で「近代社会史研究会」を知ったのですが、当時の私は参加するきっかけを持たず、西洋史専攻の先輩が参加していることを知って、羨ましい思いでおりました。まだ将来に対してぼんやりとした展望しか持っていなかった修士時代の私にとって、「近社研」は「研究者への道」を示す憧れの場だったと言えます。

デビュー

そして修士課程修了後、縁あって奈良女子大学の博士課程に進み、谷川稔先生の下で学ぶことになりました。そして一九九五年三月末、期待と緊張のないまぜになった心地で近社研に初参加、渡辺和行先生のアルザスに関するご報告でした。この時はまだ博士課程での研究テーマは固まっていなかったのですが、修士論文でフランスとドイツのネイション形成を比較していたことから、谷川先生に「アルザスはどうですか?」と提案され、さらに渡辺先生のご報告に強く興味を惹かれたことが、その後の私の研究テーマを決定しました。

この日を皮切りに、毎月近社研に参加することになりました。著書や論文でお名前のみ存じ上げていた先生方のご報告を直に聞くこと、また他大学の院生の報告を聞くこと、ともに興味深い経験でした。国ごとに別れた研究会にはない刺激と緊張感がそこにはありました。それだけに、近社研での最初の報告はひどく緊張しました。それこそ「どこから矢が飛んでくるかわからない」怖さと言うか……その後何回も報告させていただき、鋭い指摘や批判に凹むことも度々でしたが、それ以上に得るものが多くありました。本当に、よく鍛えていただきました。

その一方で、奈良女子大学の院生にとっての近社研は、事務局があったことから、他大学院の院生にとってより「重い」性格を持っていたことも記しておきたいと思います。近社研はいわば院ゼミに準じるものとして、積極的参加が奨励されました。「できるだけ質問を心掛けるよう」と発破をかけられ、「アフターの飲み会も研究会の一部（もしかしたら研究会より大事！）」の名言も。メールが一般化する前の例会案内送付作業（案内状を三つ折りにしたり、宛名シールを葉書や封筒に張り付けたり……）、院生が集まってわいわいとしゃべりながら進めたそんな作業も、懐かしい思い出です。

社会史と国民国家論のはざまで

また、研究会からは少し離れますが、「国民国家論（国民国家批判）」と社会史との微妙な関係について悩んだことも思い出されます。修士時代に故西川長夫先生から学び、両方から大きな影響を受けた当時の私にとっては、自分の中では問題なく同居している研究手法、理論に対して、西洋史の中では微妙にズレや違和感が生じる原因がなかなかわからず、頭を抱えることも多かったです。その疑問が解消されたのは、故二宮宏之先生が京都に来られた時にふと漏らされた一言によってでした。もう昔のことなので、正確ではないかもしれませんが、「国民国家論は面白いと思うが、せっかくフーコーが〈権力の遍在〉を示したのに、それをまた国家に収斂させてしまうところが問題だと思う」。この言葉がすとんと私の中に落ちました（この点については、サイードが『文化と帝国主義』の中で「フーコーは政治からそれ、政治をまった顧みなくなってしまった」と述べているのも興味深いですが）。

こうして書き連ねていくと、次から次へと思い出されて、本当にきりがありません。ただ今、改めて強く思うのは、国民国家論や帝国史、グローバルヒストリーの中に、あるいは「記憶」の歴史の中に、社会史が提示した視座、志向が脈々と受け継がれていることです。まだまだ書き足りないこともありますが、既に規定の文字数をオーバーしておりますので、最後に、こうして初心に立ち返る機会を持てたことに感謝しながら、筆を擱きたいと思います。

（フランス近現代史　立命館大学准教授）

17

「近代」でもなく、「社会史」でもなく

藤内哲也

一九九八年のレジュメ

「近世ヴェネツィアの権力構造」と題した、一九九八年六月二七日の日付のある近社研の発表レジュメが手元にある。九八年といえば博士後期課程三年次に在籍中で、ほんのひと月前には、福岡大学で開催された日本西洋史学会第四八回大会で「近世ヴェネツィアの貴族階級における新家系の成立――「社会的上昇」の観点から」という口頭発表を行ったばかりであった。そんな時期に近社研で発

表したのは、研究会の参加者はおそらく学会発表を聞いていないからと、あらためて機会を与えられたためだろう。このときの発表は、西洋史学会での報告に加えて、ちょうど印刷中だった論文の内容を組み合わせたもので、その時点での課程博士論文の構想を披歴したものであった。

手元のレジュメは保存用らしく、メモ等を書き込んでいないので、幸か不幸か、参加者からの質問やコメントについては不明だが、おそらく厳しくも有意義なご意見をたくさん頂戴したにちがいない。とはいえ、内容の拙さもさることながら、「近代」とも「社会史」とも言い難い——しかも、狭義の「近代」を前に国家としては消滅してしまうヴェネツィアを対象とした——発表は、若干の戸惑いをもって受け止められたのではないだろうか。そして、正直に告白すれば、すでに四年以上も在籍していながら、自分の研究の方法論に対する不安や迷いを抱いていた筆者には、「近代」と「社会史」を謳う研究会に所属していることに、どこか肩身の狭い思いを感じてもいた。なるほど、このときの発表にも、あるいは二〇〇二年に提出した同じタイトルの課程博士論文にも、ヴェネツィアの貴族や官僚のプロソポグラフィー的な分析や社会的上昇のプロセスへの関心など、社会史的な手法や視点が垣間見えるし、かつては「初期近代」などと訳されることが多かった「近世」——あえてこの用語を使用したことは、ささやかな自己主張であった——が、広義の「近代」に含まれることはいうまでもない。しかも、学部生時代から一貫して近代史ゼミに所属し、中世からの連続性よりも近代への道筋に関心を持っていた筆者には、近社研への参加は当然の選択であった。けれども、時代も地域もテーマも微妙にずれ、社会史的な概念や術語を使用することにためらいを感じて、自分の研究手法に自信が持てなかった身には、「近代」「社会史」の王道を行く他の参加者の活躍は一段とまぶしく感じられた。

ところが、である。

社会史への転向？

二〇〇三年四月に鹿児島に赴任し、課程博士論文をもとに『近世ヴェネツィアの権力と社会——「平穏なる共和国」の虚像と実像』（昭和堂、二〇〇五年）を刊行した頃から、他のテーマにも目を向ける余裕がうまれ、仕事の幅も少しずつ広がってきた。その端緒は、京都時代の非常勤先のテキストとして企画された『ヨーロッパの祭りたち』（明石書店、二〇〇三年）への寄稿である。さらに、昭和堂からイタリア史に関する本の提案があり、イタリア都市史研究に導いてくれた先輩方の成果を集める一般書を企画した。齊藤寛海先生と山辺規子先生に共同編集をお願いして、二〇〇八年に刊行されたその本のタイトルは『イタリア都市社会史入門――一二世紀から一六世紀まで』である。そのなかでは、序論で社会史的な視点に基づくイタリア都市史研究の意義を述べ、本論では先の「祭り」の論考を発展させて、都市の祝祭とその基盤をなす都市民の多様なソシアビリテについて論じた。なかには、「社会史」を冠した書名に違和感を持った執筆者もいたにちがいない。けれども、自分にはなぜかそれ以外のタイトルは思いつかなかったのである。

さらに、鹿児島着任後に本格的に勉強を始めたのは、ヴェネツィアを中心とする近世イタリアのユダヤ人とゲットーの問題である。研究テーマが変わったと言われることも少なくないが、ヴェネツィアの権力構造や社会動態に関する研究において看取された身分やステイタスの厳格化の文脈に、ユダヤ人をはじめとしたマイノリティを位置づけてみたいと考えた結果であった。ヴェネツィアでは、一五一六年にイタリアで最初の強制的、隔離的なユダヤ人居住区が設定されたが、実は「ゲットー」の語源はこのヴェネツィアのユダヤ人居住区にあるらしい。こうした成果は、勤務先でのシンポジウムから発展した『クロスボーダーの地域学』（共編著、南方新社、二〇一一年）収載の「ヴェネツィアにおける外来者とマイノリティ――都市社会のなかのボーダー」や、イタリアの通史とテーマ史をより合わせた編著『はじめて学ぶイタリアの歴史と文化』（ミネルヴァ書房、二〇一六年）に寄せた「「ゲットー」の時代」のユダヤ人」などに結実したが、祝祭やソシアビリテにせよ、あるいは社会を分断する多様な境界線《ボーダー》やユダヤ人のようなマイノリティにせよ、いつのまにか紛れもない「社会史」的なテーマに取り組んでいたわけである。

なにも明確な「社会史」志向があったわけではない。また、同僚に近現代史の専門家がいるために、勤務先ではおもに前近代史を担当し、あいかわらず「近代」でもない。けれども、無意識のうちにこうしたテーマを選択しているのは、やはり近社研の影響にちがいない。そしてもう一つ、近社研の先生方から学んだこと――こちらは明確に意識していること――は、歴史研究における「語り」の重要性である。「近代」でも「社会史」でもなかった大学院生にとってさえ、末席から拝聴した近社研での発表や、それを基にした論考は、いつも知的な刺激に満ち溢れていた。社会史の意義として、ともすればテーマや史料等の多様性が強調されるが、その面白さを伝えるためには、なによりも魅力的な「語り」が欠かせないことを学んだのが近社研であった。それを実践できているかどうかははなはだ心許ないが、まがりなりにもこうして研究者の道を歩いているのは、周縁的な存在にすぎなかった参加者にさえ、かくも大きな影響を与えてくれた近社研のおかげである。

（イタリア中近世史　鹿児島大学教授）

18　普通の会員として

竹中幸史

私が近代社会史研究会に足しげく通ったのは大学院生の頃と就職してしばらくの間、一〇年ほどである。とはいえ、私は関西フランス史研究会と日本史の研究会にも出ていたし、名古屋で就職してからは、京都に毎月帰るというのもなかなか難しくなった。研究会の出した論文集にも関わっていないし、事務局を担当してもいない。関心のあるテーマを中心によく出席し、たまに休む、そんな普通の会員だった。それゆえ近社研の逸話や当時語りえなかった真実の類は書けない。自己の近業というほどのものもない。ここでは自身の二回の研究報告について思い出を記すことにする。

実は、私が研究会や学会と呼ばれる場において初めて発表したのは、近社研の例会だった。平成七年、修士二回生の秋のことである。夏の終わりに事務局から報告の依頼があって、修士論文執筆前に先生方の意見をいただくつもりで準備した。報告に先立つ一〇月に谷川先生から少し発破をかけられたというか、挑発的な物言いをされたので、若き日の私は「見てろ、一発食らわしてやる」などと不遜極まりない調子でレジュメを作成したことを覚えている。

当日の報告はどうだったか。ルアンの政治結社の活動に関する実証研究だったが、公共圏をめぐる議論はまだ前面に出していなかったし、後に二つの論文に分けて発表したくらいだから、いささか焦点がぼやけていたと思う。脳裏に浮かぶのは、楽友会館の薄暗い照明、谷口先生と川島先生、中本さんら数名の方からいただいたコメント、そして報告を終えた後の谷川先生の言葉だ。

「まずまず、できているのではないか。貴重なフランス近代史、頑張ってください」。論文提出まで二ヶ月弱。これで自信がついたとはとても言えないが、光明は見えたと感じた。コメントされた先生方の多くは、あの日のことを忘れているだろう。しかし声をかけられたほうは意外に覚えているものなのである。

次に近社研で報告したのは、平成一〇年の春だった。五月に西洋史学会で話すリハーサルとして機会を与えられたのである。今度の研究テーマはルアンにおける革命祭典だった。ところが、その頃、私はこのテーマにあまり関心を持っていなかった。西洋史学会において新しいテーマで何か報告しなければいけないとなった時、手元にあった史料が革命祭典関連とブルジョワの日記であったので、これらを読むほかなかったのである。オズーフや立川先生のような記号論的な分析は到底できなかったから、ヴォヴェルによる祭典の分析を基にして、祭典という「かたちのないソシアビリテ」と、政治結社という「かたちのあるソシアビリテ」がどう重なりあうか手探りでまとめた。西川長夫先生から、国民「統合」が打ち出されたジャコバン独裁期の祭典から「排除」されてゆく存在は何かと質問されて口ごもり、谷川先生から助け舟が出されたことを覚えている。結局、うまく答えた記憶がない。西洋史学会のさいにも前日の夜まで原稿を直していたが、やはり熱意をもって話せたとはいいがたい。

それでも私は平気であった。自分が関心を持っていないテーマなのだから話していて説得力がないだろうし、聴衆も面白いわけがない、このテーマでは論文を書けない、次に書くとしたらテルミドール後のルアンの政治情勢かななどと、半ば投げやりだったのである。ところが、しばらくして杉本先生とのあいだで、革命祭典の話になった。「竹中くん、今はルアンの祭りの論文を書いているの?」「いや、あれはお蔵入りです。第一、面白くないでしょう?」「そんなことないんじゃない? 僕は、あの報告、すごく好きだったけどなぁ。」こう言われても私は半信半疑だったが、不勉強な自分がこの研究対象の魅力と可能性に気づいていないだけかもしれないと思い直し、もう少し読書を続けることにした。このときの先生のご助言がなかったら、拙著は生まれていなかっただろう。

近社研における私について考えたときに思い浮かんだのは、自身を前進させた二回の発表だった。それでも書き連ねているうちに、断片的に記憶は蘇ってくる。印象深かった報告の数々、藤内くんと連れ立って歩いた東大路通の様子、懇親会。いつぞやの忘年会で「豆水楼」に行ったが、それ以後、私は大事な友人をもてなすさいに、町屋の造りを残すその名店を使うようになった。個人的に「舟入」に連れて行ってもらったこともあった。酔いがまわって渇いた喉に蕎麦の冷たさがすべりこみ、ほのかな香りが立った。

木屋町でも祇園でも、今はないお店も多くなった。私たちの研究会が変わるように、私たちの集う場も変わり、いつしか消えてゆく。そもそも京都の街並みや雰囲気もずいぶんと変わったのだ。あらゆる集いはメンバーが入れ替わり、営みの内容も、場所も、目的さえもかわってゆく。私たちの思い出もまた違ったように記憶される。意味を広くとれば、これもソシアビリテの変容だろう。

私のささやかな思い出は、とても精勤とは言えない、ごくありふれた元大学院生がどんなことを考えていたか、それだけのことである。近社研の後継たる新しい研究会には、それぞれがそれぞれの思いで参加しているだろう。もう少し落ち着いたら、顔を出したいと思う。今度も普通の会員として。

（フランス近代史　山口大学教授）

19 アイデンティティ醸成の場

堀内隆行

わたしのもとに本稿の執筆依頼が来たのは、二〇〇一年から〇四年まで研究会の事務局補佐をしていたためだろう。だが、記憶にはあいまいな部分が多く、谷川先生のご教示も得て確かになったところは次の通りである。補佐を引き継いだタイミングは林田敏子さんの就職に加え、佐久間大介とわたしの博士後期進学だった。林田さんの分掌は会計で、その後任はわたしだった。佐久間は、名簿管理の久保利永子さんの後を継いだ。当時は、福嶋千穂さんも新設の会計監査をされていた。また、佐久間とわたしが留学した後は梶さやかさん、菊池信彦さん、島田勇人さんらが引き継いでくれたが、梶さんはそれより前から手伝っていたかもしれない。

研究会事務の記憶

なお、仕事の内容で特に印象深いのは例会案内と会費請求の発送作業である。当時、会員は約二〇〇名で、通信手段は主として郵便だった。そこで、補佐らが毎月谷川研究室に集まり、宛名シール貼りや封入をしていた。ただ、二〇〇〇年代初頭はメールへの移行期でもあったので、発送の負担は少しずつ減っていったようである。さらに、事務局の業務ではないが、例会後に懇親会の店をおさえ、懇親会終了時には割り勘の計算をするのも重要な仕事だった。

先に述べたように、わたしの研究会事務の記憶にはあいまいなところが多かった。これは、手元に記録がなかったせいでもある。他方、会そのものについては大型ファイル約七冊分のレジュメを残している。だが、今回改めて全部に目を通したものの、それらをもとに何かを書くのは、さまざまな意味で手に余ることを痛感させられた。以下では、ファイルを見なくても思い出せたことに対象を絞りたい。

近社研とわたし

わたしが初めて近社研へ行ったのは四回生の一九九八年四月、先輩の竹中幸史さんが発表された会である。おそらく、谷川先生がゼミでアナウンスされたのだろう。ルアンの革命祭典に関する竹中さんの発表は、西洋史学会のプレ報告で、後輩にとってはまさにお手本となるような内容だった。だが、どれほど優れた報告でも粗探しをするのは研究会の常である。それが教育というものなのかもしれない。しかしそうした中にあって、ある先生が、優れた点を素直に評価するような発言をされた。その清新さは今なお強く印象に残っている。

ところで四回生の四月と言えば、わたしはまだ、卒論のテーマをイギリスにするか南アフリカにするかで迷っていた。そもそも、大学に入学した時点では哲学か社会学をしようと思っていた。それがサイードの『オリエンタリズム』を読み、また西洋史に「帝国意識」研究があることを知って志望を変えた。だが次第に、ヨーロッパをフィールドとした帝国意識研究の平板さに気づくようになり、人種関係が複雑な南アフリカの白人の問題にシフトした。もともと、朝鮮や「満州」の日本人に関心があったことも大きかったかもしれない。

谷川ゼミや近社研は、このシフト自体というよりも「深化」に多大な影響を及ぼした。当時、京大西洋史の院生の七、八割は古代史、中世史だった。一方、イギリス史の研究会では発表の多くがヴィクトリア朝社会史、もしくは経済史ベースの帝国史で、そのころのわたしには縁遠く感じられた。これに対し、谷川ゼミや近社研ではナショナリズム論や記憶の問題を学び、帝国意識一辺倒を脱するきっかけが与えられた。ちょうど世界史リブレットの『国民国家とナショナリズム』が出版され、ノラの『記憶の場』の翻訳が進んだ時期でもあった。特に近社研では『記憶の場』関係の報告を聞く機会が多かった。そうした個人的経験に照らしても、国別研究会を越境した、という近社研の意義づけは正しい。ただし以前はともかく、わたしが通っていたころ、西洋の枠を越える報告は少なかったように思う。イギリス帝国を除けば、真鍋祐子先生のコリアン・スタディーズと菅谷成子先生のフィリピン史くらいではなかったか。

わたしの留学中、谷川先生は京大を退職され、近社研は、複数の世話人が共同で運営する第二期に入った。それでも、帰国後少しの間は京都にもいたので通った。だが、二〇〇九年に新潟で就職すると次第に疎遠になり、代わって、地理的に近い東京の研究会へ行くことが増えた。このパターンは、一四年に金沢に異動してもあまり変わらなかった。近況としては、南アフリカの白人から「混血」へと移った関心に一つの区切りが付けられた。他方で法学、政治学、社会学、東洋史、エリア・スタディーズなどの研究者と越境的に交流することにより、新たなテーマにも目を開かれた。しかし、西洋史の人間でなくなるわけではない。越境的交流にしても「西洋史のわたし」が前提となるからだ。そうしたアイデンティティは出身大学院やイギリス史の研究会とともに、近社研によって作られてきたのだと思う。

（南アフリカ史・イギリス帝国史　金沢大学准教授）

20 近社研と私——外大から外大への途上でのこと

福嶋千穂

二〇一八年の夏、チェコ、スロヴァキア、オーストリアを駆け足で巡る機会にめぐまれた。かつてハプスブルク君主国のもとにあったこれらの国々の随所に残る立派な修道院が観光資源として一般に公開されているが、それらが啓蒙期以降いかにして淘汰の危機を乗り越えてきたかに各地のガイドは必ず言及した。ヨーゼフ二世のリストラ対象となった各修道院は、国や社会にとって「役に立つか、立たないか」を判断基準にふるいにかけられた。西洋史を学ぶ者にとってこの手の話は、前々から馴染み深いものであったが、日本の（日本には限らないが）大学を取り巻く情勢との類似に思い至り、旅の中でも一際強く印象に残った。自らに対する要請をいち早く察知しそれに機敏に応じる才覚が研究者に求められる資質の中に大きな比重を占める昨今の厳しい状況に対し、愚痴を吐く日々を送っているが、昔の人びとも同じような修羅場をかいくぐってきたことに改めて気づかされる。

話は変わって、私が近社研に入会したのは前世紀が終わりに近づく頃のこと、京都大学の西洋史研究室で修士課程二年次に進んだ春のことであったと記憶している。大阪外国語大学でロシア語を専攻した私は、京都大学大学院に進学していよいよ西洋史学の領域に足を踏み入れた（近社研について思い出そうとすると、京大の西洋史研究室、なかでもゼミ生のほとんどが近社研メンバーでもあった近代史ゼミのことが一緒に思い出される）。

院生となってからは、特に修士課程の間は、近世のルテニア地域（ポーランド・リトアニア連合国の東部領域。現在のウクライナとベラルーシに概ね相当）を研究テーマとすることについて、しばしば追及（？）を受けたものである。研究者を志望する以上、一生付き合うことになりかねないテーマとなれば、「面白いから」という直観に頼っての選択では済むはずもなく、そのテーマが時間と労力をつぎ込むだけの価値があるということを言葉で説明できなくてはならないが、自分の研究計画・研究内容について明解に説明することにすら、私は難儀していた。

当時、京阪神で定期開催されていたポーランド史研究会やロシア・東欧研究会にも参加していたが、これらの場所では説明不足があっても聞き手の予備知識によって補ってもらえた。ひるがえって、対象を特定の地域に限定しない大学院のゼミや近社研では、私は訥弁で聞き手をぽかんとさせることが多かったかと思う。日本の西洋史研究の中ではマイナーな地域を専門とすることをあたかもハンディであるかのように、当時の私はややもすると被害妄想的に感じていたものだが、この感覚は、近社研に身を置いた時にとりわけ強く襲ってきた。今になって省みると、自分が上手く説明できないことを専門とする地域のせいにして甘えていたことは明らかだ。

近社研の例会は、地域をメインに据えた外大での学びから歴史学というディシプリンを中心に置く学びへと移行中であった私にとって、大変有益な機会であったとともに、いざ自分が報告する番には「私の下手な話では、折角のテーマの重要性が伝わらないのではないか」と、どの場所にも増して大きなプレッシャーとなってのしかかってきた。良質な原材料（昔から今までずっと、自分の研究対象の重要性には揺るぎない確信を持っている）に下手な加工を施して作り上げた商品を、説得力ゼロの営業マンが売り込むような、そんな状況に喩えたい。結局、近社研では留学期間を間に挟んで二度の研究報告を行ったが、お粗末な報告を注意深く聞いてもらった上で、受けた質疑や指摘を参考に修正をほどこして少しはマシな形に整え、後日、それらを論文として発表するに至った。

大学院在籍中にはポーランドとウクライナに留学する機会を得たが、異郷暮らしの苦労に疲弊し、何より、語学が上達せず史料の読解もおぼつかない自分に現地人に敵うことなど何一つない事実を噛みしめ、研究へのモチベーションも下がりかねなかった。「当事者」から最も遠いところにいる完全なる第三者としての自分の利点は客観性や俯瞰的視座をおいてほかにないと考えるも、間違えると単なる「野次馬」になりかねないと思った。

某インターネット事典によると、野次馬の活動は通常「単に自分の好奇心を満たしたり知人・友人程度に話したりする情報を収集する程度」であり、「大衆に広めるために活動している人や職業は通常は野次馬とは区別される」らしい。野次馬の殻を破るには、結局のところ、自分の研究成果が広範囲の人々に共有されることに尽きるようだ。

現在は幸運にも、東京外国語大学で働いている。大阪外大を出て、京大の院を経て（この間に大阪外大は阪大への吸収合併という形で終焉を迎えた）別の外大に戻ったことになる。ポーランド語やポーランド地域研究を専攻する学生がいるここは、私にとってはこれ以上望むべくもない職場かもしれない。とはいえ、外大の前途も多難である。多様化とグローバル化が同時進行する現在、ローカルなレベルで価値観や文化の多様性を許容する社会建設が目指される一方で、世界全体は平準化・均質化に向かっているようにみえる（近社研でも論題に上ることの多かった国民統合の話を思い出す）。このプロセスにおいて重要な役割を担うのは英語であり、英語以外の外国語を学ぶことの（市場）価値は相対的に低下せざるを得ない。様々な言語を専攻できるという外大の本領が、グローバル化には強いようで弱くもある。

ここで冒頭の話、選別を生き延びるという話に戻ろう。外大に限られた話ではない。どの大学も、個々の研究者も、自らの存在価値を認めてもらうため、予算を獲得するため、多大なエネルギーを「広報活動」に割いている。SNS投稿への熱中に露呈する現代人の「承認欲求」はともすれば揶揄の対象であるが、研究者には絶え間ない研究成果の発信こそ求められる。人文系の学問領域においても今や当たり前になっている共同研究に参加する際には、プロジェクトの共同研究者の問題関心に自身の研究を同調させ、プロジェクト全体を貫くコンセプトに整合する研究を行って貢献しなければならない。大学ではリレー講義を担当する機会も増えている。異なる教員が担う各回の間に受講生が有機的なつながりを見出すことができるような授業づくりを心がけなければならない。研究と教育いずれの活動においても、自己完結的な内容に終始し、一部の同業者にとって新たな知見になりさえすれば、というハンブル（?）な姿勢でいては通用しない。

自分の研究内容を世に問うことは当然の義務であり、これをどうにかこうにかやっていくことで、野次馬ではなく研究者でいられるわけだが、時代は私が苦手とする自己アピールやコミュニケーション力をこれでもかと求めてくる。「近社研体験」は、拭い去れない苦手意識をどうにかいなしつつ研究者生活を継続させてゆくために必要なストレス耐性を培ってくれ、また、重要なヒントをこれからも私に与えてくれそうだ。

（近世ポーランド・リトアニア史　東京外国語大学准教授）

21
近社研と私の記憶

梶　さやか

歴史を研究するにあたって記憶力が良いに越したことはないが、私はその点に関してあまり自信がなく、この原稿を書くにあたってもはっきり具体的に思い出せないことが山ほどある。それでも、何となく身についたことこそが案外重要なのだと割り切って寄稿させていただくため、「記憶の歪曲」や「忘却」があればお許しいただきたい。

ちょうど私が京都大学文学部の西洋史学研究室の三年生となった際、谷川稔先生が同研究室の近代史担当の教授として赴任された。近代史ゼミに属することになった私は、学部生のときに近代社会史研究会例会に初めて参加したと記憶している。大学院進学後は基本的には毎回参加するようになり、事務局で例会案内の発送などの手伝いもした。会計監査（だったと思う）も担当した。今となれば、郵送での例会案内は手間はかかるもののある意味で風情があり、メールでの情報より何となく「重かった」ように思う。

近社研から得たもの

学部生・院生・ＯＤ時代にいくつかの研究会に参加していたが、なかでも近社研はいろいろと刺激的だった。それは有職者や他大学も含めた先輩院生・ＯＤの（講義や講演ではなく）「ナマの」研究現場を覗けるからでもあったし、かなり率直でときには批判的な質疑応答が繰り広げられるからでもあった。

また東ヨーロッパの近代史を志していた私にとって、当初、近社研は「近代」以外に共通する部分がなく、「アウェイ」だと感じられたから刺激的だったのだとも思う。西欧地域の歴史に関する発表を聞いて、ときに何の説明も前置きもなく「あの……が」とテーマを提示されて戸惑ったり、非常に細かい問題を掘り下げる重要性が理解できなかったり、逆にほとんどが西欧地域の歴史研究者である参加者を相手に自分の研究を発表して、前提条件が違いすぎて議論にならなかったり、事実説明に関する質問に答えるだけで本格的な議論になる前に質疑応答の時間が終わったりしたこともあった。要は、当時は、お互い何が重要なのかわからないという感覚もあったのだと思う。一方で、西欧の歴史も東欧の歴史と類似点がある、東欧史が特殊ではないという感覚を持ったのも、そしてこの東西二分法への漠然とした違和感を持ったのも、近社研においてだった。対象とする地域や国家を限定しない近社研という場は当時も今も貴重である。耳学問としてではあれ、多様な地域の歴史研究の最前線に触れられたことは、西洋史を担当する教員となった現在、様々な地域の歴史を研究しようとする学生を指導する際に心強い補助線となっている。また近社研を通じて異なる国や地域、テーマを扱う研究者と出会えたことも、その後の自身の研究者人生の糧となっている。

さらに言えば、近社研に参加して一番勉強になったと感じるのは、日本やアジアの近代が西洋の近代と相当程度関連があり、相互参照可能だということを、近社研でたまに聞くそうした地域の専門家の発表とその後の議論から学んだことだったと思う。もちろん私は日本やアジアと西洋の比較研究にすら至らないままだが、自分自身の歴史的背景と比べてみたり、あるいは教壇に立つようになってから学生に身近な例を提示したりする際に、近社研で得たこの視点は大いに役立っていると感じる。

最後に、近社研からか、大学の近代史ゼミからかは定かではないが、自分が影響を受けたものに、記憶の歴史、史学史、出来事のその後の歴史について考える姿勢があると思う。今回の原稿を書くにあたって自分の研究を振り返ってみても、ある出来事がその後どのように解釈され、評価され、記憶されてきたのかという問題が大きな比重を占めていることに改めて気付かされた。

一足先にフェードアウト

近社研に初めて参加してからおよそ二〇年が経過し、その過程で自分の立場も周囲の環境も大きく変化した。博士課程の終盤にポーランドへ留学し、その間近社研への出席は途絶えた。谷川先生が予定より早く退官されたのもこの間のことだった。ポーランドから帰国してからは再び近社研の例会にも出席したが、博士課程の修業年限を終えたあと引越で関西を離れたのをきっかけに例会への出席もまばらになった。またその頃には以前からあった自発的な研究会に加えて、補助金によって賄われる様々なプロジェクト型の研究会も多く開催されるようになり、研究会の日程が重複することも増えた。結局、私の場合、近社研への参加は主に大学院在籍時に限られてしまった。

その後、岩手大学人文社会科学部に就職し、非常勤講師として関西に行くこともなくなると、完全に近社研から足が遠のいた。ずっとメーリングリストで例会案内をいただいてはいたけれど、そのうち何かの機会に近社研の例会に行ければ良いなと思いながら、時間的にも金銭的にもなかなかかなわずにいた。それが実現するより早く、近社研の歴史に幕が下りてしまったのが悔やまれる。最後に近社研の例会に行ったのがいつなのかさえ、思い出せないままである。

（ポーランド・リトアニア・ベラルーシ地域の近代史　岩手大学准教授）

22 近社研の思い出とその文化の継承に向けて

菊池信彦

一院生から見た近社研

筆者が近代社会史研究会（以下、近社研と略）へ参加し始めたのはいつごろだっただろうか。あまりはっきりした記憶がないが、京大西洋史の修士課程にあがってからだったはずなので、二〇〇三年以降だろうと思う。そのころの研究例会は、京大生の下宿先やアルバイト探しのスポットであった京都学生研修会館（百万遍学生センター）の二階にある会議室で行われていた。幅の狭く縦に長い会議室に入ると、向かって奥に暗くて厚いカーテンがかかっていて、細長いコの字型に置かれた会議室用の簡易机といすが並んでいた。毎回、席が大体埋まるくらいの二〇名前後の人数が集まり、若干のせせこましさを感じながら、末席を汚していた。

近社研は通常土曜開催であった。その前日の金曜日の午後から夕方にかけて、京大西洋史では院ゼミ（大学院ゼミ）と時代別ゼミが行われていたので、学生の身としては、近社研が金・土にかけて続くゼミの一つとしてあったような、いわば「拡大谷川ゼミ」のような気分だった。そのことは当時の近社研の報告テーマが、西洋近現代史関係のものが多かったことも影響していただろう。そして、その分野の報告が多かったということは、近社研が掲げていた洋の東西を問わないという越境性を果たして当時実現していたかどうか、やや懐疑的な気持ちにさせるものではある。

一方で、西洋近現代史関係の報告が多かった近社研が幕を下ろしたことは、京大西洋史の、特に近現代史専攻の学生が、自身の研究テーマに近い研究報告を大学近くで聞く機会が減ってしまったことを意味するものであり、その点でやや気の毒ではある。だが、谷川先生は近社研を京大の研究会と見られることは望まれていなかったし、むしろ先生からは我々近代史専攻の院生に対して、近社研以外の他の研究会に積極的に出て「他流試合」をするようにと、常日頃から言われていたことも併せて記しておきたい。であれば、「気の毒」という表現はむしろ控えるべきかもしれない。ただ、ともかくも近社研に参加するようになった当時の筆者にとっては、恩師の複雑な？　胸中を察することもなく、近社研を京大西洋史のゼミの延長とみなし、「身内の研究会」のようなつもりでのほほんと参加していた。

研究会での「作法」の問題

筆者はスペイン近現代史という、日本では研究者層の薄いマイナーな領域を専門にしているため、近社研で自分の研究に直結するスペイン史の報告を聞く機会は結局得られなかった。むしろ、筆者が近社研で参考にしたのは、報告内容そのものではなく、むしろ研究会という場における質疑応答の「作法」であった。それを研究会文化と呼んでもよいだろう。

近社研の研究会文化は、研究会の場でのあとくされのない議論を是とするところにあったと思う。いろいろな研究会に参加するようになって思うのは、近社研のように議論を戦わせるような研究会は少ないということである。むしろ参加者から「相手を褒めて研究をうまく進めてもらうための場が研究会なのだから」とたしなめられることもあったりして、近社研の研究会文化で育った身としては「褒めあう研究会文化」はどうにも居心地が悪い。研究会のような場ぐらい相手の地位や力関係を考えずに、遠慮なく質問し、議論をすればよいだろうと思うし、その方が健全ではなかろうかとも思うが、そのような「作法」は、近社研の、あるいは近社研を生んだ京都もしくは関西の、ローカルな文化なのかもしれない。

ライフスタイルの変化と近社研の不変性

博士課程を指導認定退学となった二〇〇八年以降の一〇年間、筆者が近社研に出入りする機会は少なくなった。いわゆる「若手研究者問題」の渦中にある世代の一人として、非常勤講師のクチも期待できず、大学外で働かねば研究どころか生活すらままならなかったからである。それでも博士課程まで出て、研究職ではないものの、正職員として勤めることができたのは僥倖というべきなのだろう。

しかし、勤め人として働くようになって学生時代とは生活が一変した。まず、土曜日に出勤が求められる職であったために、近社研に参加する機会がそもそも減ってしまったこと。また、結婚し子どもが生まれ、さらに共働き世帯であるので、休日に家事育児に関わらざるを得ない、否、関わって当然であるため、土曜の昼から夜の飲み会まで参加するのが難しくなったこと。要するに、ライフスタイルの変化によって、近社研から足が遠のいてしまったわけである。

だが、それを無理して、つまり家族に負担を強いて研究会に参加するのが「正しい」姿勢だとは思わない。近社研の最終例会の場でもコメントしたことだが、小さい子供を抱えていて日中に時間が取れなかったり、誰もが皆気軽に飲み会に参加できたりするわけでないので、ライフスタイルの変化に合わせて研究会のあり方も変化することが求められるだろう。さもなければ、研究会が遠いものになってしまわざるを得ない。研究会文化が今後も存在し続けるためには、同時に、時代に合わせた変化が必要となるはずである。

研究会文化の継承に向けて

幸運にも筆者は、働きながら細々と続けてきた「日曜歴史家」的な研究活動――デジタルヒューマニティーズ、中でも特にデジタル技術を活用した歴史学研究であるデジタルヒストリー――によって、今年から再びアカデミアの世界に戻ることができた。しかし、その直前に近社研は解散してしまった。

その受け皿として始まった京都歴史学工房（以下、工房と略）に筆者も参加している。しかし、工房は、近社研のもっていた、歴史学方法論に関する研究会であったという特徴を少なくとも明確には継承しておらず、むしろ近社研が担っていた「場」を提供するものと筆者は理解している。だからといって工房を批判しているわけではないのだが、筆者はもともと歴史学方法論や史学思想に関心をもって西洋史の門をたたいたので、工房が継承していない歴史学方法論に関する研究会を立ち上げてみたいと思うようになった。それが「関西デジタルヒストリー研究会（仮）」である。

「関西デジタルヒストリー研究会（仮）」は歴史学方法論としてのデジタルヒストリーを論じ、そして実践する研究会を目指して、現在立ち上げに向けた準備を進めている。そこでは、洋の東西を問わない、時代区分も問わないという越境性を獲得するため、参加者は西洋史研究者に限定していない。また、来る者は拒まず、去る者は追わず、そしてあとくされなく議論をすることを推奨しようと考えている。さらに、「若手研究者問題」の世代や三〇代以降のライフスタイルの変化も意識して、研究会後の飲み会を公式には行なわず、また、遠方からでも参加しやすいようにウェブ会議システムの導入も検討したいと思っている。近社研が遺した研究会文化を、時代に合わせた形で、この研究会では吸収したいと考えている。もっとも、これが三二年も続くとは思っておらず、それどころか無事立ち上げられるのかすら危ぶまれるが、関心のある方は「関西デジタルヒストリー研究会（仮）」のFacebookグループ（https://www.facebook.com/groups/218650495398962/）へご登録をいただければ幸いである。これが筆者なりの近社研の遺した研究会文化の継承の仕方である。

（スペイン近現代史・デジタルヒストリー　関西大学特命准教授）

23　近社研があったこと、研究をやめずにすんだこと

藤井翔太

出会い――憧れから不安へ

「近社研への「思い」をエッセイで書いてみませんか」というメールが届いたとき、書いていいのだろうかと少し躊躇した。事務局業務をしたことはないし、発表も二回しかしていな

い。同世代の先輩や後輩と比較しても、例会に参加した回数も多くないと思う。しかし、考えれば考えるほど、自分にとって近社研という研究会がなければ今の自分はなかっただろうという思いが強まり、「お願いします」と返信をした。

京都大学文学部西洋史研究室に所属することになったのが二〇〇二年、日韓ワールドカップの年であり、EUが「東中欧」に拡大する年であった。COE「歴史としてのヨーロッパアイデンティティ」のシンポジウムが開催され、谷川先生が監訳され、他にも多くの近社研メンバーが翻訳に関わったピエール・ノラの『記憶の場』日本語版の一巻が出版されたのもこの年である。こうした状況の中で研究を始めることにワクワクしたのを覚えているし、学部生ながらに近社研に参加し、様々な発表を聞き、議論に参加できたのは楽しかった。研究室の先輩達とは違い、近社研の事務局に直接関わることがなかったが故に、当時の自分にとって近社研はキラキラとした、純粋に憧れの対象であった。

その一方で、大学院に進学した二〇〇四年以降、国立大学法人化、指導教官であった谷川先生の退官、そして学部時代には二〇人近くいた同級生が博士課程に上がるときには自分一人になるなど、徐々にではあるが確実に、周囲の環境は変わっていった。この時期は、自分の研究の意義、そして自分の研究者としての将来に確固とした自信を持つことが難しかった。

近社研で初めて発表したのは修士論文を直前に控えた二〇〇五年一一月だった。ちょうど近社研が世話人体制に移行した年である。この時は非常にふがいない発表をしてしまった記憶が今も残っている。もちろん、色々な専門性を持った研究者が集う近社研という場で、厳しくも温かい質問を頂いたことは、修士論文をまとめる上で大きな力になったことは間違いない。それでも研究者になることに純粋な憧れを抱いていた学部生時代とは逆に、むしろ漠然とした不安に襲われる感覚の方が大きかったように思う。

また、かつて多くのスポーツ史研究者が近社研に参加していたように、自分の研究対象は大枠でみれば社会史

（日常史）の枠に入ると思うが、自分が模索していたスタイルは、文化史、経営史、そしてガバナンス論（意思決定論）が無秩序に混じり合っており、発表を聞いている参加者を戸惑わせるものだっただろう。当時は今以上に未熟で、確固としたコアがなく、どこに向かって研究を進めればよいのかよく分からない迷子状態だった。

そんな風に不安を感じつつも、バラエティに富んだ研究テーマ、研究スタイルの発表を聞き、自由に議論ができる場としての近社研があったからこそ、自分も歴史学を行なっている一員だと感じることができたのも確かである。大学のゼミだけでなく、近社研や京都英国史研究会など、自由に出入りできる歴史家を中心とするアソシエイションがあったからこそ、迷子になりながらも研究をやめるという選択肢をとらずにすんだ。

再会――研究をやめずにすんだこと

その後、二〇〇八年から二年間イギリスに留学し、スポーツ史の専門教育をうけるだけでなく、多様な分野・国出身の友人達と交流を深める中で、未熟だった自分のスタイルが少しずつではあるが確立されてきたように思う。しかし、それは同時に、歴史学の、そして近社研のスタイルとの距離がさらに広がることを意味していた。

そして二〇一一年に博士課程を修了し、大阪大学に就職して以降は、細々とスポーツ史の研究を続けつつも、大学のガバナンスに関する業務が中心になった。人文学の危機が叫ばれる時代において、大学本部でガバナンスの仕事をすることはスリリングでエキサイティングではあるが、ある意味で裏切り者のような立場だといわれても仕方ないかなとも思いながら働いてきた。

自分としては今の大学のガバナンスの仕事は、スポーツ史研究を進める中で自分のスタイルとして確立してきた「ガバナンス」の歴史的変遷に関する知識・スキルを活かせる仕事だと思っている。大学に突きつけられている難題を解決するために、歴史的な視点、特に比較史的な観点から課題を丁寧に解きほぐしていくことは重要であり、研究を通じて培ってきた自分のスタイルは、むしろ理工系や生命系の先生から高く評価されることも多い。自分の中にある確かな感覚として、近社研での経験が今の仕事にも大いに活かされていると思うし、近社研のような場がなく、どこかで研究をやめてしまっていたならば今の自分は間違いなく無かったはずである。

そして二〇一六年、約一〇年振りに近社研で発表をする機会をえた。一九八〇〜九〇年代のイングランドにおけるプロ・フットボールのガバナンスについて発表した時、谷川先生は「ガバナンス」という言葉に苦々しい顔をされていたけれども、真剣に発表に向き合ってコメントをしてくれた。金澤先生がこつこつと積み上げてきたスタイルを評価してくれたのも嬉しかったが、谷川先生や他の参加者が、相変わらず異質だと感じたであろう自分の発表を聞いて、真剣に議論してくれたことが何よりも嬉しかった。

歴史学や近社研に憧れていた学部生時代、漠然とした不安に襲われていた大学院生時代、そして立場が大きく変わった現在、この三つの時代を通じて、常に参加できたわけではなかったが、厳しくも温かい近社研という場が存在したことが、自分の研究、そして人生に大きな影響を与えてくれた。自分のような若い世代にとっても、近社研はかけがえのない記憶の場だったのである。

（イギリス・スポーツ史　大阪大学准教授）

24 商人の歴史から見えるもの

君塚弘恭

商業会議所とエリート商人の世界

私が近代社会史研究会で報告の機会をいただいたのは、京都大学大学院文学研究科博士後期課程に編入学した二〇〇四年のことであった。タイトルは、「一八世紀初頭フランス重商主義政策とギュイエンヌ商業会議所——海港都市ボルドーにおけるオランダ船対策」。この報告は、同年三月に千葉大学大学院文学研究科に提出した修士論文をもとにして、ボルドーの有力商人が王権の経済政策と結びつく様子を扱ったものだった。稚拙な報告に、諸先生方のくださった厳しくも温かく丁寧なコメントはその後の研究生活を支えている。

ところで、私が二〇〇〇年代にギュイエンヌ商業会議所の研究を始めた理由は二つあった。第一に、都市の貿易商人によるロビー活動を歴史的に検証したいという問題意識があった。ギュイエンヌ商業会議所は一七〇五年勅令に基づいてボルドーに設置され、現場の卸売商人によって運営された経済政策に関する諮問機関であった。また、ボルドーの貿易商人たちは会議所を通じて国家に対して商業活動の保護を要求したのだった。

第二に、近世フランスに生きた「商人」をより多面的に理解したいという関心があった。二〇〇〇年代の日本におけるヨーロッパ社会経済史研究においては、少なくとも一九七〇年代まで経済史研究の主流であった「大塚史学」が後景に退き、国際的に活動する貿易商人のネットワークや商業活動の解明が研究対象の中心となりつつあった。今日ではグローバル・ヒストリーとして括られる研究テーマがすでにその中にあった。しかしながら、そこに描かれるのは、当然にも、巨大な資本を持ち、大規模な国際商業を展開する貿易商人だけであった。私は、むしろより小規模な、ブローデルの言葉を借りれば市場経済の「下部構造」である「市場経済A」の中で活動する商業者を扱ってみたいと思っていたのである。

このような問題関心のもとで、私は商業会議所評議員の研究を開始した。二〇〇五年から二〇〇七年までボルドー第三大学に留学の機会を得た私は、ジロンド県文書館に所蔵された商業会議所の記録簿や公証人記録を読み解き、評議員たちの出自や資産について調査した。特に公証人の記録は、評議員を務めた商人たちの商業活動について教えてくれた。彼らは、遠隔地貿易に加えて近隣の港町との間で沿岸貿易を営んでいた。ボルドーと言うと、特産物である葡萄酒をイギリスやオランダに輸出するヨーロッパ内貿易や植民地貿易といった大規模な商業活動ばかりが注目されがちである。しかし、実際には、フランス国内の地域間沿岸貿易が主要な貿易部門となっていたのであった。こうして、私は、沿岸貿易という日本ではよく知られていない商業活動の領域に足を踏み入れる決意をしたのだった。

沿岸貿易と小売商人

二〇〇八年から海事史の碩学である南ブルターニュ大学のジェラール・ル・ブエデク氏のもとで沿岸貿易の研究を開始し、私は次のような関心を抱くようになった。葡萄酒がボルドーから沿岸貿易でブルターニュ地方の港町に運ばれて、その後誰によって消費されることになったのか。この消費への関心は、必然的に小売商人の研究を必要とした。こうして、私は、ようやく二〇〇四年頃に漠然と抱いていた、「小規模な商人による営業」という問題関心に応えてくれる研究対象に出会うことになった。小売商人の研究は、いくつかの興味深いことを教えてくれる。第一に、小売商人の残した帳簿は、多くの場合単式簿記によるものであり、一八世紀後半まで複式簿記の普及が必ずしも全ての商業者に及んでいなかったことを示す。また、この事実は、卸売商人と小売商人とが経営や資本の規模だけでなく、会計技術という文化的次元でも差があったことを示している。もしも近代資本主義が複式簿記などの会計技術を会得した合理的経営者によって発展させられたのだとすれば、それはブローデルの指摘するとおり、市場経済の「上部構造」に位置している卸売商人の世界で生まれたのだろう。第二に、たしかに卸売商人と小売商人とは多くの点で違いがあるけれども、両者のつながりもまた明らかであり、小売商人の活動は卸売商人にとって不可欠であった。卸売商人は小売商人との商業書簡のやり取りを通じて、消費者の好みを知ることができた。コーヒーやチョコレート、香辛料などは小売商人によって分売されたのであり、新しい商品を伝達する役割も果たしていた。もしも、近代資本主義が一六世紀以降のヨーロッパ世界の拡大とともに現れたのならば、小売商人は流通機構の末端としてこの資本主義の発展に寄与したのだった。したがって商業史は、両者の違いを意識しつつも、卸売商人と小売商人とが織り成す全体的な構造を捉え続ける必要があるのだ。

商人たちの活動は、「ローカル」「ナショナル」「グローバル」なものである。したがって、商人の利害は時に国家の政策と対立することもあった。国際的な自由な活動をする一方で、都市エリートとしてのアイデンティティも持ち合わせていた。一見矛盾するように見えるこれらの行動は、商人たちにとって自然なことなのだろう。

グローバル化の進んだ現代社会においても、商いをする人々の心性には、二〇〇年前の人々と共通する部分があるのではないだろうか。商人の世界の歴史から、人間の活動を「長期的持続」という観点から考えてゆきたい。

（フランス近世史　早稲田大学准教授）

25 教育現場から近社研を振り返る

片柳香織

一国史に対する葛藤

初めて近社研に顔を出した三回生の頃、私は珍しい学生として注目されていたのをよく覚えている。今ではそう珍しいことでもないのかもしれないが、当時は西洋史といえばヨーロッパの歴史を学ぶのが一般的であった中、私が学ぼうとしていたのは、西洋との接触によって変容していく中国の歴史だったからだ。そもそも中国古典文学への関心から京大を志した私にとって、自分の思い描いていた古典中国と現実の中国の乖離、またそうした古典に何の造詣もない中国人が古典や歴史を自らの所有物のように語ることに強い違和感を覚え、何が中国を（後にはこれが非西欧世界全体への問いに変わるのだが）このように変えたのかを知りたいと思った。この犯人については容易に目星がつき、いろいろな学科の先生方が、西洋史に行って近代史を学べ、と仰った。この選択は間違っていないと今でも自信を持って言えるのだが、学部生時代には、少し心細いこともあった。心細いというのは別に指導内容のことではなく、他の学生達は皆、自分の研究対象に愛着を持っているのに対し、私は西洋近代のもたらした弊害を研究するというスタンスであったため、他の人が「専門は〇〇史です」と名乗っている中、自分は何史なのだろうと悩む、そのような点だ。当時は上海共同租界の英国人を通して、そのような問題を考えていたため、「上海史」「中国近代史」時には「英国史」などと名乗っていたこともあったが、やはり、どこかの国民国家に帰属しなければならないような雰囲気に、幾分かの息苦しさを感じてはいた。だが、そもそも国民国家とは、ナショナリズムとは何なのかを考えること自体西洋史に来た理由だったので、必要な苦難だったのかもしれない。

しかしありがたかったのは、大学院においては古代史から近代史まで合同の院ゼミがあり、学外では近社研で地域の分断を意識せずいろいろな地域や時代を研究する方々から貴重な意見を頂けたことである。

教育現場から思うこと

近社研では院生時代に一度、就職してから一度発表させていただいた。私の仕事は私立中高の世界史の教員で、学生時代学んだことが、就職してから非常に強く響いたりしている。学生時代強く影響を受けた書物といえばベネディクト・アンダーソン『想像の共同体』や、エドワード・サイード『オリエンタリズム』などが挙げられる。当然今でもこれら無しに今の自分はあり得ないと思っている。しかし仕事で、高校生に話して最も反応があったのが、あの『記憶の場』であった。「あの」とは谷川先生が監訳をされ、近社研にも参加されたピエール・ノラの著書である。私が趣味や思い出で話していたのではなく、最近の高校の教科書には「記憶」という視点も取り上げられていたため、少し詳しめに話したに過ぎないが、演習でも「記憶の歴史」を扱った発表をする生徒もいた。私は勝手に「『記憶の場』は高校生には難しいもの」と思っていたのだが、「これは高校生向け」「これは大学院生向け」などと線を引いてしまうこと自体、学習意欲を挫くことではないかと反省させられた。意欲的な学習者に、歴史学の更なる面白さを伝える――我々の先生方・先輩方が教科書にそのような工夫を散りばめられている以上、現場にいる者としても最大限それを活かさねばと思った。

実は、今の中高のカリキュラムは全面的な再編の時期にあたり、先の見えない状態にある。この原稿を書いている時点で、高校の日本史と世界史が統合され、「歴史総合」という科目が創設されるということが決まっていながら、どのように統合されるのかははっきりしていない。しかし、現場の教員にとっても、教科書をつくる研究者にとっても、日本史と世界史という今までずっと続いてきた流れとは違う新たなものになることは明らかだ。

本来、日本も世界の一部である以上世界史と日本史を分けることはナンセンスであるが、研究者の世界を見ていると、そもそも「世界史」など存在したことがないのは自分自身知っているし、検定済み教科書を見ても、誰がどの部分を書いたかがだいたいわかるくらいには「各国史」である。「世界史」が専門であるという研究者は現状、ほぼいない。ウォーラーステインの近代世界システムのような切り口で「世界史」が考えられないかと言われたこともあったように思うが、そうすると結局のところ、経済史以外の様々な面が抜け落ちる。

とすれば、これから「歴史総合」（日本史を含む本当の意味での世界史）を構築し、教えていかなければならない研究者・教育者は何をしていけばいいのか。教育現場から研究者に望むのは次の二点である。

①今まで通り自分が専門とする分野の研究をしっかりと行う。②自分の専門外の分野の人々と定期的に交流の機会を持つ。

①に関して言えば、教育現場で一番難しいのが一次史料の読み込みである。これは自分が大学で専攻したところとは違う分野を教えなければならない人なら誰でもおわかりになるだろう。統合するにしてもわかりやすくかみ砕くにしても、信頼に足る研究がなければ始まらない。グローバル・ヒストリーが声高に叫ばれているが、基礎的な史料の読解を疎かにしては、学問としての歴史学は崩壊するであろう。②に関しては研究者・教育者両者が関わっていかなければならないものである。グローバル・ヒストリーであれ、歴史総合であれ、また流行のアクティブ・ラーニングであれ、一次史料の精読に基づいた研究を適切に共有し、柔軟に運用する能力を、その職務に応じた形で身につけることではないだろうか。

ここに書いたことは、文科省のカリキュラム再編成を受けてのことであるが、よく考えてみたら、そのようなこととは関係なく、私たちがやってきたことではないか、と思う。特に、日本史まで広げた研究会を定期的に開催していた近社研は、時代のニーズを先取りしていたものと言えただろう。この度の解散は寂しいことではあるが、このように近社研について振り返る機会を与えられた以上、他人事のように寂しがるのではなく、何らかの形でその意義を受け継いで行かねばならないと思った。

（都市文明史　同志社女子中学校・高等学校教諭）

26　歴史研究に体の一部を置き続けて

酒井朋子

農学部からの飛び入り参加

二〇〇三年の春に、わたしは京都大学文学部の谷川稔さんの研究室の扉を叩いた。それまで六年間、学生として京都大学に籍を置いていたのだが、所属は北部構内にある農学部であり、文学部の建物には数えるほどしか足を踏み入れたことがなかった。その時の感情を今ありありと思い出すことはできないが、大変に緊張していただろう。農学部の研究室に比べ天井が非常に高く感じたことだけを、不思議と覚えている。

そのころのわたしはアイルランドにおける民族主義の歴史記憶について研究を始めようとしていた。アイルランドのナショナリズムは農本主義に似た部分もあり、農業史・環境史の専門家のいる農学部の比較農史学研究室でも題材にできないことはなかった。しかし当時わたしの関心は、反・土着主義を指向し、北部の都市住民を重要な支持基盤とするイギリスとの連合継続主義（ユニオニズム）の方へと移りつつあった。そんなこともあって、西洋史研究室をのぞいてみたら、と指導教員に促されたのだったと思う。

谷川さんは農学部というわたしの所属に少々驚かれていたようだが、とくに拒絶するでもなく、近代社会史研究会を紹介してくださった。ちょうど直近の例会に、コメモレーションの文化史について編著を出されている小関隆さんがいらっしゃる予定だからぜひ挨拶をしてみては、というお話だった。わたしにとってはあたたかいお誘いだった。

当時は戦争の記憶に関する議論が社会的にも盛り上がりを見せていたころである。戦後五〇年となる一九九五年以降、太平洋戦争の戦時暴力を再検証しようとする動きは特に高まっており、従軍慰安婦の問題も国内外で大きく取り上げられていた。他方では一九九六年創立の「新しい歴史教科書をつくる会」による教科書が発刊され、国粋主義的な歴史修正主義の盛り上がりに人文学・社会科学がどう対峙するか、各所で論が交わされてもいた。しかし、そうした議論に雑誌や本を通じてなんとなく惹きつけられながらも、自身のおこなう個別の研究がどのような形を取りうるのか、当時のわたしには皆目わからないままだった。もともとヨーロッパ辺境への素朴なあこがれがあって、イギリス史やヨーロッパ史もろくに知らぬままにアイルランドを調査地として選んでいたのだから、なおさらである。だが近代社会史研究会に通うなかで、政治文化史的アプローチにおける歴史認識や記憶の取り上げ方について、特にその具体的な手法と進め方について、少しずつイメージが湧いてきたように思う。

同時期に文学部の西洋近代史ゼミへの参加（ないし聴講）をお許しいただいたことも大きかった。文学部はえぬきの、あるいは大学入学以前から歴史の専門書を読み込んできたような人たちがずらりと座っているのではと、参加前はおののいてもいたが、蓋を開けてみればその面子の多様さに驚かされた。哲学や建築史など学内他分野からはもちろん、学外からの参加者もいた。そして専門、所属の学内外を問わず、同じ院生とは思えぬほど知識の深いゼミ生も多数いた。わたし一人が「珍妙な人」だったわけではなく、もっとずっと奥行きと広がりのある射程をそなえたゼミだったということである。

二〇〇三年初夏と二〇〇五年の初夏には、近社研での発表の機会もいただいた。一度目の内容は、北部アイルランドのユニオニスト歴史物語の構造分析。二度目の題材は、アイルランドの国民的英雄ロジャー・ケースメントが残した日記をめぐる騒動だった。その日記にはケースメントの同性愛者としての性生活が記されていたのだが、独立蜂起の殉教者が同性愛者であったという事実が、保守的な性規範を強めるアイルランド社会ではなかなか受け入れられず、日記はイギリスがでっち上げたとする奇妙な陰謀論が蜂起四〇年後に再びはびこる――そんな内容だった。ジェンダー史の基礎知識の不足について、手厳しくもありがたいコメントをいただいたことが印象に残っている。

ディシプリン彷徨

その後二〇〇五年一〇月より、イギリスのブリストル大学社会学部の博士課程に留学した。以降の研究は、一九六〇年代から北アイルランドで激化する紛争について、体験者に直接聞き取りをするものになっていく。特に焦点を当ててきたのは、紛争という「異常事態」が長期化するなかでの日常生活の様子と、ミクロなコミュニティや家族の中での記憶語りである。また、二〇一一年に東北に移住してからは、津波や原発事故のような天災・人災の体験とその表現についての調査・研究も始めた。研究手法はもっぱら現地での観察調査や聞き取り調査となり、議論の進め方や問題設定も、人類学、あるいは質的社会学のそれに近くなっている。

とはいえ、広く見れば二〇〇三年からこのかたずっと、「記憶と社会」を問題にしつづけてきたと言っていい。研究らしきものを始めてからというもの、ずっとディシプリンが安定せず、歴史学・社会学・人類学の間を行き来し、そのどれにおいても「外様」として「居る」ことしかできていないわたしだが、歴史認識、記憶、物語への関心は変わっていないようだ。また、歴史学の中ではあからさまに部外者でありながらも、別領域の研究者が集まる場では、自分が歴史研究の内実を多少なりとも知っているような顔をして発言してしまう。なんとも中途半端だが、「自分は歴史研究と深く関わり続けている」という自負は、わたしの基盤を成している（真っ向から歴史研究をおこなう人にとっては無意味な自負であろうが）。それは京大農史研究室との関わりに加え、近社研および西洋近代史ゼミでの体験のなかで形づくられたものと感じている。

（社会人類学　神戸大学准教授）

27　南方熊楠研究は西洋史として成立するか

志村真幸

歴史学における「価値」判断

私は学部では美学専攻だった。修士課程で京都大学の川島昭夫ゼミに進学し、初めて西洋史に接することになったのだが、ここは控えめにいっても方法論にこだわりのあるところではなかった。一方で、修士に入った直後の二〇〇〇年四月から、近代社会史研究会への出席を促された（ちなみに、谷川稔の著作を西川長夫が批判し、両者が激しい議論になるという強烈な回であった）。その後も近社研に出席をつづけ、すなわち私が西洋史の洗礼を浴び、方法論を教えられたのは、近社研（と、あとイギリス都市生活史研究会など）だったのである。

美学から来て、もっとも戸惑ったのは何に価値を置くかの差である。美学や美術史では、唯一性に高い評価が与えられる。芸術家はオリジナルであることが重要なのだ。ところが、歴史学、なかでも社会史は正反対の方向性をもつ。その時代の社会を見るには、むしろ平凡な人間の方が望ましいのである（ちなみに文学も美学寄りの立場にある。それゆえに文学研究者と歴史家はイマイチ相性が悪いのだと思う）。

南方熊楠との出会い

さて、近社研で一年近くを過ごし、ようやく歴史学という考え方を身に付けかけたころ、次なる衝撃が私を襲った。南方熊楠の研究に携わることになったのである。指導教官が熊楠旧邸の資料整理に関わっており、私も助手として駆り出されたのだ。もともと熊楠には関心があったし、私自身、キノコを集め、化石を掘るような少年であった。とはいえ、私はイギリスにおける観光旅行の誕生で修論を書こうと考えていた。それと熊楠を、どう結びつければいいというのか。

しかしながら、和歌山県田辺市に残る熊楠旧邸での調査は楽しいもので（魚も美味しい土地である）、そのままずぶずぶと熊楠研究にはまりこむこととなった。ところが、ゼミや近社研での報告はかならず回ってくる。ゼミはまだしも、近社研で生半可な報告はできない。そこで再び方法論的な悩みに突きあたることとなった。熊楠研究を、どうやって西洋史に位置づければいいのか。熊楠は民俗学や植物学のひとである。しかも、生涯のほとんどを和歌山で過ごした。また、熊楠研究は、彼個人の思想や業績に焦点をあてるのが主流なのである。そもそも、熊楠のような特異な存在を扱って、社会一般を見通すことなどできるのか。

歴史学と熊楠研究のギャップ

二〇〇八年六月二九日に近社研で報告した「二〇世紀前半英国の文学・民俗学雑誌における「驚異」と「東洋」――『Notes & Queries』誌における南方熊楠の活動を中心に」では、苦心の策として、熊楠の英文論文をとりあげた。熊楠は一八九〇年代、ロンドンに滞在するなかで英文学術誌に投稿を始め、帰国後も合わせれば、『ネイチャー』に五一篇、人文科学系総合学術誌の『ノーツ・アンド・クエリーズ』に三二四篇という膨大な英文論文を残した。報告では、これらの学術誌には東洋からの投稿者も多く、オセアニアや南米などもふくめ、世界的な規模で「科学」が組織されていたこと、そのなかで熊楠のもたらす日本や中国の科学史／民俗学的知識がイギリスの学問世界において重要視された点を示した。一九世紀における科学者集団の勃興、大学等での科学の制度化といった議論にも接合し、近社研のうるさ方にも、それなりに納得してもらえたようであった。

ひるがえってこれを熊楠の学会で発表すると、こちらでも一定の評価が得られた。歴史学のトピックや方法は、熊楠研究においても通用したのである。しかし、やはり批判もあった。熊楠を一般化することが可能なのかとか、「それなら、別に熊楠を扱わなくてもいいんじゃない？」とかいったものである。そうすると今度は熊楠の英文論文を分析するのにも、彼の邦文論文との比較といった方向へ転換することになる。ところが、そのうちまた歴史系で報告の順番が回ってきて……。

このように、近社研に出たあとは歴史家っぽく、熊楠のひとたちに話したあとは熊楠研究者っぽく、私はまるでコウモリのようにふらふらと生きるのを余儀なくされているのである。（比較文化史　京都外国語大学非常勤講師）

28
研究会文化について――「ざんねんないきもの」たちの集いの場所

藤原辰史

「ざんねんないきもの」

手弁当の研究会というのは思えば不思議な集いのかたちである。わざわざ土曜日や日曜日や祝日にみんなで集まって、蛍光灯でピカピカに照らされた真っ白くて四角い空間で、発表して、議論して、近くの居酒屋に転がり込んでは市価より高いお酒やら烏龍茶を飲んで家に帰る。しかも絶好の行楽日和であることも少なくない。研究会に出たからといって就職が約束されるわけでもなく、給料があがるわけでもなく、派閥を構成して白い巨塔で地位を築けるわけでもない。自分たちの知識を高め、共有し、更新して、というと、なんだか高尚だが、生物学的な見方をすれば、単に、脳みその血流を良くし、笑ったり怒ったりして顔面筋肉のエクササイズをして、最終的には財布の中身を料理に投じて腹まわりのお肉を養い、育てている、と言えなくもない。

研究会で学んでいる内容が、たとえば、蓄財マル秘テクニックとか、料理や掃除のスキルアップとかであれば、恋人や家族にも喜ばれるかもしれない。だが、たとえば、第一次世界大戦期のドイツにおける新兵器の科学史的および社会史的意義についていくら知識を深めたからといって、蓄財にも掃除にも役立たない。

かなり理解のある恋人や家族からしても、それは、趣味の集まりのために貴重な休日を費消することに等しい。そしてその感覚はけっして間違っていない。ただ、趣味といっても、切手集めや鉄道模型のように、趣味と公言しても市民権があるようなものではなく、平日でもやっているような仕事の延長である。しかし、通常の恋人や家族からすれば、趣味というよりは、残業と言ってしまったほうがわかりやすい。残業なら給料が出てしかるべきだが、残念ながらそんな研究会は、とりわけ手弁当である場合はほとんどない。

もちろん、研究にはオンもオフもない、生活と仕事は切り離せない、研究には休みなどない、睡眠時間だって頭は動いているのだ、という意見もある。本棚の本にたまった埃を掃除機で吸っているあいだ、いつのまにか掃除を忘れて読書タイムに突入したり、遊びのために行ったお城で家族そっちのけでメモを始めたり、海辺でバカンスなのに虐殺とか戦争とか表紙に書いてある場違いな本を持って行ったりする空気の読めない歴史研究者は、わたしだけではないだろう。しかし、一般的には、絶好の行楽日和に無機質な会議室に喜んで行く人びとの行動を世の中の人びとに理解してもらうのは、かなり難しいといってよい。

ところでいま、子どもたちのあいだで『ざんねんないきもの事典』という本が流行っている。ひそかにわたしも子どもから借りて楽しく読んでいるのだが、研究者だって「いきもの」であり、その生態も、それが蠢く場所も、かなり「変」であり、「ざんねん」であると思い始めると、だんだんと暗くなってくる。

研究者の「おかしみ」と「愛嬌」

けれども、ここからが重要なのだが、「ざんねんないきもの」は子どもたちに大人気だ。どうして子どもたちをこれほどまで魅了してやまないかというと、それぞれの生きものには、生死をかけた真剣さがあって、それがおかしみを増幅させているからである。そのおかしみは、「いきもの」の愛嬌でもある。天敵にしっぽを置き土産としておいて、スタコラと逃げるトカゲも、あれだけ大きな耳を持っていてもそれは聞くのではなく、風を送るために使われていて、実は足の裏で物音を聞いているというゾウも、オスがメスに飲み込まれて同化する魚も、それぞれの「ざんねんさ」は、実のところ、それぞれの動物からすれば残念ではない。どちらも生きていく上で絶対に欠かすことのできない機能だからである。

だから、研究者も、心と体を休める日にわざわざ集まって、知らない事実を学び、自分の筋肉よりも脳みそに大量の血を流し込んでいる不思議な生きものとして、その「ざんねんさ」を、トカゲが尻尾を自ら切るほどの覚悟をもって発揮せねばならない。そうすれば、子どもたちも多少は面白いと思ってくれるかもしれない。そんな淡い期待を持って、わたしは日々研究をしている。

しかも、わたしは研究会という生態の場が嫌いではない。

第一に、なんといっても、研究会は精神安定剤である。こんなマニアックなことを言うために、あんなに遠くから自腹でやってきて、こんなに時間をかけて史料を集めてきた発表なのに残念ながら「炎上」している、という厳粛な事実に、自分と同類の「おかしみ」を感じて、「ああよかった」と思うからである。「変人である」「マニアックである」「主流からはぐれたものである」「ちゃらい」「しょぼい」と、自分が常軌を逸しているポーズを取って自慢げに語る研究者がいるが、わたしはその自己分析をほとんど信じない。「おかしみ」や「愛嬌」とは、そんなポーズからはいっさい出てこない。まるで片思いの相手のように研究テーマに恋焦がれ、誰も見向きもしない史料の価値を鼻息荒く説明する人びとと出会うことほど、心が幸せで満たされることはない。

第二に、研究会は、わたしのようなサボリ魔常習犯に対して「もっと勉強しよう」というモチベーションを与えてくれるからである。たとえば、映画のメイキングをみたあとに急に何かを作りたくなったり、情熱をかけて練習をして結果を残したアスリートのドキュメンタリーをテレビで観ると、急に鴨川を走りたくなったり、割れた器の破片を漆で継いで美しい器に作り直した作品をみると、自分の生活もモノを大事にしようと思ったり、単純すぎて「ざんねん」なわたしには、良き研究会とは、高性能のモチベーション増幅装置である。わずか一文の正否のために図書館を駆けずり回ること、わずか一単語の訳に何時間も悩むこと、たった一人の人物の生まれた年数をめぐって（せっかく外国に来ていて観光名所がいっぱいなのに）何日も文書館にこもること、そんな人たちを見ていると、途端に家に帰って猛烈に勉強したくなるのである。

第三に、研究会で発表すると、自分の作品が揉まれる、いや踏まれるからである。研究発表をして批判を受けたとき、それが不当であれば反撃に転じるし、まっとうであれば、新事実を調べますと約束するが、どちらにせよ、非常に有意義である。自分はここが面白いと思っていたのだが、みなさんのツボはここなのですね、という感覚はとても大切だ。いきり立つにせよ、笑われるにせよ、面白いと思ってくれるにせよ、自分にとっては普通に流していたところに、ツボがあったことを知ることほど面白いことはない。

研究会の社会的意義

以上のように、研究会はとても刺激的だし、晴れた日のピクニックに勝るとも劣らない快楽をもたらしてくれた。けれども、では、社会的にはどうなのだろうか。二点だけ述べておこう。

第一に、知の増幅作用である。わたしは、学生の頃から本当にたくさんの研究会に育ててもらってきた。最初に誘われたのは、学生三人で丸山真男の『日本の思想』を読む会だった。それからルカーチの『小説の理論』を読むという会を学生四人でやったこともあった。どちらも歯が立たない。難しい。しかし、たとえ歯がたたない石であっても、噛んでいれば味が出てくるということに気づかせてくれたのはこの二つの手弁当研究会だった。なぜかといえば、みんなで知恵を持ち寄れば一人ではわからないことでもわかることもあるからだ。研究会とは、知識や知恵の増幅機であり、その意味では、限られた知的資源の有効活用において、研究会は重要な意義があるだろう。

第二に、作品工房としての意義である。研究会は、個人プレイでは不可能な大きな課題に向かって力を結集していくプロジェクトでもある。記憶、啓蒙、戦争、革命、災害、環境など、とても一人では立ち向かえない課題に大勢の力を結集させる。結集しなくても、共同性とその成果は各々のメンバーの作品にも深く根付く。研究会が、集団での「ものづくり」と個人での「ものづくり」の双方を推進する役割は、いくら強調してもしすぎることはないだろう。

こんな研究会文化を良質なかたちで長期にわたり発展させてきた、まっ先に思い起こされるべき具体例に、近代社会史研究会がある。モチベーション増幅器という意味でも、発表者の鍛錬道場としても、存在感は大きかったし、一人では不可能な歴史の作業を、大人数で営み、その結果、たくさんの作品を世に生み出したこと、そして、研究会で発表されたものも、つぎつぎに作品になっていったということにおいて、この研究会は特筆されるべきものだった。

研究者にかぎらずこの世に生きているものは、誰もがなんらかの「症状」を持っている。症状とはいうまでもなく、世界とのズレ、何かの抑圧から生じる心身の痛みであり、それがよそからみると「ざんねん」に見える。しかし、それだけではない。症状は創造の源でもある。近社研では二度ほどしか発表していないが、どちらも、歴史研究のルールとして成り立ちますか、という批判よりも、歴史作品として耐えられますか、読者に知的な愉悦をもたらしますか、という問いかけに強い印象を受けた。作品にならないことへの不満が堂々と語られるのである。ただでさえ症状をかかえて研究会にやってくる人間たちにとって、作品になるのかどうかという問いは結構つらい。けれども、あえて、「抑圧」の役割を引き受けて、痛みや不安を創造に向かわせることに自覚的であった研究会を、わたしはあまり知らない。権威を振りかざして若者をいじめる研究者を、他の研究会で何度か見たことがあるが、それとは異なる。ここからは上下関係の再生産以外何も生まれない。わたしが研究者人生の中で最も心血をそそいだ研究会である「越境する歴史学」も、作品の創造という面では弱かったように思える。

おわりに

近代社会史研究会と越境する歴史学とのアウフヘーベンでありたいと願って船出をした京都歴史学工房は、もちろん前途多難、難破リスク満載だ。間違いなく船出のタイミングは最悪だった。自発的な研究会をするにはあまりにも職場が忙しくなり、読書の時間さえも削られている。

ただ、「工房」という名前を持っていることの意味と、そして、それ以上に、保育室の存在は重要であると思う。単に、休日の研究会に家から出にくい研究者の参加を促すだけではない。子どもたちが、「ざんねんないきもの」を四角い部屋に預けて、保育室で、その恐るべき好奇心と底なしの構想力によって新たな世界を築き上げるためでもあるのだ。大人たちはせいぜい、四角い部屋で、来るべき世代を楽しませるスキルとコンテンツを、もはや分裂せずに老化するだけの脳細胞を酷使して、取得しようと訓練しているにすぎない。取扱注意のわたしたちが、研究会に預けられているという感覚と意味は忘れないでおきたい。

そして、いつか、保育室の子どもたちにこう訊かれるだろう。いや、すでに訊かれているのかもしれない。あなたのやってきた仕事は、歴史作品として耐えられるものですか、わたしたちの今日と明日を、どんなふうにおもしろくしてくれるのですか、と。もしも答えられたら、あなたの症状、つまり「ざんねんさ」に、きっと子どもたちは魅惑されるだろう。

（農業史　京都大学准教授）

29　感謝のことば

藪田有紀子

出会い

押入れの段ボール箱の中に積み上げてある手帳を掘り起こし、近社研に初めて出席したのはいつだったのかを辿ると、二〇一三年の六月でした。

博士学位申請論文を提出したのは二〇一四年の四月で、この頃は論文執筆が遅れ、暗澹とした思いでいたように記憶していますが、やはり古いカレンダーのあちこちに〇〇日までに博論第何章、などと書いてあり、それがたいてい一度では終わらずに、新たな目標が後の日付に繰り返されています。毎週金曜日には恩師である川島昭夫先生が開催されていた読書会の予定が記されています。川島先生の研究室で、近社研についてうかがい、研究が進んでいないので肩身が狭いと思いながら、京都大学文学部の教室に向かったのです。

私は近社研最後の五年間に「間に合った」ことになるのですが、その当時は研究会の歴史も、何も知らなかったのです。それから後、一五回以上の研究会に参加させていただいた今でさえ、よく理解したとはとても言えません。それでいて振り返ると、研究会の積み重ねてきた歴史こそが、私にとっての大きな魅力だったと思います。というのは、あいた椅子に座り、様々な地域と時代を対象とする報告を聞きながら、目を開かれる思いがしたことは、自分がこれほど多くの歴史学者の人たちと連続した学問の世界を生きているという驚きだったからです。この連帯感のようなものが、今も日常の中で研究を続けるための力になっています。

私にとっての近社研

私の専門は、両大戦間期イギリスの知識人レナード・ウルフの平和構想・外交政策論です。彼は妻であるヴァージニア・ウルフや経済学者のメイナード・ケインズが含まれるブルームズベリー・グループの一人として知られますが、労働党で長く活動したために、社会主義者の中にも非常に広い交友関係を築きました。ウルフの思想はこうした友人や同僚たちとの、継続的な交流の中ではぐくまれ変転したものです。そしてウルフの時代は、第一次世界大戦の悲劇に直面した人々が、平和の構築と維持のために、多種多様な「話し合い」の場を設け、活動した時代でした。

ウルフの言論を研究する面白さは、多様なバックグラウンドを持った人々が入り乱れて、ああでもない、こうでもないと、外交や世界について真剣に議論を戦わせるその様子を、史料として読むことができる点です。この面白さを歴史学上の新たな知見につなげられるのか、それを伝えられるかわかりませんが、自分にとっては、そうした議論のプロセスそれ自体を知ることが、進まない研究の中の大きな楽しみです。第一次世界大戦から戦間期の概して暗い時代、われわれは、知識人たちの果てない議論や活動が結局のところは、二つ目の戦争を回避させることができなかったことを知っています。それでもやはり、話し合いは現にあって、戦争のさなかにさえ、時には場所を移して、同じように行われていました。その中で生まれた議論から学ぶことが可能だと私は思っています。

話がそれたのではなく、近社研とは一つのテーマに対して、自由で真剣な話し合いが行われる場だったということを言いたいのです。本を読んでコメントをくださったり、後輩として温かく迎えてくださったりした先生方の顔が思い浮かびますし、院生の仲間と言えるような人たちにも心からお礼を伝えたいと思います。そして近社研は、仲間うちの雑談ではなく、晴れ舞台ではなく、講義室の講義でも、先生と教え子からなるゼミでもなかったのです。私にとっては、想像を掻き立て、研究の作業の中で吸うだけだった空気のいくらかを感じられるところでした。五年間、本当にありがとうございました。（イギリス現代史・政治史　立命館大学・龍谷大学非常勤講師）

30

境界線で出会い、境界線で道に迷う

嶋中博章

メモワールとの出会い

近代社会史研究会で私が報告させていただいたのは二〇一四年一〇月、第二五一回例会のことだ。同じ年の二月に博士論文をもとにした著書『太陽王時代のメモワール作者たち』(吉田書店)を上梓したところだった。研究会では拙著で試した方法論を、同じルイ一四世時代の聖母出現をめぐる史料に当てはめて検証し直そうとした。とはいえ、メモワール(回想録)をいかに読み解くか、明確な方法論を確立していたわけではない。いろいろなメモワールに触れ、研究を進めていくなかで、試行錯誤を繰り返し、その試行錯誤の中からおぼろげながら見えてきた道筋を別の文脈でたどり直したにすぎなかった。結局、研究会報告ではその方法論の有効性を十分論じきれず、尻切れトンボのまま終わった。それから五年近く経った今も手探りの状態は続いている。

そもそも私がメモワールに関心を持つようになったきっかけは、大学院生時代の偶然の出会いからだった。いわゆる「絶対王政」時代の貴族の主従関係に関心をもち、その実態を解明できるような何か面白い史料はないかと大学図書館の書棚を眺めていたとき、たまたま手に取ったのがコリニー伯のメモワールだった。ほとんど無名に近い人物の作品ではあったけれど、そこには一四年間の奉仕ののちに主人のもとを離れた経緯が、直接話法を交えたいきいきとした描写で詳細に語られていた。貴族の忠誠意識を探るのに格好の素材を見つけたと直感した。その一方で「恩知らず」、「不実」、「性悪」など旧主に対する罵詈雑言にあふれてもいたため、記述内容をそのまま信用できないことにも、すぐ気がついた。せっかく出会ったこの史料を捨てるのはもったいない。何とか史料として扱う方法はないものだろうか。こうして一冊のメモワールに対する未練というか執着によって、私はメモワール研究に向かうことになったのだった。

コリニー伯のメモワールに限らず、私がこれまで扱ってきたメモワールは、いずれも信憑性からはほど遠いものばかりだ。あるものは完全に嘘であり、またあるものは荒唐無稽な物語だった。いうなれば「フィクション」に分類されるようなテクストで、普通の実証手続きでは証拠として採用し得ないものばかりである。それでも何とかメモワールと付き合ってこられたのは、フランス留学中に「GRIHL（グリル）」のゼミに参加する機会に恵まれたことが大きい。GRIHLは「Groupe de Recherches Interdisciplinaires sur l'Histoire du Littéraire（文芸事象の歴史に関する学際研究グループ）」の略称で、おもにパリ第三大学と社会科学高等研究院に所属する研究者や大学院生などで構成され、文学と歴史の境界にまたがる、あるいは文学研究と歴史学の垣根を無化する研究成果を次々に発表している。とくにその発起人であるクリスチアン・ジュオーの仕事に、私はすっかり魅了された。

GRIHLとの出会い

実を言えば、GRIHLやジュオーの考え方が理解できたわけではない。ゼミでは彼らの白熱した議論についてゆけず、途方に暮れていた。何とか話についていきたくて、彼らの著作や論文を読み、帰国後も読み続けてきたけれど、今もって十分理解できたという実感は得られずにいる。それでも、ジュオーの主著『マザリナード』などの翻訳に携わることで、彼らの歴史観や方法論とじっくり向き合うことができたのは大きな収穫だった。

フロンドの乱（一六四八～五三年）で出回った論争文書、いわゆる「マザリナード」を読み解く際にジュオーが何より強調したのは、それらが「読まれることを求めていたという事実」だ。マザリナードを書かせた各党派の首領たちの狙いは、読者を誘導し、操作して、自分の党派の味方につけること、あるいはライバルである党派首領の信用を失墜させ、政治の舞台から追い落とすことにあったという。こうした点を踏まえて、ジュオーはマザリナードを「行為の文学」と形容し、ひとつひとつのテクストが具体的な状況の中で行うことを説明しようと試みたのだった。

もちろん、マザリナードとメモワールとでは大きな違いもある。マザリナードは、その著者がいま現に直面している状況に介入しようとして出版されるのに対し、メモワールの多くは、著者の死後にならなければ活字にならなかった。しかし、この違いはさして重要ではないだろう。あらゆるテクストは、たとえそれが構想され、執筆された状況を離れたとしてもなお、読者と出会い、読まれる限り、その新しい状況の中で現実世界に作用し得るからである。このとき操作されるのは我われ後世の人間であり、その中にはもちろん歴史家も含まれる。実際、ジュオーは別の著作の中でこう語る。「そもそもルイ一四世時代に書かれた文章の多くは、将来書かれるであろう歴史を見越して作成されていたのです」。さらに近著でも、「歴史記述以前の歴史記述」と呼び得る史料によって、出来事の語りが方向づけられることがあることを指摘している。

史料と歴史記述の境界

つまり史料を利用する歴史記述が主体で、歴史記述に利用される史料が客体とする前提は、それほど自明のことではないのだ。この前提が崩れれば、史料と歴史記述の区別は意味をなさなくなる。これまで史料として扱われてきたテクストと、先行研究として扱われてきた歴史記述のテクストを同一平面に置き、その行為を問い、その作用を説明することで、これまでとは違った歴史記述を生み出せないか。これがメモワール研究から出発し、ジュオーとの出会いを経由して、近代社会史研究会での報告のあとに私がたどり着いた、出口の見えない迷い道である。

（フランス近世史　関西大学助教）

31 京都の研究生活と近社研

森永貴子

京都までの歩み

近社研との出会いは、筆者が札幌から京都に赴任して少し経ってからだった。筆者は筑波大の修士課程から一橋の博士課程を経て、北海道大学文学研究科で最初の職を得たが、長く関東を拠点にしており、関西との縁は薄かった。院生時代の筆者にとって、東京から関西への出張旅行自体が「贅沢」だった。ただ、フランス史の深沢克己先生が東大時代に立ち上げられた「国際商業史研究会」が京都で秋の例会（今は夏だが）を行っており、そのときだけ関西に出かける機会があった。当時この研究会は、筆者が関西の西洋史、イスラーム史研究者と交流できる数少ない貴重な場であり、現在の筆者を育てていただいたと言っても過言ではない。

こうした筆者の環境は二〇〇七年に北大で働き始めた頃から大きく変わり、科研にもお誘いいただくようになって交流範囲が広がった。そして国際商業史研究会と科研を通じて知己を得たのが京大文学研究科の金澤周作氏だった。しかし二〇一〇年に北大を辞し、京都の立命館大学に着任した当初は戸惑いの連続だった。最初の配属先は歴史学の専攻ではなく、そのため歴史への学生の関心も薄く、歴史系教員との交流がほぼ閉ざされていた。また自分の専門であるロシア史の資料が豊富な北大を離れ、同分野の研究者が少ない関西に身を置くことで、それまでの研究意義を問い直すこともしばしばだった。研究と大学業務のギャップにはどの研究者も常に不満を抱えているものだろうが、「歴史」を語り合える同僚が周囲にいない環境に、取り残されるような焦燥感を覚えた。ただ幸運にも、二〇一二年に西洋史学専攻に異動したことで、（あくまで自分にとっての）歪な状況は解消された。その少し前、近社研の例会に筆者を誘ってくださったのが先述の金澤氏だった。

関西の研究者を繋ぐ場として

筆者が近社研に顔を出すようになったのは二〇一一年頃だったかと思う。嬉しい驚きは、一橋の院生時代に土肥恒之先生のゼミでご一緒した渡邊昭子氏らに例会で再会したことだった。関東の大学から関西に就職した方の消息は時折聞こえてきたが、実際にお会いする機会は少なかった。ここでも、関西の貴重な研究会としての近社研の役割を実感した。また近社研創設世代であるフランス史の谷川稔先生、渡辺和行先生をはじめ、関西西洋史学の諸先輩方のお話を拝聴する機会を得た。同じロシア史研究者ながら、学会で接する機会のなかった橋本伸也先生や、グルジア史の伊藤順二氏と知り合ったのも近社研だった。近社研と出会うことで、関東とは異なる関西の奥深い西洋史学の文化に触れ、新たな刺激を受けた。

筆者が近社研で初めて報告したのは二〇一二年三月のことだった。学位論文のテーマであるロシアの毛皮貿易史が一段落し、モスクワ商人の茶貿易史研究に取り組み始めた頃である。自身の関心がシベリア、北太平洋史からユーラシア大陸を包摂するグローバルな経済史に向き始めていたが、他の歴史研究者にどこまで受け入れられるか非常に不安を感じていた。なかんずく、「ロシア商人」というテーマも日本では研究が少なく、自分の研究の方向性が歴史学のテーマとして通用するのか、ニッチな事例研究でしかないのでは、と自問自答していたからである。ただし他の西洋史研究と同じく、ロシア史も近年研究が細分化し、ニッチなテーマ自体は珍しくなくなっている。もちろんその背景には一九九〇年代以降のマルクス主義史観の後退があり、筆者のテーマもポストソ連の歴史学研究の延長線上にある。それでも常に研究上の逡巡がある中で、近社研の報告では分野違いの諸先生方から様々なご意見をいただいた。「ずっと気になっていたけれど、研究がなくて知らない分野だった」とコメントを頂けたのはとてもありがたかった。ロシア商人や「ロシアの茶貿易」というテーマが歴史研究の空白を埋める事例であり、社会史の一端を示せると確信できたのは一つの収穫だった。早々に報告機会を設けて下さった金澤氏、近社研の諸先生方には感謝するばかりである。

その後も二〇一六年に近社研で報告の機会があったが、残念ながらふだんの例会は校務などで欠席することが多かった。しかし、例会ではしばしば修士・博士課程の院生やポスドクの方の報告を聞く機会があり、貴重な経験となった。イギリスのインド植民地教育史や中国貿易史の報告からは、新しい切り口の歴史研究の萌芽が見いだされた。ハプスブルク研究者である村上亮氏のボスニアについての報告では、ちょうどナショナリズムの授業を担当していたこともあり、それまでの勉強とは異なる視点を知ることができた。筆者自身の研究の歩みと同じく、新しい発想で新しいテーマに取り組む若手世代の芽があり、歴史研究の可能性が感得される、ユニークな報告に出会えた。若手世代から歴史学の潮流変化を読み取りつつ、先人の業績から新しい視点や材料を掘り起こす手助けの場でもあったことが、近社研の役割の一つだったのではないだろうか。今また近社研を母体に、新たな研究会として「京都歴史学工房」が出発したことを、関西で歴史研究を続ける者の一人としてありがたいと思う。「関西の歴史研究者の輪を繫ぐ場」としての近社研の遺産を継承しつつ、この繫がりがこれからも続くことを心から願っている。

（ロシア社会経済史　立命館大学教授）

32　若手にとっての「近社研」

谷口良生

私が近代社会史研究会（近社研）にはじめて参加したのは、修士課程一年次、二〇一〇年のことであった。「近代」とはどういう時代か、また「社会史」とはどういった研究手法・姿勢であるかといったこともわからないままに参加したと思う。率直にいえば、指導教員による「リクルート」が、近社研に参加し、その後通い続けることになる最初のきっかけであった。とはいえ、自分の研究キャリアのなかで、近社研はいくつもある学会や研究会の一つであったかというとそうではない。

自分史のなかの近社研

自分史と呼べるほど長く生きてはいないが、そもそも、私にとって近社研とは、いわゆる「研究業績」のはじまりの場であった。修士論文の提出をおよそ二か月後に控えた二〇一一年一〇月末に、その内容をもとに近社研で研究報告をしたのである（当時は京都大学楽友会館で開催されていた）。報告タイトルは、「フランス第三共和政における代議院議員選挙の研究――二つの投票形態と候補者選択の過程」（「代議院議員」は「下院議員」の誤り、ここにも当時の不勉強さが感じられる）、これが私の「学会デビュー」（研究会ではあるが）であった。今の大学院生は、修士課程のうちから、書評や紹介、積極的な学会・研究会での報告など、研究業績が求められるようになっているが、少なくとも当時の私のまわりでは、修士課程では修士論文に専念することが第一であり、研究業績は博士後期課程に進学してから、という見方が大勢であった。そうした雰囲気のなかでのんびり勉強していたため、近社研での報告も、当時の私にとっては半ば「強制」されたものとして感じられていた。

しかし、近社研での報告は、私の研究人生を方向づける大きな機会であったことは間違いない。この原稿をしたためるにあたって、あらためて当時の発表資料を見返してみたが、とても読めたものではなかった。このように、今思い返すのも恥ずかしい内容であったに違いなく（そもそも段取りも悪く、用意していた発表原稿を研究室に忘れ、発表直前に自転車で急いでとりに戻ったことを覚えている）、実際に色々と「指導」されたはずではあったが、その一方で、参加者の多くが自分の研究に関心を向けてくれたこと（だけ）が印象に残り、当時の私にはかなりの手ごたえが感じられたのである。近社研での報告の「成功」によって、この分野でやっていけるのではないかという、自分の研究の方向性がみえ、自信につながった。この意味で、私の研究は近社研を抜きにしては語れないといって過言でない。若手にとっては、近社研はまさに登竜門の一つであった。

「国民国家」の壁を超える

また、近代フランス史を勉強している私にとって、近社研は、関西フランス史研究会（関仏研）とならぶ「ホームグラウンド」の一つであった。こうした研究会があたりまえのようにあることで、日常的にほかの研究者と交流をもつことができ、とくに論文もない（少ない）若手にとっては名前を売る絶好の機会であった。私の狭い研究上の交流のほとんどは、この二つの「ホームグラウンド」にもとづいているといってよい。

近社研と関仏研という二つの研究会は、人的な重なりもあるため、一見すると似た雰囲気を感じることもあるが、そこには根本的な違いがある。それは、研究するうえでの「国民国家」の壁を超えることであった。ヨーロッパにおいて国民国家が形成されていく時代である近代を勉強していると、とくに私がフランス史であるからか、意識していなくとも研究が「国民国家」の壁に阻まれていると思うことがある。これは、ナショナル・ヒストリー云々という問題についてもそうであるが、ここで重要なのは、自分の知識の幅や交友関係といった次元でもその壁にぶつかるということである。近代史を勉強していくにつれてこうした感覚は増しており、とくに非常勤講師としてヨーロッパ近代史の授業を準備するときに、もっとも強く感じるようになった。関仏研のような国民国家を単位とした研究会は、それはそれで当然重要であることはいうまでもないが、近代史の場合、こうした枠組みを超えていく近社研のような研究会は意外と少ないのではないか。ここで耳学問した知識や、培った「国民国家」の枠を超えた人脈が活用されたことは、短い研究人生のなかでも少なくなかった。日本で研究活動を続けていくかぎり、私の専攻は近代フランス史であると同時に西洋史でもあるはずである。そうした研究をめぐる視野とディシプリンのあいだのずれを修正してくれ、また西洋史学の研究者になるための基礎を与えてくれたものが私にとっては近社研であったのである。

近社研の解散以来、私にはあまり聞きなれない「研究会文化」という言葉をよく耳にするようになった。しかし、研究会が所与のものとしてすでに「用意」されていた自分のような若手からすると、「研究会文化」というものは、なじみが薄い。それ自体がおそらく、草創期のメンバーとのちに運営側に回る当時の若手、そして自分のような今の若手では、研究会に対する思いや考えが大きく異なることを意味するのだろう。こうした点から、ここでは一人の若手として、自分にとっての近社研の位置を記してみた。しかし、それは私にとって近社研が何の思い入れもない研究会であった、ということを意味しないのはすでに明らかだと思う。近社研が「国民国家」の枠も、ときには時代をも超えたように、研究会への思いもさまざまな人たちが一堂に会するからこそ、研究会として意味があるのではないだろうか。

（フランス近代史　京都大学非常勤講師）

33 二度の報告とその間

福元健之

記憶をたどれば、近代社会史研究会の名を初めて耳にした場所は、北海道大学でお世話になった長谷川貴彦先生の研究室である。

札幌を離れる少し前、卒業論文へのご講評を改めていただき、話題が京都大学大学院に進学する件に移ってからだった。ブリテン島の地図や映画のポスターが貼ってある扉から入った私が、整然と本の並ぶ書棚に囲まれた部屋で、先生と向かい合って座っている。

記憶の中のこの情景は、いつも私に落ち着かない感覚を呼び起こす。しかもそれは、近社研における私の経験を貫いてもいるようだ。

札幌の日々

史学史家としての長谷川先生は、G・ステッドマン゠ジョーンズやP・バークらの作品を事例に、学問に内在的な文脈と、グローバル化や新自由主義などの外在的な文脈とを交錯させる視座から、歴史学を捉えることを教えてくださっていた。後にご著書の『現代歴史学への展望』（二〇一六年）で展開される議論である。もちろん自分が理解した仕方においてのことだが、私はそうした考え方に大きく影響を受けたように思う。

私が研究を志した時期（二〇〇八～二〇一二年）の札幌という環境で顕著だったのは、新自由主義批判が一つのピークに達していたことだろう。年越し派遣村や秋葉原殺傷事件をきっかけに、メディアが特に若者の労働問題に注目し、民主党政権成立へと世の風向きが変わりはじめた頃だった。

当時の法学部には、この趨勢に深くコミットした山口二郎先生がおられ、偶然にも私は、山口先生が研究者やジャーナリストを札幌時計台に招待し議論するというフォーラム企画に関わった。この経緯もあり、山口先生の言論には、最も身近に感じた雇用・労働の問題を基軸に共感し、人生初の選挙では躊躇なく民主党に投票して政権交代を目の当たりにした。多くのひとにとって、このことはネガティブな過去に属するのかもしれないが、一連の経験がなければ、私がたどる軌跡は全く異なっていただろう。

政治的な帰結がどうあれ、人びとの生活と地域を安定させるために欠かせないはずの労働をめぐる問題は、なお未解決であるようにみえた。労働とナショナリズムをテーマにしようと決めたのは、現実との接点を保ちたかったからだった。

もともと東欧史に関心があったので、冷戦終結過程の最も重要な一幕である「連帯」運動が展開されたポーランドを対象にして、「連帯」に連なる思想水脈のうち、あまり知られていないナショナルな潮流を扱うことにした。ナショナルに編成される労働と、その裏にある労働者の主体性とをみてみたかったのだ。つまり、研究動向や史料に内在的にというよりは、甚だ外在的な、個人としての関心から、私は研究に着手したわけだ。いずれ壁にぶつかることは、必然だったのかもしれない。

京都に来てから

案の定というべきか、京都大学では小山哲先生から、史料に内在的な考察の徹底を促された。小山先生は、言葉の行間において、史料との対話と、いかに現実と向き合うのかという問題とは決して矛盾しないとも語られていたように思う。そして、試行錯誤を続ける私に、金澤周作先生は近社研での報告機会を二度くださったのである。

二〇一三年に行った報告は、まだ札幌からの自分の延長線上にあった。そこで私は、ポーランドの近代的なナショナリズムを掲げた組織が、ウッチという繊維産業都市で働く労働者をいかに組織したのかを論じた。だが、二〇一七年の報告題目は「二〇世紀初頭ポーランド医師の衛生改革論」であり、二つの報告の間には断絶があるようにうつるかもしれない。しかし、当人の認識では、この変化は形を変えた連続といった方がより正確だ。一九世紀にかけて大量の労働者が集まったウッチは、当該地域における実践的医療の拠点であり、労働者の衛生状態に関する様々な史料や文献が存在した。ここを掘り下げようと考えたのは、二〇一四年一一月某日、一度目の報告を基にした論文に谷川稔先生から刺激的なコメントをいただいたためでもあった。木屋町の居酒屋を出て、鴨川を眺めつつ出町柳の方に歩きながら、もっと深く、もっと近くから過去を再構成するにはどうするかを反芻した。

二〇一五年一〇月からの留学を決意したのも、同じ時期である。なんとかポーランドに渡った私は、やがて史料を遺した医師たちにも興味をもった。それは、知識人としての彼らもまた、自分たちの労働がいかに辛いものか、それにいかなる社会的な意味があるかを語っていたためだった。彼らの人間くささにはひかれるものがあり、その中心的人物に、S・ステルリングというユダヤ人医師がいたことも大きな一因だった。

まず彼らのことをよく知り、その上で彼らの眼から歴史を描いてみよう――。こうして私は、工場における生産に従事する労働者から、身体的・精神的な再生産に携わった医師に研究の焦点をうつした。医師たちがいかなる地域社会を構想し、ナショナリズムとの間にいかなる緊張関係があったのかを問うことが新しい課題となり、私は二度目の報告に臨むことになる。

二度の報告とその間は、以上のような模索の日々によって一つに結びつけられている。ちょうど二〇歳代のうちに近社研と出会い、別れた私には、これらの日々が近社研という記憶の場に常に連鎖して追想される。最初に述べた落ち着かない感覚とは、かけだし者に特有な将来への期待と不安とが混在したものに他ならない。

いま改めて振り返ると、私にとって近社研は、自らの経験という鉄檻を抜け、過去により深く、より近く接近するための方法と実践を考える場だった。これは実証主義的に響くかもしれないが、史料それ自体の歴史性や権力性、物語性に関しても当然のこととして議論された近社研に、そうしたレッテルは相応しくない。

もし私が、自分が近社研で学んだ哲学的なものを表現するとすれば、それは歴史のためのモラルである。

時間は巻き戻せず、誰も過去を直接に体験することはないし、いかなる史料も作為や偶然から影響を受ける。それにもかかわらず歴史を書こうとする私たちは、一体誰に、何を賭けるのか。研究する主体の存在そのものに関わるこの問いに対する答えは自由に開かれているが、そこで誰にも否定できないであろうことは、歴史学が外在する現実世界との緊張関係に置かれていることである。そしてまた、自らも追求し続けると同時に、他者による研究に込められた思いや仕掛けも読み解ける聞き手あるいは読者であろう。近社研で学んだこれらのことを、これからも忘れないようにしたい。

また、最近はといえば、自前のモノグラフを近社研という記憶の場に据えるときのことを考えると少し気が急くようにもなってきた。参加して退屈したことなど一度もなかった、あの研究会での記憶に相応しくなくては、と。

（ポーランド近現代史　日本学術振興会特別研究員ＰＤ）

第Ⅱ部　記録篇

I　近代社会史研究会総記録

第一期（創立会から一九二回まで）

創立会［事実上の第一回］一九八五年一二月二三日　同志社大・光塩館一階共同研　［忘年会：めなみ］
二六名に呼びかけ、二〇名＋口コミで二名、計二二名参加
谷川　稔（奈良教育大）「基調報告——趣旨説明」
川越　修（同志社大）「研究会の発足にむけて」

第一回例会（一九八六年一月二七日）同志社大・光塩館共同研　一四名
渡辺和行（香川大）「フランス実証史学成立の背景」

第二回例会（一九八六年二月二四日）同右　一一名
若原憲和（立命館大ＯＤ）「西独における『社会的抗議』研究の現況」

第三回例会（一九八六年三月二四日）同右　一七名＋α
川島昭夫（神戸市外大）「一九世紀ロンドンのフェア」

第四回例会（一九八六年四月二一日）同右　二一名＋α
次田健作（大谷女子大）「一九世紀におけるフランス・フェミニズムへの視点」
住沢（姫岡）とし子（奈良女子大ＯＤ）「ドイツ第二帝制期における母性主義フェミニズムの形成」

第五回例会（一九八六年五月二六日）同右［この回から二二回まで参加者数不明］
乗杉澄夫（和歌山大）「ヴィルヘルム帝政期ドイツの労資紛争と紛争処理――研究動向の紹介と統計研究」
長谷川まゆ帆（名古屋大ＯＤ）「権力・産婆・民衆――一八世紀後半アルザスの場合」

第六回例会（一九八六年六月二一日）同右
上垣　豊（島根大）「七月王政期の正統王朝派――『自由・ナシオン・普通選挙』」
谷口健治（中部大）「一八四八年革命期ドイツの手工業者運動」

第七回特別例会（一九八六年七月一二日）奈良女子大・ＬＬ教室
野村達朗（愛知県大）・長田豊臣（立命館大）「Ｈ・Ｇ・ガットマン『金ピカ時代のアメリカ』（平凡社）をめぐって」――ビデオ上映と合評会
谷川　稔（奈良女子大）「今後の方向性について――共同研究《国民統合と対抗文化》事務局試案」

第八回例会（一九八六年九月二九日）同志社大・光塩館共同研
『会報』一号配布
落合恵美子（東大・院）「出産から見た日本近代――ある産婆の日本近代――ライフ・ヒストリーから社会史へ」
高木勇夫（名古屋工大）「七月王政下のクリミナリテ」

第九回例会（一九八六年一〇月二〇日）同右
見市雅俊（中央大）「イギリス産業革命をめぐる最近の研究動向――社会史的に見て」
田中正人（愛知県大）「第三共和政初期の小学校と軍隊――国民としての《フランス人》形成」

特別例会（一九八六年一〇月二五日）京都ドイツ文化センター
ドイツ現代史研・ドイツ文化社会史学会と共催
ゲルハルト・Ａ・リッター（ミュンヘン大）「新しい批判的社会史――その理論的・方法論的基礎」
通訳：谷口健治（中部大）・住沢（姫岡）とし子（奈良女子大）

第一〇回例会（一九八六年一一月一五日）同志社大・クラーク記念館

川北　稔（阪大）「イギリス・サーヴァント考――家族・工業化・帝国」
コメント（谷川　稔、川越　修）［川北・谷川の激論！ ⇓ 『会報』コラム「社会史の可能性と限界をめぐって」］
特別例会（一九八六年一二月八日）京都ドイツ文化センター　女性学研究会と共催
バーバラ・ドゥーデン「女性史のパースペクティヴと身体の歴史」（中止）
第一一回例会（一九八六年一二月二〇日）同志社大・クラーク記念館
竹田　有（京都府短大）「一九世紀後期アメリカにおける都市居住空間の分離」
近藤和彦（名古屋大）「民衆・文化・ヘゲモニー――E・P・トムソン以前、以後」
第一二回例会（一九八七年一月三一日）同志社大・光塩館地下会議室
山本範子（奈良女子大）「近代イギリスにおける婚姻と家族――州エリート層を中心に」
川越　修（同志社大）「ドイツ一八四八年革命の社会史的意味」
第一三回例会（一九八七年二月二八日）同右
佐藤卓己（京大・院）「ドイツ社会民主党における情宣システムの形成――宣伝政党・編集部とコミュニケーションの機能」
荻野美穂（奈良女子大・院）「女性史と社会史――方法としての身体」
第一四回例会（一九八七年三月二六日）同志社大・クラーク館二階
住沢（姫岡）とし子（奈良女子大ＯＤ）「女性史と家族史――西ドイツにおける研究の現状」
常松　洋（大産大）「禁酒法とアメリカ社会」
第一五回例会（一九八七年四月二五日）同志社大・光塩館地下
松井良明（奈良教育大・院）「一九世紀イギリスにおける Bloody Sports について」
太田和子（三重大）「エスニシティーとアイデンティティ――カナダ・フランス系住民の事情から」

特別例会（一九八七年五月九日）同右
　タマラ・ハレヴン（ハーヴァード大）「近代化と家族」　通訳：住沢（姫岡）とし子
第一六回例会（一九八七年五月三〇日）同志社大・至誠館三階
　長谷川まゆ帆（名古屋大ＯＤ）「西欧近代における性と社会」
　柿本昭人（京大・院）「一八九二大量死と『遊牧民』の時代――ハンブルクにおけるコレラ・パニック」
第一七回例会（一九八七年六月二七日）同右
　次田健作（大谷女子大）「最近の人口史研究から」
　長田豊臣（立命館大）「南北戦争再建期の政治と社会――アメリカにおける State making process を中心に」
第一八回例会（一九八七年七月一一日）同右
　落合恵美子（同志社女子大）「『近代家族』の変容と家族社会学のパラダイム転換」
第一九回例会（一九八七年九月一二日）同右
　山田史郎（同志社大）「二〇世紀初頭のアメリカにおけるイタリア人移民の家族・教会・学校」
　高橋友子（立命館大・院）「一四・一五世紀フィレンツェの家族像」
第二〇回例会（一九八七年一〇月二四日）同右
　南　直人（阪大）「近代ドイツにおける食生活史――研究動向」
　藤目ゆき（京大・院）「日本の産児調節運動――大正期・昭和戦前期」
第二一回例会（一九八七年一一月一四日）同志社大・光塩館地下
　天野知恵子（和歌山大）「イエズス会の追放とコレージュの改革」
　谷川　稔（奈良女子大）「『近社研』の二年間をふりかえって――共同研究の可能性を探る」

第二二回例会（一九八七年一二月五日）同志社大・至誠館三階
西沢　保（大阪市大）「一九世紀末葉のイギリスにおける商業教育運動」
小林亜子（東大・院）「伝統文化・知・若者」
［この回まで記録ノート欠落］

第二三回例会（一九八八年一月三〇日）同右
宮沢康人ほか教育社会史家を含む三七名参加
藤川隆男（阪大・院）「アジア人移民の比較史的検討――カリフォルニアとオーストラリア」
近藤和彦（名古屋大）「複合社会と儀礼のシンボリズム――一九八一年のイギリス」

第二四回例会（一九八八年二月二七日）同右　二三名
上村祥二（追手門学院大）「一九世紀フランスの初等学校教師」
川越　修（同志社大）「一九世紀前半ドイツのコレラ問題」

第二五回例会（一九八八年三月一八日）同志社大・光塩館一階　二〇名
菅谷成子（名古屋女子大）「一八世紀後半マニラにおける中国人」
村上直之（神戸女学院大）「近代ジャーナリズムの誕生――イギリス犯罪報道の社会史」

第二六回特別例会（一九八八年三月二九日）二日連日・同右にて開催　二三名
山本　正（大経大）「対抗宗教改革と一七世紀前半のアイルランド」
小山静子（京大ＯＤ）「高等女学校の修身教科書に見る女性観の変遷」

第二七回例会と分科会（一九八八年四月二三日）同志社大・至誠館　二九名
原田一美（阪大ＯＤ）「ヒトラー・ユーゲントとドイツの若者たち」
例会後、各分科会からの経過報告と「よびかけ」
• 分科会（Ⅰ）「文化と規範――文化統合と近代社会」（仮）同右、午前一一時より
（Ⅱ）「都市化の社会史」（仮）同右、午後五時より

（Ⅲ）「性・家族・社会」（仮）喫茶「ほんやら洞」午前一一時より

第二八回例会（一九八八年五月二八日）同志社大・クラーク館　二二名
松浦京子（阪大・院）「ロンドンにおける既婚女性の賃金労働――一九世紀後半から世紀転換期」
中房敏朗（奈教大・院）「近代スポーツの成立と社会規範――身体の近代的秩序」

第二九回例会と分科会（一九八八年六月二五日）同右　二五名
下野彌生（愛知県大）「共和国の《危険な賭け》――フランスにおける女子中等教育の開始」
•分科会（「文化と規範」）同右
松井良明（奈教大・院）「一九世紀イギリスのブラッディ・スポーツと《名誉》の観念」
［都市化、性・家族ともに同時開催されていたが、ノートに記録なし］

第三〇回例会（一九八八年七月一六日）同志社大・至誠館　分科会と合せて二三名
渡辺和行（香川大）「近代的知の形成とフランス・ナショナリズム」

第三一回例会（一九八八年九月一七日）同志社大・光塩館地下　分科会と合せて二五名
中島俊克（京産大）「一九世紀フランスの小営業者」
•分科会（「文化と規範」部会の中間検討会、四時から同右にて）
常松　洋「アメリカにおける禁酒運動と社会規範」
松井良明「一九世紀イギリスのブラッディ・スポーツと《名誉》の観念」
谷川　稔「一九世紀フランス農村の司祭と教師」
•「都市化の社会史」部会（同じく四時から光塩館一階にて）
川越　修「一九世紀プロイセンの都市化」

特別分科会「文化と規範」　九月一八日一一時から、啓明館二階アメリカ研究所（山田史郎の勤務先）　一三名
午前一一時：栖原彌生、高橋静子、田中正人

午後一時半：山田史郎、藤川隆男、太田和子、原田一美

午後四時　：天野知恵子、上垣　豊、渡辺和行ほか　　　懇親会：七時「めなみ」

特別分科会「性・家族・社会」（一九八八年一〇月一五日）名古屋の長谷川宅　一〇時京都駅集合

報告者：落合恵美子、住沢とし子、長谷川まゆ帆（三二回例会の案内状下部に「詳細は荻野、住沢まで」）　六名？

第三二回例会（一九八八年一〇月二九日）同志社大・光塩館地下　二二名

見市雅俊・高木勇夫・柿本昭人「コレラと一九世紀ヨーロッパ社会」「『都市化』部会の集中報告」

終了後、各部会からの経過報告

第三三回例会（一九八八年一一月二六日）同志社大・徳照館一階　一六名

本田毅彦（京大・院）「一八八〇年代英領インドにおける植民地官僚制度の『インド化』問題」

谷口健治（中部大）「ドイツ手工業者の子供時代」

第三四回例会（一九八八年一二月一〇日）同右　一二名

合評会　川越　修『ベルリン――王都の近代』（ミネルヴァ書房、一九八八年）

コメンテイター：阪上　孝（京大）・南　直人（阪大）

第三五回例会（一九八九年一月二八日）同志社大・至誠館　一八名

田辺玲子（京大）「現実としてのフィクション――一八世紀ドイツ通俗小説の女性」

第三六回例会（一九八九年二月二五日）同志社大・光塩館二階　一一名

北村昌史（京大・院）「ドイツ三月革命前後の労働諸階級福祉中央協会」

小澤英二（奈教大・院）「世紀転換期アメリカにおけるスペクテイター・スポーツ――サンデーベースボールの解禁を中心に」

第三七回例会（一九八九年三月二五日）同志社大・至誠館三階　二一名
若原憲和（天理大）「一九世紀ドイツの民衆運動」
中島俊克（京産大）「二〇世紀前半パリ郊外における労働者の意識」

第三八回例会（一九八九年四月二二日）同右　一八名
千本暁子（阪南大）「日本における性別役割分業の形成――家計調査を手がかりに」
西岡芳彦（一橋大）「一八四八年のパリ民衆――貧民層と〈六月蜂起〉」

特別分科会（一九八九年四月二三日）同志社大・アメリカ研二階『文化と規範』（仮）の原稿検討会　一〇名＋α

第三九回例会（一九八九年五月二七日）同志社大・至誠館　二〇名
佐久間亮（京大・院）「放浪者とヴィクトリアニズム」
荻野美穂（奈良女子大）「女の解剖学――近代的身体の成立」

第四〇回例会（一九八九年六月二四日）同志社大・光塩館地下　一九名
住沢（姫岡）とし子（立命館大）「世紀転換期ドイツ労働者層における〈近代家族〉の形成」
村上真弓（九州大ＯＤ）「両大戦間期オーベルヴィリエのイタリア人」

第四一回例会（一九八九年七月八日）同右　一九名
南　直人（帝国女子大）「都市生活とミルク――〈近代的食生活〉の始まり」
川越　修（同志社大）「日常生活のなかの〈近代〉都市――コレラの社会史から都市化の社会史へ」
［三部作、夏休み前後に分けて入稿完了］

第四二回例会（一九八九年九月三〇日）同志社大・神学館一階　二五名
佐藤卓己（京大・院）「ＳＰＤ大衆宣伝のモラルと風俗史家Ｅ・フックス」
谷川　稔（奈良女子大）「メリットクラシーの神話――一九世紀フランスのエリート形成」

［「フランス革命二〇〇年シンポジウム」一〇月、京大会館　二次会「ビストロ・めなみ」でのラ・マルセイエーズ］

第四三回例会（一九八九年一〇月二八日）同志社大・光塩館地下　一九名
常松　洋（大産大）「一九二〇年代アメリカ社会と宗教」
田中正人（愛知県大）「第一次大戦下フランスにおける労働力リクルート」

第四四回例会（一九八九年一一月二五日）同志社大・徳照館一階　一八名
柿本昭人（京大・院）「我ら一九世紀の子――歴史学とテロス」
荻野美穂（奈良女子大）「性の衛生学――ヴィクトリア朝〈買売春〉と性病」

第四五回特別例会（一九八九年一二月一六日）同志社大・至誠館三階　二九名
西川長夫（立命館大）「フランス革命と国民統合――社会史と国家論の接点を求めて」
＊この日の討論は、西川、谷川、天野、姫岡、川越、谷口、栖原、高木、渡辺らの討論座談会として『ユスティティア』二号（九一年四月）に西川報告部分、三号（九二年二月）に討論部分が掲載された。

第四六回例会（一九九〇年一月二七日）同右　二二名
平野千果子（奈良女子大・院）「第三共和政期フランスの学校教科書にみる植民地問題」
森本真美（阪大・院）「一九世紀中葉イギリスにおける少年犯罪者問題」

第四七回例会（一九九〇年二月二四日）同右　二〇名
山本範子（同志社大・講）「共同体のなかの法と犯罪――一七世紀イギリスの名誉毀損罪をめぐって」
高木勇夫（名工大）「モラル・コードの罠――フランスにおける監獄論争と犯罪統計の展開」

第四八回例会（一九九〇年三月二五日）同志社大・光塩館　三三名
合評会『規範としての文化――文化統合の近代史』（平凡社、一九九〇年三月一五日）

コメンテイター：福井憲彦（学習院大）・村上信一郎（神戸市外大）・川島昭夫（神戸市外大）　二五名

第四九回例会（一九九〇年四月二八日）同志社大・至誠館三階
松浦京子（阪大・院）「〈清潔〉のすすめ——一九世紀イギリス公衆衛生改革の一側面」
上垣　豊（島根大）「一九世紀フランスにおける聖別式」　二五名

第五〇回例会（一九九〇年五月二六日）同志社大・徳照館一階
田辺玲子（京大）「〈女〉を軸に歴史を読む——川越・姫岡・原田・若原編『近代を生きる女たち』をめぐって」
谷川　稔（奈良女子大）「文化統合の社会史はいかにして可能か——『規範としての文化』へのコメントを承けて」　二五名

第五一回例会（一九九〇年六月二三日）同志社大・至誠館三階（「犯罪と日常」プロジェクトの提起）
小山静子（立命館大）「第一次大戦の衝撃——日本の女子教育界の場合」
川島昭夫（神戸市外大）「日常史と犯罪史」　二五名

第五二回例会（一九九〇年七・二一日）同右
合評会『青い恐怖　白い街——コレラ流行と近代ヨーロッパ』（平凡社、一九九〇年六月二一日）
コメンテイター：次田健作・見市雅俊　三三名

•分科会：例会前の一二時半より新プロジェクト「犯罪と日常」（仮）準備会発足（例会報告でオープンに）
今後、例会前に運営委員会的なものを持つことを申し合わせる。一〇月より実施。

第五三回例会（一九九〇年九月一五日）同志社大・光塩館地下
合評会『制度としての〈女〉——性・産・家族の比較社会史』（平凡社、一九九〇年七月二三日）
コメンテイター：松浦京子（阪大・院）・近藤和彦（東大）　二六名

第五四回例会（一九九〇年一〇月二七日）同志社大・明徳館五階（一二時より、弁当持参での運営委員会）
川越　修（同志社大）「世紀転換期ドイツにおける〈生・性・政〉」　二六名

上村祥二（追手門学院大）「ジュール・フェリーの女教師たち」

第五五回例会（一九九〇年一一月一七日）同志社大・光塩館地下　二一名
松井良明（奈良高専）「スポーツと刑法——一九世紀イギリスのプライズ・ファイトをめぐって」
藤川隆男（帝塚山大）「パブリック・ミーティングと腐敗選挙」

第五六回例会（一九九〇年一二月一五日）同志社大・至誠館三階　［忘年会：「ビストロ・めなみ」］　二五名
井野瀬久美惠（甲南大）「子供たちの大英帝国」
栖原（下野）彌生（愛知県大）「性の〈ポリス〉——世紀転換期フランスの売春」

第五七回例会（一九九一年一月二六日）同志社大・至誠館三階　二八名
佐久間亮（徳島大）「名誉革命下のフリー・トレイダーたち」
長井伸仁（阪大・院）「一九世紀のパリ警察と秩序」

第五八回例会（一九九一年三月二六日）同右　二〇名
池田恵子（奈良女子大・院）「前ヴィクトリア時代におけるブリティシュ・スポーツ——『ピアス・イーガンのスポーツの書』（一八三二）をめぐって」
常松　洋（大産大）「世紀転換期シカゴにおける移民と犯罪」

第五九回例会（一九九一年四月二七日）京大会館（以後、百万遍界隈へ）　二五名
山本　正（大経大）「《野蛮》の《改革》——一六世紀末アイルランドの《ニュー・イングリッシュ》のアイデンティティ」
早田由美子（京都市芸大）「一九世紀イタリアにおける子供」

第六〇回例会（一九九一年五月二五日）京都学生研修会館（百万遍学生センター）　二二名
中房敏朗（仙台大）「近代スポーツの形成——ヴィクトリア朝初期の『賭博法』（一八四五）をめぐって」

杉本淑彦（静岡大）「失われたもう一つの解放――一九四五年フランス国民の帝国意識」

第六一回例会（一九九一年六月二二日）京大会館　二五名
石井昌幸（奈教大・院）「大英帝国とスポーツマン――帝国主義下の〈スポーツ教育〉」
光永雅明（京大）「精神権威と世俗権力――イギリス実証主義者と政治改革」

第六二回例会（一九九一年七月一三日）楽友会館　三三名
姫岡とし子（立命館大）「母性・家族・フェミニズム――世紀転換期ドイツの母性ネットワーク」
川島昭夫（京大）「《狩猟法と密猟》再訪」

第六三回夏休み特別例会（一九九一年八月二六日）［一時より、於・「ビストロ・めなみ」］　二三名
田中正人「一八八九年フランスの兵制改革」　終了後、即、「暑気払い」ビア・パーティ

第六四回例会（一九九一年九月二一日）百万遍学生センター　一七名
平野千果子（奈良女子大・院）「ヴィシー政権とカトリシスム」
服部　伸（同志社大）「世紀末ドイツ中央党における地方の論理」

第六五回例会（一九九一年一〇月二六日）京大会館　一八名
三成賢次（阪大）「近代ドイツ地方制度と《住民自治》」
春日直樹（奈良大）「Viti Kambani（Fiji Company）運動――一九一？・～？・？・？・年」

第六六回例会（一九九一年一一月三〇日）百万遍学生センター　一九名
太田和子（三重大）「第二次大戦下のケイジアンと教会――ルイジアナの一漁村における神父失踪事件をめぐって」
小林亜子（愛知教育大）「フランス革命と知識人――中央学校の教授たち」

第六七回例会（一九九一年一二月一四日）京大文学部博物館三階　二六名

石井三記（和歌山県医大）「フランス革命期の法学教育・司法制度・法曹」
冨山一郎（神戸市外大）「〈日本人〉になるということ――戦争動員と沖縄戦」
第六八回例会（一九九二年一月二五日）同右　一八名
指　昭博（神戸市外大）「イングランド宗教改革に関する近年の研究動向をめぐって」
南　直人（帝国女子大）「食をめぐる犯罪行為と法規範――世紀転換期ドイツの事例」
第六九回例会（一九九二年三月二八日）同右　二二名
中村年延（同志社大・院）「アダム・ミツキェヴィチとポーランド・スラブ主義――形成過程を通して」
森脇由美子（立命館大・院）「工業化のなかの Artisan Worker――一九世紀前半のニューヨークを例として」
第七〇回例会（一九九二年四月二五日）同右　二七名
槇原　茂（島根大）「世紀転換期フランスのカトリック結社運動――農村部での活動を中心に」
小林仁美（大教大）「近代日本における〈不良少年少女〉をめぐる教育――留岡幸助と家庭学校を中心に」
第七一回例会（一九九二年五月三〇日）京大人文研・西館二階（光永助手の勤務先）　二三名
渡辺和行（香川大）「ドレフュス事件と歴史家」
西川麦子（阪大・院）「バングラデシュ農村のイスラム教徒の物乞い――物乞いを生み出し、受容する社会的文化的背景」
第七二回例会（一九九二年六月二七日）京大文学部博物館三階　三二名
野村達朗（愛知県大）「近代世界史の展開とアメリカ合衆国の人種民族構造」
第七三回例会（一九九二年七月一一日）同右　二二名
長谷川まゆ帆（三重大）「一八世紀フランスにおける権力・産婆・民衆――〈慣習の形成〉再考」
第七四回例会（一九九二年八月二〇日）同右　二三名

平野千果子（奈良女子大ＯＤ）「ヴィシー政権期の教会と学校――教育政策をめぐって」
藤川隆男（帝塚山大）「アメリカ・インディアンとアボリジナル――人口・火・処女地」
第七五回例会（一九九二年九月一九日）同右　一五名
村上信一郎（神戸市外大）「象徴論的ファシズム論の可能性――レニ・リーフェンシュタールの作品を手がかりに」
第七六回例会（一九九二年一〇月三一日）百万遍学生センター　二四名
田中正人（愛知県大）「一九世紀フランスの初等教育におけるジェンダー――第二帝政期から第三共和政期の変容をめぐって」
藤本茂生（就実短大）「書物と読書と民衆と――初期アメリカ史における印刷文化の変容」
第七七回例会（一九九二年一一月二一日）京大文学部博物館三階　一二名
北村昌史（京大）「一九世紀ドイツにおける住宅改革構想の変遷」
上垣　豊（龍谷大）「一九世紀フランスの貴族」
第七八回例会（一九九二年一二月一九日）同右　三五名
川北　稔（阪大）「〈核家族の苛酷〉――イギリス救貧史の再考にむけて」
第七九回特別例会（一九九三年一月二三日）同右　関西フランス史研究会、日仏歴史学会との共催
アラン・コルバン（パリ第一大）「歴史家の発想と手法――一近代史家の歩み、一九六〇～九二」
通訳：平野千果子（奈良女子大ＯＤ）　六〇名以上
第八〇回例会（一九九三年三月二七日）同右　二〇名
進藤修一（同志社大・院）「一九世紀末ドイツにおける工科大学――博士号授与権問題を中心として」
柳原智子（広島大）「フランス革命とユニヴェルサリテ――アベ・グレゴワールのディスクールを通して」

第八一回例会（一九九三年四月二四日）同右　［谷川在外研究のため、事務局、京大人環・川島研へ］　二一名
井野瀬久美恵（甲南大）「『家庭の天使』か『帝国の使者』か？――世紀転換期のイギリス女性移民」

第八二回例会（一九九三年五月二二日）京大会館　一九名
服部　伸（岐阜大）「専門職としての医師の成立――一九世紀末ドイツを例に」

第八三回例会（一九九三年六月二六日）京大文学部博物館三階　二〇名
島田真杉（京大）「兵士の安息――第二次大戦の復員兵とアメリカ社会」

第八四回例会（一九九三年七月一七日）同右　二四名
森本真美（阪大・院）「絞首（ギャロッティング）パニック再考」
谷口健治（滋賀大）「帝国都市ニュルンベルクにおけるパン供給」

第八五回例会（一九九三年九月二四日）同右　一四名
小林清一（滋賀県大）「国家と社会的保障の制度――二〇世紀アメリカと貧困の問題」

特別例会（一九九三年一〇月二三日）関学・現代ヨーロッパ研究会と共催　［ノート記載なし］
イッガース教授（ニューヨーク州立大）夫妻を囲む研究集会

第八六回例会（一九九三年一〇月三〇日）百万遍学生センター　二一名
小関　隆（東京農工大）「一九世紀後半イギリスにおける労働者クラブの世界――Henry Solly を中心に」

第八七回例会（一九九三年一一月二七日）京大文学部博物館三階　一六名
石井昌幸（帝塚山大・講）「前世紀転換期大英帝国におけるスポーツとしての狩猟」
北村昌史（京大）「一九世紀前半ベルリンの住宅事情」

第八八回例会（一九九三年一二月一八日）同右　［忘年会：新三浦］　一九名

池田恵子（奈良女子大・院）「前ヴィクトリア時代のボクシング擁護論」
常松　洋（大産大）「一九二〇年代のクー・クラックス・クラン」

第八九回例会（一九九四年一月二九日）同右　一七名
松井良明（奈良高専）「イギリス帝国主義時代における体育――〈身体の社会史〉にむけて」
中島俊克（京産大）「世界恐慌とイノヴェーション――戦間期パリ機械工業を素材として」

第九〇回例会（一九九四年三月二六日）同右　［北村文学部助手、四月より新潟大転任のため同会場の最終回］二一名
竹中　亨（阪大）「反近代的社会改革と原理主義――帝政ドイツ反ユダヤ主義の歴史像」
川島昭夫（京大）「近代英国の非正規医療と無資格医」

第九一回例会（一九九四年四月三〇日）百万遍学生センター　二〇名
中村年延（同志社大・院）「ミツキェヴィチとミシュレ――一八四〇―五〇年代フランスにおけるスラブ民族観」

第九二回特別例会（一九九四年五月二八日）京大文学部四階会議室　西洋史学・現代史学研究室主催講演会［ノート記載なし］
ローレンス・ストーン「イギリス社会史の諸問題」

第九三回例会（一九九四年六月二五日）百万遍学生センター　二三名
山本範子（同志社大・講）「名誉革命体制下におけるモラル・リフォーメーション――『道徳改良協会』を中心に」
谷川　稔（奈良女子大）「パリで見たこと、考えたこと」

第九四回例会（一九九四年七月二三日）同右　二六名
池田恵子（奈良女子大・院）「前ヴィクトリア時代における感性としてのスポーツ」
冨山一郎（神戸市外大）「国民の誕生と『日本人種』」

第九五回例会（一九九四年一〇月一日）京大総合人間学部A号館　［案内状に「近社研＝共同廊下」論（川島）］　一八名

　早田由美子（甲子園短大）「イタリア家族史の現状と課題」
　杉本淑彦（静岡大）「ジュール・ヴェルヌと帝国主義化」

第九六回例会（一九九四年一〇月二九日）楽友会館　二二名
　見市雅俊（中央大）「栄養不良の世界史」

第九七回例会（一九九四年一一月二六日）楽友会館一階北室　一九名
　春日直樹（奈良大）「王権をめぐって――フィジーの事例から」
　福留かおり（奈良女子大・院）「フランス革命期のプロテスタント」

第九八回例会（一九九四年一二月一七日）百万遍学生センター　二一名
　三成美保（大阪経法大）「近世ドイツの犯罪――淫行罪と嬰児殺」

第九九回例会（一九九五年一月二八日）楽友会館　［阪神淡路大震災直後］　一三名
　伊藤順二（京大・院）「西グルジアの農民と社会主義者」

第一〇〇回例会（一九九五年三月二五日）同右　三〇名
　佐久間亮（徳島大）「一九世紀イギリスの環境保護運動と生活」
　渡辺和行（香川大）「ナチ占領下のアルザス」

第一〇一回例会（一九九五年四月二二日）楽友会館パーラー　二三名
　藤川隆男（阪大）「アボリジナルの娯楽」

第一〇二回例会（一九九五年五月二七日）同右　三六名
　大塚陽子（立命館大・院）「一九三〇―四五年英独における家族政策の発展と家族との関係について」
　塚本有紀（奈良女子大・院）「一九世紀イングランド女子中等教育の成立と展開」

第一〇三回例会（一九九五年六月二四日）京大総合人間学部A号館三二八号室　三一名
藤内哲也（京大・院）「ヴェネツィアのスクオーラ・グランデ」
原田一美（大産大）「ナチズムの女子教育」

第一〇四回例会（一九九五年七月一五日）楽友会館　三七名
越水雄二（同志社大）「一八世紀後半のフランスにおける教育——コレージュ改革と公教育論の展開」
小路田泰直（奈良女子大）「岡倉天心の登場の意味するもの——日本における国民国家の崩壊と成立」

第一〇五回例会（一九九五年九月三〇日）同右　三〇名
久保利永子（京大・院）「一九世紀グィネズ（ウェールズ）におけるスレート産業労働者の移動」
常松　洋（京都女子大）「脱ヴィクトリア期アメリカの若さ崇拝」

第一〇六回例会（一九九五年一〇月二八日）同右　三三名
林田敏子（奈良女子大・院）「一九世紀イギリスにおける警察と社会」
天野知恵子（和歌山大）「英雄になった少年たち——フランス革命期のバラ・ヴィアラ祭典」

第一〇七回例会（一九九五年一一月二五日）同右　二〇名
竹中幸史（京大・院）「フランス革命期ルーアンの民衆協会」
谷口健治（滋賀大）「近世都市の構造——ハノーファを例に」

第一〇八回例会（一九九五年一二月二三日）京大会館　二四名
平野千果子（鈴鹿国際大）「ユリアージュ：ドイツ占領下フランスの国立幹部学校——エマニュエル・ムニエと『二〇世紀の革命』」
渡辺孝次（松山大）「マイノリティーと第一インターナショナル——スイス・ジュラ連合とマルクスの論争」

第一〇九回例会（一九九六年二月三日）楽友会館　二四名

宮川　剛（京大・院）「近世ロンドンの教区——いわゆるロンドン安定論をめぐって」

森脇由美子（立命館大）「リパブリカニズムと職人——一九世紀アメリカの政治風景」

第一一〇回例会（一九九六年三月二五日）同右　一八名

中本真生子（奈良女子大・院）「アルザスの小学校教師——第一次大戦期アルザスにおける国民意識をめぐって」

石井昌幸（京大・院）「近代スポーツと文化帝国主義——書評：*A. Guttmann, Games and Empire*, 1994」

第一一一回例会（一九九六年四月二〇日）同右　二三名

山本範子（同志社大・講）「一八世紀初頭イギリスにおける道徳改革運動と『キリスト教知識普及協会』」

高木勇夫（名工大）「『帽子屋パチュロの冒険』——風俗作家レーボーと風刺画家グランヴィル」

第一一二回例会（一九九六年五月二五日）百万遍学生センター　三〇名

並河葉子（阪大・院）「一九世紀イギリスにおける福音主義キリスト教伝道団体の活動」

南　直人（大阪国際女子大）「ヨーロッパにおける食生活史研究の現状」

第一一三回例会（一九九六年六月二九日）楽友会館　二四名

川村朋貴（立命館大・院）「一九世紀半ばのジェントルマン社会の変容とインド統合」

上垣　豊（龍谷大）「一九世紀のフランス貴族」

第一一四回例会（一九九六年七月一三日）京大・総人A号館　二四名

村上信一郎（神戸市外大）「レンツォ・デ・フェリーチェのファシズム論について」

正本　忍（長崎大）「アンシァン・レジーム期フランスの治安機構——一八世紀マレショーセ」

第一一五回例会（一九九六年九月二八日）同右　一八名

乳原　孝（近大）「エリザベス朝時代のロンドンにおける道徳・法・懲罰」

冨山一郎（神戸市外大）「熱帯科学と植民地主義——南洋群島をめぐって」

第一一六回例会（一九九六年一一月三〇日）楽友会館　一五名
中村年延（同志社大ＯＤ）「一八四〇年代パリの亡命者社会」

第一一七回例会（一九九六年一二月一五日）京大会館ＳＲ室　二四名
見市雅俊（中央大）「開発原病史総論および戦後史学終焉についての鳥瞰図」

第一一八回例会（一九九七年一月）ノートに記載なし。

第一一九回例会（一九九七年三月二二日）京大会館　二二名
木村由美（奈良女子大・院）「アンシュルス（独墺合邦）とオーストリア」
栗原眞人（香川大）「一八世紀前半イングランドの罪と罰」
第一二〇回例会（一九九七年四月二六日）楽友会館［川島、在外研究のため、四月より事務局、奈良女・谷川研へ］　二八名
金澤周作（京大・院）「近代イギリスとフィランスロピー（博愛主義）――人命救助の成立」
槙原　茂（島根大）「一九世紀後半フランスにおける民衆教育――『教育同盟』の運動を中心に」

第一二一回例会（一九九七年五月一七日）百万遍学生センター　二五名
渡辺和行（香川大）「現代フランス社会と戦争の記憶」

第一二二回例会（一九九七年六月二八日）楽友会館　二七名
松井良明（奈良高専）「賭けと近代スポーツ――摂政時代の英国スポーツをめぐって」
定松　文（お茶の水女子大）「コルシカ・ナショナリズムにみる『国家』と『民族』」

第一二三回例会（一九九七年七月一二日）京大・総人Ａ号館一一五号室　三一名
姫岡とし子（立命館大）「工場法の成立とジェンダー規範――日独比較の視点から」
松塚俊三（福岡大）「一九世紀イギリス自由主義国家と初等学校教師」

第一二四回例会（一九九七年九月二〇日）百万遍学生センター　二一名
谷口健治（滋賀大）「バイエルンにおける近代国家の誕生――モンジュラ時代の国家機構と官僚制度の改革について」

第一二五回例会（一九九七年一〇月二六日）同右　二三名
光永雅明（神戸市外大）「記憶と歴史――ロンドンにおける銅像建設　一八七〇―一九一四」

第一二六回例会（一九九七年一一月二二日）同右　一五名
服部　伸（岐阜大）「世紀転換期ドイツにおけるオルタナティブ医療活動――ホメオパティー素人医協会の活動」

第一二七回例会（一九九七年一二月一三日）同右　［忘年会：豆水楼］　三三名
杉原辰雄（京大・院）「四年国会期ポーランドにおけるグダンスク問題」
平野千果子（鈴鹿国際大）「ヴィクトル・シュルシェールと植民地――奴隷制廃止から同化主義へ」

第一二八回例会（一九九八年一月二四日）同右　三八名
合評会『日常と犯罪――西洋近代における非合法行為』（昭和堂、一九九八年一月二五日）
コメンテイター：栗田和典（静岡県大）・北村昌史（新潟大）

第一二九回例会（一九九八年三月二八日）同右　二三名
林田敏子（奈良女子大・院）「一九世紀イギリス警官の職業意識――『ポリス・ガーディアン』を中心に」
伊藤順二（京大・院）「一九〇五年グルジアの農民運動と知識人――教育・犯罪・革命」

第一三〇回例会（一九九八年四月二五日）同右　［事務局、京大文学部・谷川研へ］　三三名
竹中幸史（京大・院）「ルーアンにおける革命祭典の組織と展開」
進藤修一（大阪外大）「南ティロールの地下学校（一九二〇～三八）」

第一三一回例会（一九九八年五月三〇日）京大会館　三一名

池田恵子（奈良女子大）「イギリス急進主義とスポーツ（一八一〇―三二）」
剣持久木（名城大）「フランス現代史叙述における〝過去の克服〟――パポン裁判と歴史家たち」

第一三二回例会（一九九八年六月二七日）楽友会館　二〇名
藤内哲也（京大・院）「近世ヴェネツィアの権力構造」
加藤克夫（島根大）「〈国民〉と〈異邦人〉のはざまで――フランスのユダヤ人解放（一七九一）」

第一三三回例会（一九九八年七月一八日）百万遍学生センター　二六名
水野祥子（阪大・院）「世紀転換期イギリスの環境保護活動――ナショナル・トラスト運動の創設をめぐって」
上垣　豊（龍谷大）「立憲王政下フランスのイエズス会神話――モンジェロからミシュレまで」

第一三四回例会（一九九八年九月二六日）同右　二六名
藤川隆男（阪大）「多文化主義と帝国主義・ナショナリズム――オーストラリアのアイルランド系移民とアボリジナル」
藤本茂生（帝塚山大）「初期アメリカにおけるジェンダーと人種」

第一三五回例会（一九九八年一〇月三一日）楽友会館　一八名
久保利永子（京大・院）「ウェールズにおける登山――一九世紀後半から一九一四年まで」
田中ひかる（大教大）「ドイツ語圏におけるアナーキズムとテロリズム――『革命兵学』の成立とその背景」

第一三六回例会（一九九八年一一月二八日）百万遍学生センター　三〇名
三成賢次（阪大）「近代プロイセン地方自治における官僚支配――国家監督制度をめぐって」
川島昭夫（京大）「デフォレステーション再考」

第一三七回特別例会（一九九八年一二月五日）同右　関西フランス史研究会と共催　一八名
アラン・フォール（パリ第一〇大学・ナンテール）「彼らはいかにしてパリジァンとなったか――一九世紀末パリ移住民の統合をめぐって」通訳：長井伸仁（学振ＰＤ）

第一三八回例会（一九九八年一二月一二日）同右　　　　［忘年会：カーニバルタイムズ］　三八名
　長井伸仁（学振ＰＤ）「フランス第三共和政五〇周年記念行事」
　近藤和彦（東大）「近世ヨーロッパをどう問題にするか」

第一三九回例会（一九九九年三月二〇日）同右　　二四名
　中村年延（同志社大ＯＤ）「近代カトリシスムとポーランド独立問題」
　西川麦子（甲南大）「植民地統治と〈白人貧民〉――英領インドのヨーロッパ人浮浪者法」

第一四〇回例会（一九九九年四月二四日）同右　　四三名
　金澤周作（京大・院）「近代英国の博愛活動（フィランスロピー）」
　高橋秀寿（立命館大）「時間・美学・近代化――ドイツ戦後史叙述の試み」

第一四一回例会（一九九九年五月二九日）同右　　三一名
　宮川　剛（京大ＯＤ）「一五九〇年代イギリスの「危機」再考」
　天野知恵子（和歌山大）「フランス革命前夜の子ども・家族・社会――アルノー・ベルカン『子どもの友』の世界」

第一四二回例会（一九九九年六月二六日）同右　　二八名
　川本真浩（阪大）「戦間期イギリスにおける帝国博覧会」
　渡辺和行（奈良女子大）「義務の共和国――ラヴィスの歴史教育と国民形成」

第一四三回例会（一九九九年七月一〇日）京大文学部一講　　三九名
　杉本淑彦（阪大）「エジプト遠征二〇〇年――記憶の戦い」
　見市雅俊（中央大）「近代国民国家の生成をめぐって――谷川・村岡他『近代ヨーロッパの情熱と苦悩』を手がかりに」

第一四四回例会（一九九九年九月二五日）百万遍学生センター　　二四名
　中本真生子（学振ＰＤ）「教科書のなかのアルザス」

栗田和典（静岡県大）「徒弟シェパードの〝死を前にしてのことば〟」

［一〇月六日、谷川、頚髄損傷事故、事務のメール依存始まる］

第一四五回例会（一九九九年一〇月二三日）楽友会館　二六名

塚本有紀（奈良女子大・院）「一八八〇年代イギリスにおける少女の家庭生活――ＧＯＰからのアドバイス」

北村昌史（新潟大）「近代ドイツの市民社会と住宅問題」

第一四六回例会（一九九九年一一月二七日）百万遍学生センター　二六名

上原良子（静岡英和短大）「一九四〇年代後半フランスにおけるヨーロッパ意識の萌芽――ヨーロッパ統合運動を通して」

佐久間亮（徳島大）「帝国と自然保護――英領南アフリカの経験」

第一四七回例会（一九九九年一二月一八日）同右　二九名

石井昌幸（京大・院）「一九世紀イギリスにおける狐狩り――ジェントルマンとスポーツマン」

上垣　豊（龍谷大）「ショーヴィニズムの神話――ピュイメージュ『農民兵士ショーヴァン』を読む」

第一四八回例会（二〇〇〇年三月二七日）同右　二三名

宮崎　章（阪大・院）「トライブ・ビルディングの試み――英領ケニアのコミュニティ・ディヴェロップメント」

常松　洋（京都女子大）「アメリカ合衆国における売春規則――白人奴隷輸送規制（マン）法（一九一〇年）の制定と意味」

第一四九回例会（二〇〇〇年四月二二日）京大会館　六四名

共通テーマ〈国民国家論とヨーロッパ近代史研究の未来〉

伊藤順二（学振ＰＤ）「アンダーソン以後の国民国家論」

西川長夫（立命館大）「フランスの解体・フランス史の解体？」

司会／コメンテイター：谷川　稔（京大）［西川による、谷川『国民国家とナショナリズム』批判］

第一五〇回例会（二〇〇〇年五月二七日）百万遍学生センター　二二名
福嶋千穂（京大・院）「近世ルテニアの宗教・地域・国家——ブレスト教会合同を中心に」
宮崎理枝（京大・院）「一七世紀イタリア・ボローニャにおけるペスト対策と都市住民」

第一五一回例会（二〇〇〇年六月二四日）同右　三〇名
林田敏子（学振ＰＤ）「パトリック・カフーンとテムズ河川警察——一七九八年暴動の事例から」
三成美保（摂南大）「ドイツにおける婚外子法の改正論議——ドイツ民法典編纂からワイマール期まで」

第一五二回例会（二〇〇〇年七月一五日）京大文学部一講　五八名＋一〇数名
谷川　稔（京大）「方法としての『記憶の場』再考」
コメンテイター：ノラ編『記憶の場』日本語版・翻訳グループ（天野知恵子・上垣豊・江川温・加藤克夫・工藤光一・杉本淑彦・竹中幸史・長井伸仁・中本真生子・平野千果子・和田光司・渡辺和行）

第一五三回例会（二〇〇〇年九月三〇日）百万遍学生センター　二八名
森脇由美子（三重大）「一九世紀中葉アメリカの都市社会と劇場——ニューヨーク市を例として」
園屋心和（京大・院）「ナポレオンとライン連邦」

第一五四回例会（二〇〇〇年一〇月二八日）京大・文東館三階　二九名
為政雅代（同志社大・院）「戦後ドイツにおける政治学と政治教育——西ベルリン・ドイツ政治大学を中心に」
古賀秀男（京都女子大）「キャロライン王妃事件をどうとらえるか——イギリス王室と改革派・民衆」

第一五五回例会（二〇〇〇年一一月二五日）百万遍学生センター　三一名
亀高康弘（同志社大・院）「フランス前期第三共和政期における祭典戦略」
山田史郎（同志社大）「〈記憶のかたち〉としてのアメリカ移民史研究」

第一五六回例会（二〇〇〇年一二月一六日）同右　［忘年会：ミュンヘン］　三三名

松井良明（奈良高専）「不法な遊戯――イギリス刑法にみるスポーツの近代化」
菅谷成子（愛媛大）「一八世紀中葉マニラの中国人移民社会――カトリック化と中国系メスティーソの興隆」

第一五七回例会（二〇〇一年三月二四日）同右　二九名
堀内隆行（京大・院）「『ステイト』誌と南アフリカ人の創造――南ア連邦結成過程の再検討」
［メール会員制導入予告］
山之内克子（神戸市外大）「啓蒙期ウィーンの都市社会と出版状況――ヨハン・ペツル『ウィーンのスケッチ』を中心に」

第一五八回例会（二〇〇一年四月二八日）同右　三二名
佐久間大介（京大・院）「一八世紀末ティロールにおける地域と国家――一七九〇年の領邦議会を中心に」
松田祐子（阪大・院）「世紀転換期フランスにおける主婦の誕生――『ル・プチ・ジュルナル・シュプレマン・イリュストレ』紙のコラムを中心に」
［新事務局　庶務：谷川、名簿管理：佐久間大介、会計：堀内、会計監査：福嶋　メール会員登録開始］

第一五九回例会（二〇〇一年五月二六日）同右　三三名
服部　伸（岐阜大）「ハイルプラクティカー資格への道――帝政期ドイツにおける無資格治療師」
池田恵子（山口大）「日本におけるスポーツと女性――洋行帰りのハイカラウーマンたち」

第一六〇回例会（二〇〇一年六月三〇日）同右　三四名
南　直人（大阪国際女子大）「ホテル・飲食業における職業教育と資格社会――ドイツの事例」
高木勇夫（名工大）「アフリカのリヨテ――フランスの植民地経営と文化保護策」

第一六一回例会（二〇〇一年七月二一日）同右　二二名
田中晶子（阪大・院）「戦後西ドイツと American way of life――一九五〇年代の自動車のある生活」
田中ひかる（大教大）「描かれたアナーキスト――一九世紀末の小説・カリカチュアなどから」

第一六二回例会（二〇〇一年九月二九日）同右　一九名
　中村年延（同志社大・講）「〈文明の使命化〉に抗して――ふたつのポーランド」
　久田由佳子（長野県立短大）「一九世紀前半ニューイングランドにおける靴職人の世界」

第一六三回例会（二〇〇一年一〇月二七日）同右　二二名
　永井かおり（京大・院）「一九世紀フィンランドにおける国民意識の形成をめぐって――初等教育教材を中心に」
　金澤周作（川村学園女子大）「近代英国における国制と〈旧き腐敗〉をめぐって」

第一六四回例会（二〇〇一年一一月二四日）同右　一七名
　梶さやか（京大・院）「ナポレオン時代のポーランド＝リトアニア関係――分離と統合のはざまで」
　藤本茂生（帝塚山大）「ニューヨーク州フロンティアの子どもの生活」

第一六五回例会（二〇〇一年一二月八日）京大・文一講　［忘年会：ルヴェ・ソン・ヴェール］　三五名
　井野瀬久美恵（甲南大）「あるアフリカ部族王の渡英――一枚の絵画をめぐる試論」
　見市雅俊（中央大）「国土誕生の産声を聞く――W. Camden, *Britannia* を中心に」

第一六六回例会（二〇〇二年三月三〇日）百万遍学生センター　一九名
　北村陽子（名大・院）「ドイツ社会民主党と家族政策――一九一四―二九年フランクフルトにおける家族政策の成立」
　山本範子（同志社大・講）「名誉革命体制成立期におけるイギリス諸島と道徳改革」

第一六七回例会（二〇〇二年四月二七日）同右　［メール会員の会費値下げ］　三二名
　志村真幸（京大・院）「一八世紀イギリスの見たスイス――エドワード・ギボンを中心として」
　上垣　豊（龍谷大）「一九世紀末フランスにおけるイエズス会問題」

第一六八回例会（二〇〇二年五月二五日）同右　二六名
　山梨　淳（阪大・院）「第三共和政期フランスの社会改良運動と植民地――ミュゼ・ソシアルの活動を中心に」

北村昌史（新潟大）「ホープレヒト案（一八六二年）とベルリン都市社会」
第一六九回例会（二〇〇二年六月二二日）同右　一六名
久保利永子（京大・院）「『見る山』から『登る山』へ――一九世紀中葉のイギリス人のアルプス登山」
加藤克夫（島根大）「近代フランスのユダヤ人と『同化』」
第一七〇回例会（二〇〇二年七月六日）同右　三七名
久保洋一（京大・院）「ヴィクトリア朝イギリスにおける『死』について」
杉本淑彦（京大）「ドノン『ボナパルト将軍麾下エジプト紀行』（一八〇二年）の二百年」
第一七一回例会（二〇〇二年九月二八日）同右　二〇名
大原詠美子（奈良女子大・院）「ルイ一四世治下のプロテスタント――カミザール戦争を中心に」
中野耕太郎（大阪市大）「試論：〈新移民〉の戦争――第一次世界大戦期のシカゴを中心に」
第一七二回例会（二〇〇二年一〇月二六日）同右　一六名
黒澤和裕（京大・院）「ベトナムにおけるフランスの植民地教育――一九二〇年代の初等教育を中心に」
金子　毅（歴博）「高度成長をめぐる産業労働の虚と実――八幡製鉄における『安全』言説を中心に」
第一七三回例会（二〇〇二年一二月一四日）同右　二二名
瓜生洋一（大東文化大）「フランス革命期における国家の神経系の形成――腕木信号機のコミュニケーションネットワーク」
第一七四回例会（二〇〇三年三月二九日）同右　一五名
堀内隆行（京大・院）「ミルナー・キンダーガルテンの南アフリカ経験（一八九九―一九〇二年）――『ブリタニック・シティズンシップ』の生成」
服部　伸（同志社大）「近代ドイツにおける専門医制度の成立とホメオパティー医資格――正統医学・非正統医学の関

係、医師・患者の関係を中心に」

第一七五回例会（二〇〇三年四月二六日）京大・文二講「ヨーロッパ統合研究会」との共催　三八名
佐久間大介（京大・院）「ナポレオン戦争期ティロールにおける『愛邦主義 Landespatriotismus』」
遠藤　乾（北大）「EUは思想の問題たりうるか――補完性（サブシディアリティ）原理の可能性について」

第一七六回例会（二〇〇三年五月三一日）百万遍学生センター　三〇名
大谷　誠（同志社大・院）「世紀転換期イギリスにおける精神薄弱者（Feeble-minded People）――一九〇八年王立委員会報告書の分析を中心に」
栖原彌生（愛知県大）「パリ施療院（オテル・ディユー）の歴史――『神の家』から市立病院へ」

第一七七回例会（二〇〇三年六月二八日）同右　二七名
真鍋祐子（国士館大）「現代韓国における民族聖地の巡礼観光――中国を中心に」
指　昭博（神戸市外大）「『殉教者の書』とイギリス・プロテスタント・アイデンティティの形成」

第一七八回例会（二〇〇三年七月一二日）同右　三七名
酒井朋子（京大・院）「北アイルランド・ユニオニズムと〈ソンムの戦い〉の『記憶』――オレンジイズムの歴史物語」
小関　隆（京大）「ポピュラー・コンサヴァティズムの歴史的理解に向けて――一九世紀末イギリスのプリムローズ・リーグ」

［『規範としての文化』（ミネルヴァ書房から新版、二〇〇三年七月二〇日）］

［二〇〇三年七月九日、国立大学法人化法、可決成立］

第一七九回例会（二〇〇三年九月二八日）同右　二七名
水野博子（阪大）「戦後オーストリアにおける『記憶の文化』」
松本佐保（名古屋市大）「ヴィクトリア朝のイギリスとイタリア――ロンドン・ナショナルギャラリー所蔵のイタリ

ア・ルネサンス絵画をめぐって」　三一名

第一八〇回特別例会（二〇〇三年一〇月二五日）京大・文一講　〈記憶と記録〉研究会と共催
松本　彰（新潟大）「ドイツ史における記憶、記念、記録――ドイツの記念碑（一七八九～二〇〇五）」
コメンテイター：小山　哲（京大）・小関　隆（京大）

第一八一回特別例会（二〇〇三年一一月二四日）京大文学部会議室　八〇～一〇〇名
関西フランス史研究会・〈記憶と記録〉研究会と共催
〈シンポジウム〉「『記憶の場』への問い――ピエール・ノラ氏を囲んで」
ピエール・ノラ（アカデミー・フランセーズ）「『記憶の場』――その過去・現在・未来」
司会・討論通訳：杉本淑彦・長井伸仁
コメンテイター：上垣　豊「日本語版との比較から」
天野知恵子「家族史の視点から」
小山　哲「ヨーロッパ東部からのまなざし」

第一八二回例会（二〇〇三年一二月二〇日）百万遍学生センター　[忘年会：すらんばあ]　三一名
金澤周作（川村学園女子大）「近代英国におけるフィランスロピー――投票チャリティ（voting charities）をめぐって」
山之内克子（神戸市外大）「『啓蒙の理想郷』への旅――北方知識人の見たヨーゼフ期ウィーン」

第一八三回例会（二〇〇四年三月二七日）同右　二三名
梶さやか（京大・院）「一九世紀前半ヴィルノ大学知識人と〈地域〉」
森村敏己（一橋大）「アンシャン・レジームにおける貴族と商業――商人貴族論争（一七五六―五九）をめぐって」

第一八四回例会（二〇〇四年四月二四日）京大会館（百万遍学生センターの廃止）[会費口座停止]　三五名
塚本有紀（奈良女子大・院）「『ガールズ・オウン・ペーパー』再考――ヴィクトリア後期における理想の女性像」

田中拓道（北大）「フランス福祉国家思想の成立に寄せて——一八九〇年代における急進共和派・社会経済学・社会主義の協調と対立」

第一八五回例会（二〇〇四年五月二九日）同右　二五名

水谷　智（学振ＰＤ）「後期英領インドにおける混血・貧困白人層問題」

伊藤順二（福井県大）「職業としての義賊——革命前グルジアのアウトローと反体制活動」

第一八六回例会（二〇〇四年六月二六日）同右　三一名

君塚弘恭（京大・院）「一八世紀フランス重商主義政策とギュイエンヌ商業会議所——海港都市ボルドーにおけるオランダ船対策」

稲垣健志（阪大・院）「一九七八年イギリスにおける『反ナチ・カーニバル』の展開」

第一八七回例会（二〇〇四年七月一七日）同右　三〇名

藤原辰史（京大）「ナチス・ドイツの有機農法」

中本真生子（立命館大）「何のために語るのか——第二次世界大戦の記憶とアルザス」

第一八八回例会（二〇〇四年九月二六日）同右　二八名

松尾有希子（阪大・院）「両次世界大戦におけるマン島の敵性外国人収容所」

渡邊昭子（大教大）「近代ハンガリーの教会と政治」

第一八九回例会（二〇〇四年一〇月三〇日）同右　二六名

島田勇人（京大・院）「『褐色の司祭』から見たナチス期のカトリック教会」

松本英実（新潟大）「Juge et consuls と一六・一七世紀フランスの法・裁判」

第一九〇回例会（二〇〇四年一一月二七日）同右　二一名

菊池信彦（京大・院）「一九世紀スペインにおける『他者の歴史』に関する一考察——F. Pi y Margall の歴史認識をめ

ぐって」
中野耕太郎（阪大）「新移民と白人性――二〇世紀初頭アメリカにおける『人種』と『カラー』」

第一九一回例会（二〇〇四年一二月一八日）同右　三七名
西川杉子（神戸大）「フロンティアのプロテスタントたち――近世ヨーロッパ北部の宗派的ネットワーク」
小関　隆（京大）「女性はなぜ保守党を支持するのか?――一九―二〇世紀転換期のコンサヴァティズムと女性の政治参加」

第一九二回例会（二〇〇五年三月二六日）同右　八〇数名
谷川　稔（京大）「記憶のなかの近社研――新たな旅立ちのために」

第二期（一九三回から二六六回まで）

＊谷川、京大退職に伴い事務局退任。以後は、会費を廃止、残金とメール案内による運営へ。伊藤順二（福井県大）、上垣豊（龍谷大）、小関隆（京大人文研）、指昭博（神戸市外大）、長井伸仁（徳島大）、服部伸（同志社大）、南直人（京都橘大）、渡辺和行（奈良女子大）の世話人会体制に移る（その後、京大に赴任した金澤周作が二〇〇九年四月の第二二五回例会から世話人に加わる）。

第一九三回（二〇〇五年四月二三日）京大会館　［第一九三～二二一回までノート欠落のため不明］
伊藤順二（福井県大）／金澤周作（川村学園女子大）「社会史の記憶、社会史の行方」
井野瀬久美惠（甲南大）「サラ・フォーブス・ボネッタは何を「語った」のか?――「慈悲深き大英帝国」再考」

第一九四回（二〇〇五年五月二八日）同右
小澤卓也（立命館大・講）「グアテマラとコスタリカにおけるネイションの形成と先住民（一八七〇―一九二〇）」
前田更子（都立大ＯＤ）「一九世紀末フランスのカトリック系私立中等学校と人的ネットワーク――リヨンを中心に」

第一九五回（二〇〇五年六月二五日）同右
佐島　隆（大阪国際大）「「アレヴィー」という記憶の創造とアイデンティティ」

服部　伸（同志社大）「食餌療法家・漢方医　坂口弘（一九二四―二〇〇四）と彼のドイツ滞在（一九五四―一九五五）――東西オルタナティブ医療の交流・比較史構築にむけて」

第一九六回（二〇〇五年七月二三日）同右

酒井朋子（京大・院）「ロジャー・ケースメントの日記捏造論争――アイルランド、一九五〇〜六〇年代」

林田敏子（摂南大）「制服の時代――第一次大戦期イギリスにおけるセクシュアリティ・ジェンダー・階級」

第一九七回（二〇〇五年九月二四日）同右

竹中幸史（名外大）「ルーアンにおける文化革命（一七九四年）――ルーアン市公教育委員会の活動記録から」

南川文里（神戸市外大）「日系アメリカ人研究プロジェクト（ＪＡＲＰ）におけるエスニシティの言説」

第一九八回（二〇〇五年一〇月二九日）同右

小川隆司（京大・院）「近代ハンガリーにおけるギムナジウムと社会」

小野直子（富山大）「アメリカ合衆国における母親の死亡率の国家問題化――母性保護と医療の専門化」

第一九九回（二〇〇五年一一月二六日）同右

藤井翔太（京大・院）「世紀転換期イングランドにおけるプロ・フットボール――財政制度論争に見る Football League と Football Association の関係」

石井昌幸（早大）「「コッツウォルド・オリンピック」――ロバート・ドーヴァーと『アメリア・ドゥブレンシア』」

第二〇〇回（二〇〇五年一二月一七日）同右

川口美奈子（京都橘大・院）「エリザベス朝の「海の共同体」――海事徒弟制と船員の雇用」

森口京子（奈良女子大・院）「メルツィの共和国　la Repubblica melziana――副大統領フランチェスコ・メルツィ・デリルとイタリア共和国徴兵法（一八〇二年八月一七日）の成立」

第二〇一回（二〇〇六年三月二五日）同右

米岡大輔（大市大・院）「ハプスブルク帝国統治下ボスニア・ヘルツェゴヴィナにおける初等教育政策の展開」
大谷　誠（同志社大・院）「世紀転換期イングランドの上流、中流階級における「精神薄弱者問題」――ケアと「管理」を巡っての国家と施設と家庭と」

第二〇二回（二〇〇六年四月二二日）同右
稲垣健志（阪大・院）「国民戦線の台頭とイギリス社会」
眞嶋亜有（日文研外来研究員）「水虫と athlete's foot――その日英米間の社会・文化史的比較」

第二〇三回（二〇〇六年五月二七日）同右
中山　俊（京大・院）「二〇世紀初頭フランス南部共和派の国民像――一九〇七年の葡萄栽培農の運動と葡萄栽培農総同盟（CGV）を通じて」
渡辺和行（奈良女子大）「歴史学の現在――サード・ステージの社会史へ」

第二〇四回（二〇〇六年六月二四日）同右
堀内隆行（京大・院）「一九世紀末ケープ植民地のブリティッシュ・アイデンティティ――『ケープ・タイムズ』と『ポートエリザベス・テレグラフ』を巡って」
上垣　豊（龍谷大）「一九世紀末フランスにおける青年と共和国――寄宿寮の社会史」

第二〇五回（二〇〇六年七月二二日）同右
菊池信彦（京大・院）「カントナリスモと歴史の利用」
中本真生子（立命館大）「オラドゥールの記憶とアルザス」

第二〇六回（二〇〇六年九月二三日）同右
福島都茂子（京大・院）「ヴィシー政府の人口政策と一九四二年の出生率上昇の関連性の考察」
山本範子（同志社大・講）「名誉革命体制成立期における慈善学校運動とジャコバイト・パニック」

第二〇七回（二〇〇六年一〇月二八日）同右

難波ちづる（学振ＰＤ）「第二次大戦期の仏領インドシナにおける日仏文化抗争」

北村昌史（新潟大）「ドイツ統一（一八七一）前後の住宅改革構想」

第二〇八回（二〇〇六年一一月二五日）同右

片柳香織（京大・院）「Ｓ・Ａ・ハルドゥーンの文化事業と近代上海——ある英国籍ユダヤ人を通してみた文化交流」

佐久間大介（京大・院）「ティロール領邦誌における「地域」・「境界」認識」

第二〇九回（二〇〇六年一二月一六日）同右

戸渡文子（阪大）「老人の誕生と一九世紀イギリス国教会教区」

森脇由美子（三重大）「アンテベラム期のネイティビズムと国民形成——「真のアメリカ人」像に見る労働者階級の文化」

第二一〇回（二〇〇七年三月二四日）同右

渡辺和行（奈良女子大）「エトランジェのフランス史　一八〇三〜一九一二年」

田中晶子（阪大・院）「西ドイツＡＰＯ運動の「「公共圏」——ハンブルクＳＤＳ（Der Sozialistische Deutsche Studentenbund）の広報活動の事例」

第二一一回（二〇〇七年四月二八日）同右

武重千尋（奈良女子大・院）「イタリア統一戦争前夜におけるカルロ・カッターネオの外交的政治参加——『タイムズ』紙への寄稿記事を中心に」

服部　伸（同志社大）「近代ドイツのメディアに現れた疾病の変遷（一八七一——一九三九）——『ライプツィヒ・ホメオパシー民衆雑誌』と『ガルテンラウベ』掲載の疾病関連記事を中心に」

第二一二回（二〇〇七年五月二六日）同右

北村陽子（名城大・講）「ドイツ社会の中の戦傷者——第一次世界大戦の傷跡」

柴田哲雄（愛知学院大）「汪精衛南京政府のヴィシー政府観とその背景――比較の観点から」

第二一三回（二〇〇七年七月二一日）同右
木元隆史（京大・院）「一九世紀後半におけるイギリスのワイン取引について」
水戸部由枝（明治大・講）「妊娠中絶法をめぐる闘い――一二五年間（一八七一―一九九五年）、妊娠中絶法が果たしてきた社会的・政治的役割」

第二一四回（二〇〇七年一〇月二七日）同右
中野智世（京産大）「二〇世紀初頭ドイツにおける乳児保護運動――デュッセルドルフ県乳児保護協会を例に」
片柳香織（同志社女子高）「清末上海のイギリス人と新聞業――初期『申報』を巡る議論から」

第二一五回（二〇〇七年一二月一五日）京大・文学部二階五講
桑島　穏（大阪市大・院）「二〇世紀転換期の英領ゴールド・コースト土地問題と穏健派植民地エリート」
伊藤順二（京大人文研）「第一次大戦期のロシアにおける「敵性国民」移住政策と、その起源」

第二一六回（二〇〇八年三月二二日）京大会館
山中　聡（京大・院）「シュマン＝デュポンテスの宗教・社会思想と敬神博愛教の布教活動――フランス革命期後半における「市民宗教」論の展開」
為政雅代（同志社大・院）「ドイツ連邦共和国における国歌制定と連邦大統領テオドーア・ホイス」

第二一七回（二〇〇八年四月二六日）同右
今井久美子（京大・院）「アイルランドの「総力戦」経験――第一次大戦期アイルランドの募兵活動とアイルランド社会」
大原詠美子（奈良女子大・院）「ルイ一四世治世下の南フランスにおけるカトリック教化活動と民衆社会」

第二一八回（二〇〇八年六月二九日）京大・文学部新館
福嶋千穂（京大・院）「「ハジャチ合意」（一六五八―五九）にみる近世ルテニア国家」

志村真幸（京外大・講）「二〇世紀前半英国の文学・民俗学雑誌における「驚異」と「東洋」――『Notes & Queries』誌における南方熊楠の活動を中心に」

第二一九回（二〇〇八年七月一九日）京大会館

坂元正樹（京大・院）「十九世紀末イギリスにおける自動車の受容と普及」

松沼美穂（福岡女子大）「ルイ一四世治世下の南フランスにおけるカトリック教化活動と民衆社会」

第二二〇回（二〇〇八年一〇月二五日）京大会館

「シンポジウム：独仏共通歴史教科書の実験――背景、中身、現場」

報告者：剣持久木（静岡県大）・西山暁義（共立女子大）・Masao DÄUMER（パリ政治学院生、一橋大学留学生）

コメンテイター：中村年延（ノートルダム女学院高）

第二二一回（二〇〇八年一二月一三日）同右　一六名

谷田利文（京大・院）「一八世紀フランスの穀物自由化論争におけるポリスの変容――ガリアーニ、ディドロを中心に」

三瀬利之（民博）「ジェントルマン官僚の社会調査――植民地期インドの人類学研究の一側面」

第二二二回（二〇〇九年三月二一日）同右　一六名

加来奈奈（奈良女子大・院）「近世初頭ネーデルランドの「大使」――一五二九年の総会計を中心に」

桑島　穏（大市大・院）「世紀転換期の英領ゴールド・コースト植民地と植民地エリート――現地土地所有システムを巡って」

第二二三回（二〇〇九年四月二五日）同右　二二名

米岡大輔（大市大・院）「レイス・ウル・ウレマー（Reis-ul-Ulema）の任命権をめぐる攻防――ハプスブルク帝国統治とボスニアのイスラーム」

北村昌史（大市大）「ブルーノ・タウトとベルリンの都市社会」

第二二四回（二〇〇九年五月三〇日）同右　二三名
水野博子（阪大）「オーストリアにおける有志消防団協会の歴史的展開」
橋本伸也（関西学院大）「帝制期ロシア教育の社会文化史――正教会聖職者の身分と学校」

第二二五回（二〇〇九年七月一八日）同右　一九名
橋本周子（京大・院）「ブリヤ＝サヴァラン『味覚の生理学』再考」
金澤周作（京大）「一九世紀イギリスにおける難破の政治経済学」

第二二六回（二〇〇九年一〇月二四日）同右　一六名
森本慶太（阪大・院）「一九三〇年代スイスにおける観光業の危機と革新――G・ドゥットヴァイラーとホテルプラン協同組合」
田中　佳（青山学院女子短大）「一八世紀フランスにおける美術と公衆――ルーヴル美術館計画を中心として」

第二二七回（二〇〇九年一一月二八日）龍谷大深草学舎　龍谷大学社会科学研究所と共催　［ノート記載なし］
「ヨーロッパ統合過程における仏独共通歴史教科書の射程」
ウルリヒ・プファイル（サンテティエンヌ大）「仏独教科書――計画の歴史」
コリーヌ・ドゥフランス（フランス国立学術研究センター）「ヨーロッパ史と世界史の叙述と教育――仏独の試みのヨーロッパへの展望」

第二二八回（二〇〇九年一二月一二日）京大会館　一六名
藤田拓之（同志社大）「帝国と居留民――上海共同租界行政をめぐるイギリスと日本の対立と妥協」
青木利夫（広島大）「二〇世紀前半のメキシコ農村地域における初等学校と教師」

第二二九回（二〇〇九年三月二〇日）同右　一四名
前田充洋（大市大・院）「第二帝政期ドイツ艦隊建設における海軍とクルップ社の関係――一八九七～一九一四年にお

ける装甲板価格設定交渉の問題から」
稲垣春樹（東大・院）「一九世紀前半イギリス東インド会社の福音主義者」

第二三〇回（二〇一〇年四月二四日）同右　二〇名
谷田利文（京大・院）「一七七〇年代フランスの穀物自由化論争における統治論の変容――ガリアーニを中心に」
西　圭介（同志社大・院）「世紀転換期ドイツにおける都市化と自転車の普及――ビーレフェルトを事例として」

第二三一回（二〇一〇年六月二六日）同右　［ノート記載なし］
岡本　託（神大・院）「一九世紀前半フランスにおける上級官吏の養成――コンセイユ・デタ傍聴官の経歴を中心に」
坂本優一郎（大経大）「トンチンと国債――一八・一九世紀転換期のイングランドにおける「投資社会」

第二三二回（二〇一〇年七月二四日）同右　二六名
笠井俊和（名大・院）「カリブの侵入者――近世スペイン領アメリカにおけるイギリス人船乗り」
川島昭夫（京大）「アンティクァリアニズムの効用――イライアス・アシュモールのヘラルディック・ヴィジテーションをめぐって」

第二三三回（二〇一〇年一〇月一六日）京大・文学部二演　一五名
西山喬貴（京大・院）「アヘン戦争後の英中関係に関する制度史的考察」
高林陽展（東洋大）「慈善・医療・スキャンダリズム――一九世紀末イングランド精神医療を中心に」

第二三四回（二〇一〇年一二月一一日）楽友会館　一三名
寺尾智史（神大）「イベリア半島辺境における少数言語の〝発見〟――二〇世紀前半のアラゴン語とミランダ語をめぐる言説とその比較」
古谷大輔（阪大）「日本イメージのグローバル交換――近世ヨーロッパにおける日本イメージの生成とスウェーデンの学知」

第二三五回（二〇一一年三月一九日）京大・総合研究棟二号館　一四名
酒井一臣（京都橘大）「不戦条約再考――「人民ノ名ニ於テ」問題と国民外交」
池田恵子（山口大）「ピアス・イーガンの「トム・アンド・ジェリーイズム」とその音楽――音楽スポーツ史の試み」

第二三六回（二〇一一年四月二三日）楽友会館　一二名
牟田和男「魔女は何を着て踊っていたのか？――フュルステンベルク伯領の魔女裁判における着衣の問題」
佐伯　彩（奈良女子大・院）「近代クラクフの都市整備とカジミェシュ地区」

第二三七回（二〇一一年六月二五日）同右　一四名
村上　亮（関西学院大）「ハプスブルク統治下ボスニアにおける家畜衛生規律化の試み――獣疫対策の展開と地域経済の変容」
飯田洋介（岡山大）「ビスマルクとグラッドストン」

第二三八回（二〇一一年七月二三日）同右　二二名
渡邊昭子（大教大）「近代ハンガリーにおける国民的料理の誕生――民族誌と料理書を手がかりに」
富田理恵（東海学院大）「一六四七年の転換――ブリテンの国制構想とスコットランド・イングランド関係」

第二三九回（二〇一一年一〇月二九日）同右　一六名
粟谷秀央（京大・院）「一九世紀前半ドイツにおけるカトリックへの改宗と改宗者」
谷口良生（京大・院）「フランス第三共和政における選挙制度――議会共和政下の代議院議員総選挙」

第二四〇回（二〇一一年一二月一〇日）同右　一八名
尾崎修治（上智大）「一九世紀末ドイツのカトリック労働運動――聖職者の役割を中心に」
津田博司（筑波大）「カナダにおけるナショナリズムと国旗論争――一九四五年と一九六四年の比較から」

第二四一回（二〇一二年三月一七日）京大・文学部二演　一七名

森永貴子（立命館大）「近代ユーラシアにおける茶――ロシアの茶商人とアジア貿易」
光永雅明（神戸市外大）「一九世紀末のイギリス社会主義思想における田園志向の変容」

第二四二回（二〇一二年六月二三日）同右一〇演　一九名
中村武司（弘前大）「ナポレオン戦争時代のイギリスのラディカリズムとコクリン卿」
森　宜人（一橋大）「世紀転換期ドイツの都市失業保険――「社会都市」論の観点を中心に」

第二四三回（二〇一二年一〇月二七日）同右七講　一五名
渡辺和行（奈良女子大）「フランス人民戦線と余暇の組織化」
菊池信彦（国立国会図書館）「歴史学の発信を考える――国立国会図書館「カレントアウェアネス・ポータル」の業務経験を出発点に」

第二四四回（二〇一二年一二月一五日）同右二講「越境する歴史学」研究会（越歴）と初共催　四三名＋α
王寺賢太（京大）「モンテスキューにおける歴史と政治――『法の精神』第二八・三〇・三一編をめぐって」
谷川　稔「全共闘運動の残像と歴史家たち――社会運動史研究会の場合」

第二四五回（二〇一三年三月一六日）同右二演　一六名
菅　悳子（奈良女子大・院）「ナチス・ドイツと物理学――「ドイツ物理学」を中心に」
瀧口順也（龍谷大）「ソ連初期の政治文化と権力表象――ボリシェヴィキ党大会（一九一八―一九三四）」

第二四六回（二〇一三年六月二二日）同右　二〇名
森本慶太（学振ＰＤ）「一九三〇年代スイスにおけるツーリズムの再編」
佐藤尚平（東大）「アラブ首長国連邦の成立と空間意識の変容」

第二四七回（二〇一三年一〇月一九日）同右　二五名
大窪一也（京大・院）「イギリス領インドの統治と英語――英語教育導入期を中心に」

福元健之（京大・院）「一九〇五年革命前ウッチにおけるエンデツィアの労働者動員――「工場社会」の観点から」

第二四八回（二〇一三年一二月七日）京大人文研　「越歴」と共催　二三名
藤原辰史（京大）「資源開発の文学史――伊藤永之介とその時代」
田野大輔（甲南大）「国民的社会主義者ドレスラー＝アンドレスとその周辺――ナチ党内権力闘争と国民受信機・国民車プロジェクトをめぐって」

第二四九回（二〇一四年三月一五日）京大・文学部二演　二六名
川本彩花（京大・院）「芸術至上主義の形成に関する社会学的研究――楽を中心として」
金澤周作（京大）「一八世紀イギリスにおける海難者送還システム――重商主義的セーフティネットの構造」

第二五〇回（二〇一四年六月二一日）同右　二三名
石橋悠人（京大ＰＤ）「標準時の信頼性を向上させる――一九世紀後半のグリニッジ天文台の取り組み」
伊藤順二（京大）「帝国との共犯関係――グルジア識字普及協会の活動」

第二五一回（二〇一四年一〇月二五日）同右　二一名
山本範子（同志社大・講）「近世イギリスにおける布教活動事始め――「キリスト教知識普及協会」と「福音普及協会」と東インド」
嶋中博章（関西大・講）「ルイ一四世時代の聖母出現――史料の成立過程を中心に」

第二五二回（二〇一四年一二月一四日）同右四講　「越歴」と共催　三〇名
小関　隆（京大）「一〇〇年後の第一次世界大戦研究」
石井昌幸（早大）「体罰の世界史――規律維持型体罰と能力向上型体罰」
志村真幸（京外大・講）「体罰の世界史――体罰という〈技術〉」

第二五三回（二〇一五年三月二一日）同右三演　二五名

第二五四回（二〇一五年六月二〇日）同右二演　二一名
安平弦司（京大・院）「《公》なるものと寛容の臨界――一七世紀半ばユトレヒトにおけるカトリック隠れ教会を巡って」
小川佐和子（京大）「映画史におけるフィクション／ノンフィクション概念の分離――日本の第一次世界大戦映画を中心に」

第二五五回（二〇一五年一〇月一七日）同右　一七名
青島陽子（神大）「帝国における国民の創出――帝政期ロシアの教員養成のポリティクス」
春日あゆか（京大OD）「一九世紀初頭イギリスの煤煙削減技術をめぐる言説と実情」

第二五六回（二〇一五年一一月七日）同右五講　二〇名
浮網佳苗（京大・院）「幸福の共同体――近代イギリスにおける協同組合運動の言語」
中嶋瑞希（京大・院）「二重体制期オーストリアにおける教育制度と教師――ウィーンでの事例を中心に」

第二五六回（二〇一五年一一月七日）同右五講　二〇名
アニー・フルコー（パリ第一大）「パリの歴史をつくる――現代都市史家たちの挑戦？」
通訳：岡田友和（阪大）

第二五七回（二〇一五年一二月一三日）同右三演「越歴」と共催　二〇名
塚本栄美子（佛大）「頓挫した宗派化の残した宿題――ブランデンブルク・プロイセンにおける地元社会と移民たち」
駒込　武（京大）「日本植民地支配下の台湾から「世界史」を考える――英国人宣教師を参照点とする英・台・日関係」

第二五八回（二〇一六年三月一九日）同右二演　二〇名
金澤周作（京大）「一九世紀イギリスにおける浮浪者・物乞い――「救済に値する痛み」とは何かをめぐって」
谷田利文（京大・院）「一七世紀末フランスにおける ポリスと宗教――ジャン・ドマ『公法論』を中心に」

第二五九回（二〇一六年六月一八日）同右三演　二三名
森本慶太（阪大）「第二次大戦期スイスにおける観光学と戦後構想」

藤井翔太（阪大）「二〇世紀末イングランドにおけるプロ・フットボールのガバナンスと社会的文脈の変化――一九九二年プレミア・リーグ設立の歴史的意義」

第二六〇回（二〇一六年一〇月二二日）同右二演　一三名
森永貴子（立命館大）「モスクワ商人の茶貿易と産業――ボトキン文書に見る一九世紀半ばのロシア流通」
桐生裕子（神戸女学院大）「ハプスブルク君主国における国家と住民――農業組織の事例から」

第二六一回（二〇一六年一二月一〇日）同右六講　「越歴」と共催　三二名
丸畠宏太（敬和学園大）「一九世紀ドイツの兵士――規律化と国民化」
長谷川貴彦（北大）「現代歴史学の展望――ポスト言語論的転回の位相」

第二六二回（二〇一七年三月一一日）同右二演　一九名
村上　亮（学振ＰＤ）「ハプスブルク帝国による対セルビア「最後通牒」再考――第一次世界大戦の開戦原因論をめぐって」
指　昭博（神戸市外大）「歴史とフィクション――近世イギリス史から」

第二六三回（二〇一七年六月三日）同右　関仏研協賛　二二名
富田理恵（東海学院大）「万人司祭の原理とスコットランド近世史（一五六〇―一六九〇年）――水平と垂直の聖餐式」
カトリーヌ・ドニ（リール第三大）「フランス島ポール＝ルイにおけるポリス（一七六七～一七八九）――パリのポリス・モデルは植民地の島にどのように適用されたのか」通訳：芹生尚子（東京外大）

第二六四回（二〇一七年一〇月二一日）同右　一九名
平賀拓史（京大・院）「一九世紀ドイツ語圏における男声合唱運動の理念と実践――オットー・エルベンの著作とその影響」
吉川弘晃（京大・院）「第一次大戦前夜のドイツ社会民主党の外交評論と植民地研究――急進左派カール・ラデックの

記事を中心に」

第二六五回（二〇一七年一二月九日）同右一〇演　二四名

金澤周作（京大）「辻善之助の仏教史と博愛――グローバル化のなかの近代歴史学の一断面」

福元健之（関西学院大）「二〇世紀初頭ポーランド医師の衛生改革論――ドイツの参照と子どもに注目して」

第二六六回（二〇一八年三月一七日）最終特別例会　京大・文学部一講　約六〇名

渡辺和行（奈良女子大）「近代社会史研究会の史学史上の位置」

小関　隆（京大）「越境する歴史学の実験」

伊藤順二（京大）「近代社会史研究会の場と歩み」

金澤周作（京大）「道程と未来予想――第二期近社研を中心に」

藤原辰史（京大）「「越境する歴史学」から「京都歴史学工房」へ」

フリーディスカッション「研究会文化と歴史学の現在」

＊　第一期については、谷川稔が残存する研究会記録ノート、案内状原版、郵便物などに基づいて作成し、第二期については、伊藤順二がメール案内記録に基づいて作成した。上記の総記録は、この両者を谷川が補筆し、統合した。

Ⅱ　『会報』から

第一号（一九八六年九月）

川越修「報告要旨　研究会の発足にむけて」（一九八五年一二月二三日）

第一回研究会にさきだって開かれた準備会では、福井憲彦編『歴史のメトドロジー』（新評論）をテキストに、研究会の目指す方向についての議論が行われた。はじめに谷川氏より研究会の発足に至る経緯が説明されたのち、川越が以下の諸点について問題提起を行った。

①　社会史研究は、最近の我が国の歴史学会においても一定の市民権を得たとされるが、そのなかで近代社会史研究は、次の点を共通の特性としていると思われる。すなわち分析対象を、ⓐ政治・経済単位としての国民国家からⓑ生活単位としての地域へ、ⓐ生産領域からⓑ消費を含む日常生活全体へ、ⓐ階級からⓑ家族、職能・地縁集団へと移動させつつ、これまで我々を暗黙のうちに規定してきた一国史的、発展段階論的近代史像の再検討をはかることを課題としている点である。

②　だが、上記のⓐ諸項の組合わせで構成されてきた従来の近代社会像を、ⓑ諸項についての実証研究により相対化する作業は、近代史再考の不可欠の予備作業ではあっても、そのままでは新たな近代社会像を結像しえない。近代社会史研究はこの両項の相互関連を問いうるような分析対象を戦略的に設定することから始められなければならない。

③　現在の我々にとって、歴史研究の対象としてのヨーロッパ近代社会は、かつてのような到達目標ではなく、与件として存在する批判対象とみなされることが多い。そのさいヨーロッパ近代社会は、それが形成途上で失った過去から照射されるにせよ、現代の管理社会の起点として現在の時点から照射されるにせよ、伝統と近代という二分法的把握により、その歴史性を失いがちである。だが、近代一般ではなく、まずもって歴史的個体としての一九世紀ヨーロッパ社会を解明する必要がある。

④　方法の多様化、分析対象の細分化（史料操作の高度化）という歴史研究の現状をプラスの方向で生かしつつ、上記の課題に取り組むためには、限定されたテーマについての、従来の各国史研究の枠組みを超えた、凝集力の強い共同研究を積み重ねていく必要がある。その際、ヨーロッパ諸地域のみならず、アメリカ、そして特に日本の事例との比較検討作業を通じて、新たな比較社会史の可能性を探って行きたい。

川島昭夫「報告要旨　一九世紀ロンドンのフェア」（一九八六年三月二四日）

ロンドンの都心に近いフェア（年市）は、すでに一七世紀には交易の場としての経済的機能を背後におしやり、芸能やみせものが展示される市民の娯楽機会と化していた。一八世紀なかばには、儀礼的暴動をもって開始するフェアは、当局によって都市治安上の問題として意識されるようになり、バーソロミュー・フェアを除いては、都市域のフェアは廃止された。バーソロミュー・フェアは一九世紀なかばまで存続したが、参加者の行動の粗暴化がめだつようになる。他方、都市域の外郭に接する場所や郊外集落で開かれていたフェアも、議会の首都警察問題委員会で、その風紀の乱れと、とりわけ青少年への悪影響が証人によって指摘され、一九世紀の二〇年代には多くが廃止された。この時期のフェア参加者の多くはおそらく若年層を中心とする下層貧民であり、レスペクタビリティ崇拝の時代精神に支持を与えはじめていた、いわゆる sober な市民・労働者はこうしたフェアから撤退し、都市空間に配置された常設娯楽施設を利用して、娯楽を日常行動のルーティン的な一部としつつあった。

バーソロミューのフェアの衰退と併行して、都心ないしはイースト・エンドから比較的距離のある、グリニッジやフェアロップなどのフェアが、ロンドンからの参加者を集め、大規模化した。さらに鉄道網の整備にともなって、およそ半径一五マイルの範囲内の郊外集落のフェアが、「首都のフェア」化する。これらのフェアの特徴は、参加者の目的がフェアそのものよりも、フェアへの往復の小旅行にあったように思われることである。現地での行動には秩序を乱すものはみられず、警察も「無害な娯楽」として好意的な態度を示している。これは、中流階級を中心に流行した「リゾート地での休暇」の、労働者階級におけるカウンターパートであったとみなすべきである。しかし、時間の合理的使用に価値をみいだす中流階級の示した行動のモデルを労働者が受容したとき、それを古い伝統的時間意識に基礎をおくフェアと接続させたことは、労働者階級のレスペクタビリティ崇拝の両義性を示すものであろう。

参照：中村賢二郎編『歴史のなかの都市』ミネルヴァ書房（一九八六年）

住沢（姫岡）とし子「ドイツ第二帝制期における母性主義フェミニズムの形成」（一九八六年四月二一日）

ドイツ第二帝制期におけるブルジョア女性運動穏健派の主な目的としては、次の二点が挙げられる。一つは、男性に従属し、男性のために生きるという女性像を打破して、自らの力で考え、決断し、行為するという意味での女性の人格的自立を達成することであり、いま一つは、女性に固有の母性理念を社会へ浸透させることであった。したがって穏健派の運動は、あらゆる領域における男女平等を目指すのではなく、男女の異質性の認識から出発し、母性を前面に押し出して社会の中で男性には代替不可能な母性的課題を遂行するという目標を掲げた。

本発表ではこの母性主義に注目し、ブルジョア女性運動穏健派の代表的理論家であり、また運動の指導者でもあったH・ランゲおよびG・ボイマーの二人の著作を手掛かりとして、当時の政治的・社会的背景との関連において母性主義の形成過程を跡づけ、またその目的を明らかにすることを試みた。

彼女たちは、母性的課題の遂行によって女性の地位の向上と社会的影響力の強化を図り、また母性パワーによる社会の変革をも目指していた。このような意味で、穏健派の運動は母性主義フェミニズムと呼びうる。

したがって、あくまで母性に固執したこの運動を保守的、後進的あるいは自己限定的と評価する従来の研究の見解は、妥当であるとはいえない。穏健派の女性たちは、既存の価値体系ならびに男女の勢力関係を修正するためにこそ母性に固執したのである。

しかしながら、われわれは母性主義フェミニズムを手放しで賛美するわけにはいかない。母性主義フェミニズムには、いくつかの限界が指摘される。すなわち、女性の活動範囲が結果的に母性という枠内に限定されてしまったこと、また母性がナショナリズムと結び付いていった点などである。しかし、その限界は第一次世界大戦期、ワイマール時代ならびにナチスの興隆期における母性主義フェミニズムの行方を追跡することによって、はじめて鮮明にうかびあがるのである。

長谷川まゆ帆「報告要旨　権力・産婆・民衆——一八世紀後半アルザスの場合」（一九八六年五月二六日）

一八世紀後半のフランスでは、各地方長官 intendant の主導のもとに、地方農村に「専門能力」を有する産婆を生み出すことをめざした助産技術講習会 l'école de l'art d'accouchement が開かれた。このような出産の場の王権による方向付けの動きは、この時代の農村社会にどのように受けとめられ、また、どのような意味をもったのだろうか。

近年、出産の歴史研究は、産科学史の枠を越え、歴史社会学的な視野で進められているが、そこでは、およそ次のようなことが明らかにされた。①民衆世界には、独自の出産の場、人間関係、仕方が存在していた。②一八世紀までに王権や啓蒙的エリートが出産への関心を高め、具体的に介入し方向付けをめざした。③その際、産婆の教化、統合がその方向付けの重要なポイントになっていた。④この時代に見られる様々な変化が、その後今日に至る出産のあり方にとって、始動期、ないしは過渡期として位置付けられる。

　本研究では、これらの点を踏まえて、さらに次の問題を問うてみた。王権、啓蒙的エリートの意識や動きは、実際に出産の場にあった人々、とりわけ農村の女たちの意識や行動とどう絡みあっていたのか。その絡みあいを通じて言わば「上から」の動きはどこまで受け入れられ、あるいは拒絶されていったのか。

　具体的には、今世紀初頭の地方史家オフマンの記述をもとに、一七八〇年代にアルザス南部の農村に起きた「新しい資格」を有する産婆をめぐる騒動、それを伝える地方行政文書C一一一四（オ＝ラン県県文書館所蔵）の分析が中心となっている。

参照：「権力・産婆・民衆――一八世紀後半アルザスの場合」『思想』一九八六年八月号

谷口健治「一八四八年革命期ドイツの手工業者運動」（一九八六年六月二一日）

一八四八年革命期の手工業者層の動向を議論する場合、必ず引用される数字がある。それは、ベルリン三月革命の犠牲者に関する数字である。この数字によれば、住民の側の犠牲者三〇三名のうち五三パーセントが手工業者であったことが明らかになる。しかし、ここから、手工業者が社会集団として革命を支持していたという結論を引き出すのは、強引というものであろう。というのは、当時ドイツにはおよそ二〇〇万人の手工業者がいたと推定されるが、彼らの動きを推し量るには、革命の犠牲者に関する数字は、あまりにも断片的だからである。一八四八年革命期の手工業者の社会集団としての動きを明らかにするには、他に手掛かりを求めなければならない。

　そのような手掛かりは、実をいうと、一八四八年の手工業者運動の中にある。一八四八年の手工業者運動は、主に大会や請願という非戦闘的な形態を取って展開され、また「営業の自由」反対などという要求を掲げていたために、手工業者層の反動的側面のみを一面的に表わす運動と見なされてきた。しかし、先入見を取り払って見れば、一八四八年の手工業者運動が手工業者層の意向を正確に反映した運動であったことは、ただちに明らかになる。本発表においては、この運動が残していった記録（主に手工業者大会の議事録）を手掛かりにして、一八四八年の手工業者が社会集団として何を目指していたのかを検討した。

一八四八年の手工業者たちは、能力証明と強制加入制の同業組合を柱にした営業制度を全ドイツ的規模で導入することを目指していたが、その背景には、近代国家を前提とした自由派や民主派の考え方とは異質の発想、すなわち職業身分的な集団として手工業者の結束を図ろうという発想が潜んでいた。しかし、このことは、手工業者が過去の状態に復帰しようとしていたことを意味しているのではなく、一九世紀半ばの新しい状況に対応しようとしながら、一種の集団的記憶として彼らの身についていたツンフト的価値観を払拭し切れなかったことを意味しているにすぎない。検討の結果を要約すれば、以上のようになる。

参照：「一八四八年期の手工業者運動」同志社大学人文学会編『社会科学』三六号に掲載予定

谷川稔「コラム　「近社研」に望むもの――「再考」から「再構成」へ」（一九八六年七月二二日）

昨年末、「思い入れ」もそれぞれに、ともかくも船出したこの研究会であったが、あれから早くも七か月が経過した。その間、以上のように、七回の研究会と一二人の報告をうけている。多少の波風がなかったわけではないが、まずは順調な滑りだしといってよい。年内の日程もほぼ決まっている。発表者の確保に苦心しなくてよい研究会は昨今めずらしいのではなかろうか。

とは言え、手放しで喜んでばかりもいられない。課題は山積しており、ようやくスタート地点に立ったばかりである。われわれは、なんのために集まり、これから何処へ行こうとしているのか、おおまかにではあれ、初発の問題意識と共通の了解事項を今一度確認しておく必要があるだろう。

近社研を、「近代社会」の史的探究に携わる集団とみなすか、「近代」を「社会史」的視角から再検討しようとする集団と自己規定するか、呼称にまつわる解釈は、各人の思い入れに応じて自由である。最大公約数的には、さしあたり、「近代国民国家形成史上の諸問題を、社会史的視角から再構成しようとする場」とでもしておこう。この課題意識は、実のところ、今は亡き「社会運動史研究会」が、共著『ヨーロッパ近代史再考』でかかげたものと微妙に重なっている。彼らは、戦後史学が依拠した「近代西欧」をモデルとする発展史的前提に疑義をはさみ、「近代化」の視角から切り捨てられた諸々の歴史事象や価値体系に光をあてようとした。それは、あるときには、前近代的ヨーロッパの解明による「近代西欧」の相対化であり、またあるときには西欧社会の内なる非西欧（少数民族問題など）から逆照射することであった。

彼らの試みは、反響や売れゆきという点では、あるていど成功したといってよい。だが、あの仕事によって従来の近代史像に取ってかわる新たなヨーロッパ近代史像を開示し得たか、となるとやや口ごもらざるを得ない。あの著作は刺激的ではあるが、やはり「再考」の域を多くは越えていないと思われる。だが、そのことは、けっして彼らの不名誉を意味するものではない。『――の社会史』をうたった昨今の著作のほとんどが、その娯楽作品としての著しい成功にもかかわらず、戦後史学のアンチ・テーゼどころか、せいぜい「落穂ひろい」にとどまっていることを思えば、むしろ彼らの志自体は評価さるべきであろう。

彼らの試行錯誤がわれわれに残してくれたメッセージをたいせつにしたい。今は、もはやたんなるアンチ・テーゼや「再考」にとどまるのではなく、真正面から近代史像の「再構成」をめざすべき段階にさしかかっているのだ、というメッセージを。

そのためには、反近代主義に居直ったり、「非西欧」から「近代西欧」を道徳的に断罪したりすることで満足せず、近代国民国家それじたいに内在する社会的結合関係の動態を明らかにすることを通して、近代（ヨーロッパ）史像を多角的に再構成する必要があると思われる。たんなる「知」の遊戯に堕すことなく、歴史意識をもった、しかも開かれた共同研究が、いまこそ要請されている。今日、われわれを覆っている過度に細分化＝専門化された状況、また、近代史研究者にとくに著しい「国民国家的なわばり意識」は、いずれもすみやかに克服されねばならない。政治史、経済史、思想史などの垣根もひとたびは取っ払い、民族学や社会学など隣接諸科学にも開かれた学際的視野が必要だろう。それは、かつてブロックやフェーヴルの唱えた「histoire totale＝全体史」の今日的再生を意味している。

もとより、ここで想定している「社会史」は、狭義の「アナール」学派のそれではない。現在の「アナール」第三世代に見られる過度の科学主義と些末実証主義は、われわれが避けねばならないアポーリアである。そもそも人間の心性の解明は、「時系列」のような数量化になじむだろうか。いわゆる「長期波動」の重視は、「変化の学」としての歴史学のレゾン・デートルを危うくしかねない。政治史を排除したところに「全体史」が成立すると考えるほど、彼らが素朴だとは思わないが、E・ルロワ＝ラデュリーが来日したとき、いみじくも述懐したように、「アナール」主流派の方法は近・現代史にはなじみにくいのである。

したがって、われわれの行く道が「アナール」のたんなる延長線上にはありえない以上、とりあえず、近・現代史を、そして「政治史」をも射程に収めうるような「広義」の社会史的アプローチをとってみる、と言っておきたい。

いささか先走って、気恥ずかしいアドバルーンを上げさせてもらうならば、「〈再考〉から〈再構成〉へ」そして、「〈アナール学派〉をこえて」と言うことになるだろうか。

この気球、しりすぼみにさせないためには、よほどの覚悟が要りそうである。

今後の方向性について――事務局試案（七月例会提示案の九月修正版）

今後は、ただ漫然と研究会を続けるだけでなく、一定の共通テーマを設け、その内実をなすいくつかの個別テーマを集中的にとりあげ、逐次その成果をまとめていってはどうか。（以下の試案は、七月一二日の例会で提示したものを、その後の個別討議をもとに修正したものです。あらためてご検討ください。）

全体テーマ「国民統合と対抗文化（あるいは対抗社会）」
個別テーマ①　家族（こども、女性、結婚、家政、消費行動 etc）
②　都市化と「社会病理」（医療、衛生、治安、住居、共同体、コミュニケーション、社会化、貧困 etc）
③　教育・宗教・モラル（学校、国語と母語、教区教会、政教分離、世俗化、スポーツ、規律化、禁酒と飲酒 etc）
④　労働（熟練と機械化、児童労働、労働慣行と労務管理、組合機能、対抗文化、女性と労働 etc）
⑤　国民統合と「マイノリティー」（少数民族、移民労働者、内国移民、地域、地方、少数言語 etc）

一九八七年度前期――（1）家族
後期――（3）教育・宗教・モラル
一九八八年度前期――（2）都市化と「社会病理」
後期――（5）国民統合と「マイノリティー」
一九八九年度前期――（4）労働

例会報告のひとつはフリー、もうひとつは、かならず上記のテーマに関する報告を行うことにする。各人は、国民国家的テリトリーから抜け出し、自己のジャンルにひきつけてこれらの共通テーマに参加する。たとえば、禁酒法の研究者は、①については、「禁酒法と家族」、②については、「飲酒と治安」（?）、④については、「飲酒と労働者の世界」というテーマで参加する、といった具合である。

そして、一～二巡した段階で、テーマごとにシリーズものの論文集を刊行する予定である。

編集後記

新しい研究会を始めましたので、名刺代わりに会報を発行することになりました。紙面のかなりの部分が、報告者自身の作成したワープロによる原稿から成りたっています。ワープロ原稿持ち寄り冊子というわけであります。高等玩具と思いきや、ワープロも意外な効用を発揮するものであります。

なお会報の内容・体裁などについて御意見をお持ちの方は、事務局までお寄せくださるようお願いします。

（谷口健治）

第二号（一九八七年三月）

田中正人「報告要旨　第三共和政初期の小学校と軍隊――国民としての《フランス人》形成」（一九八六年一〇月二〇日）

フランス大革命期に採られた言語政策（グレゴワールの調査）や軍隊編成方式（総動員）を通じて表明された国民統合の理念は、大革命から一〇〇年を経過しようとしつつあった第三共和政初期においてもなお、十分に現実のものとはなっていなかった。普仏戦争における敗北をひとつの契機として、第三共和政初期に積極的に推進された「国民」形成・統合のための政策のなかから兵制（軍隊）改革および初等教育（小学校）改革をとりあげ、どのようにして「フランス人がフランス人たろうとする一般意志」「精神、感情の一体性」（J. Benda, E. Weber）が注入されたかの検討、言い換えれば、「祖国 patrie」「国民 nation」の観念がフランスに住むフランス人に共有され、内面化 intérioriser される回路およびその過程の検討、これが報告の課題であった。

報告ではまず、一八七〇年前後の時期における兵制および教育制度を概観し、「祖国 patrie」の観念がいまだきわめて限定的なものであったこと、国語としてのフランス語も地域的な偏りを伴いつつ、いまだその定着・普及には程遠かったことをみた。

次いで、八〇年代にはいってからの兵制改革（兵役期間短縮、国民皆兵制、兵営生活の改善）、世俗・無償・義務教育制度実現の努力をたどったが、とりわけ後者については、J. Ferry の改革が重要であり、学校建設、教員養成のための師範学校の充実、教科内容画定の面で「母なる祖国」イメージの注入とその媒体としての国語（国家語）の意味づけがなされた。小学校での読本のひとつ G. Bruno, Le Tour de la France par deux enfants : Devoir et Patrie（初版一八七七年）では、地方の特殊性＝多様性を認識したうえでの一体性（単一不可分の共和国）の意義が説かれ、「母なる祖国」に対する義務＝良き生徒→良き兵士→良き市民、という形で公徳心・愛国心の涵養・強化が図られているのである。

ただし、小学校や軍隊がそれのみで国民形成の決定的要因をなすわけではない。就学率の上昇は、通学の効用の認識、通学のための道路事情の改善などと関連をもつ。つまり、国民国家という領域内での市場経済の発展、交通手段 communication の発展、統一言語という communication 手段の普及、国民としての意識の確立、これらがセットされた形で第三共和政初期に追求されたのである。その成果は如何？　少数民族とその言語、社会的流動性と階級の問題などと関連づけて今後の課題。

谷川稔「［川北報告への］コメント　社会史の可能性と「限界」をめぐって」（一九八六年一一月一五日）

川北稔氏は、この日、「イギリス・サーヴァント考――家族・工業化・帝国」と題するそれ自体たいへん興味深い社会史的報告を行われた後、当の社会史にたいして氏が近年抱懐するにいたった疑問と批判を開陳された。同氏はこの直前、立命大の講演会においても、同様の、というよりもさらに辛らつな社会史批判を展開されており、評者は、当夜の論旨をも加味して氏の主張を以下の四点にまとめたうえで、若干のコメントをおこなった。

川北氏による社会史批判の要旨

(1)「権力遍在論」的社会史は、人民史観の焼き直しにすぎない。事務局試案の「国民統合と対抗社会(文化)」といった視角では、しょせんアンチ・テーゼの集積におわる。「民衆の絶えざる敗北の事後確認」のような歴史は無意味である。

(2)社会史は、通史・概説への展望を欠く。アンチ・テーゼの集積では、産業革命のような歴史のメイン・ルートを取り扱えない。

(3)社会史は静態的であり、歴史の原因論を展開できない。たとえば、P・ラスレット流のイギリス史像がそうであるが、産業革命のダイナミズムは消えてしまう。また、他の仕事も大方は、産業革命の結果、生じた現象の説明に留まっている。

(4)それゆえ、社会史は、「歴史の未来への展望」(「予見の学」としての性格)につながる認識をもたらし得ない。たとえば、保守化した現在の日本の状況に、かつてのマルクス主義的人民史家たちは、うろたえて方向感覚を失っている。だが、今日の事態は、あきらかに「高度成長」がもたらしたものであり、そのことは数量経済史の立場からは二〇年前にすでに予見されたことであった。これを見通し得ず、いたずらに「後ろ向きの」民衆運動などにのめりこんでいた人民史家(ex. 入会権闘争を支援したK氏など)は、歴史家としては失格ではあるまいか。

以上のように論じたうえで、今後も、国民国家を枠とした統合の問題などより、帝国や世界システムといったマクロな枠組みを背景に、経済史を軸とした研究を推し進める意向を明らかにされた。そして、氏自身の生活社会史は経済史の「補助学」として位置づけられている。

歴史家の現代世界への関わり方にまでおよぶ、川北氏のこのような主張は、たいへん刺激的であったが、いくつかの点で違和感がないではなかった。

まず第一に、氏の「社会史」概念の問題である。ここで批判の対象とされているのは、①生活社会史、②ラスレットに代表されるケンブリッジ・グループ、③社会運動史、などであるが、例の「アナール派」や、日本での社会史研究を領導する二宮宏之氏、阿部謹也氏らの、sociabilité（社会的結合関係）の変化を軸に歴史を読みかえるといったアプローチについても同様に否定的なのかどうか。また、帝国とジェントルマンを結合する、川北氏自身の視角は、私見では、すぐれて社会史的な手法であり、たんなる経済史のカテゴリーに収まりきれるものではないと思われる。むしろこの視点こそが、氏の仕事の魅力を形作っているのではないだろうか。

つぎに、「権力遍在論」的社会史への批判については、一面であたってはいる。ただ何を基準として批判するかという点では、見解がわかれる。若者が自らのアパシーに居直り、大量浪費文化に埋没していく日本の現状を思うとき、こうした状況を助長する方向に作用した近代主義や成長経済史、あるいは趣味的な生活史などに与する立場から、「色あせた」社会運動史を「時代遅れ」と切り捨てる気には到底なりえない。今日では、むしろ逆に、権力の問題をも射程においた社会史の深化が必要なのであり、その意味で社会運動史の「社会史」的蘇生こそが望まれるのである。

第三に、「通史的展望」の問題だが、社会史だけで概説が書けないのは当然であるが、そのことは、氏の称揚される経済史でも事情は同じであろう。（川北・村岡編『イギリス近代史』では、対象に応じて多様な方法が用いられている。）「全体史」への志向をもち、政治や経済を視野に入れて取り組めば、社会史にも通史的認識に何らかの貢献を行うことは、じゅうぶん可能である。そのさい、どの分野をメインと考えるかは、史家のセンスと史観の問題であろう。ようするに、社会史研究は、従来の政治史、経済史に偏した通史からは、往々にして抜け落ちてしまいがちな側面に光をあて、通史をより屈伸性のある観点から書き換える「総合」の作業の一環、とも位置づけられるのではないだろうか。

社会史の静態性の指摘についても、ケンブリッジ・グループやアナール派の「時系列」史に関しては、そのとおりである。科学的ではあるが、個々の人間の実存を無視した平均的な人間像（社会像）しか見えてこない、という点では数量経済史も同様であり、これらの方法の限界についてはじゅうぶん心得ておかねばなるまい。

だが、民衆の「集合心性」を問題にする社会運動史的社会史は、必ずしもスタティックとは限らない。氏の経済史偏重に異をとなえる立場から一言すれば、産業革命の原因論の分析に力を発揮する経済史は、フランス革命や一九世紀フランス史のダイナミズムを説明するのに、はたしてじゅうぶん有効だろうか。たとえば、政治的動乱あいつぐ一九世紀のフランス史は、たしかに「民衆の絶えざる敗北の積みかさね」という印象をあたえる。だが、七月革命、二月革命、パリ・コミューンなどの政治社会史的研究をも、たんなる「結果論」の集積とみるのは皮相的である。これらは、フランス革命によってもたらされた政治的磁場と社会的結合関係の変化が、その後の歴史の枠組みを規定している事例であり、それぞれの帰結がその後の事象の大きな背景を成しているのも周知のとおりである。しかも、こうした社会運動の在り方が、大英帝国のイギリスとは異なったフランスの政治的、文化・習俗的個性を刻む大きな要素をなしているのであり、川北氏の言うように「概説にすれば一行で終わり」には、成り得ないのである。

さて、最後の「予見の学」と歴史家の任務という、まことにシリアスな課題に移ろう。まず評者には、歴史学が、氏の言われる意味で「予見の学」だとは考えにくいのである（広義の「批判の学」ではあっても）。かりにそうであったとしても、今日の日本の経済大国化と「一億総中流社会」の現出を予見できなかったマルクス主義史家たちを、「歴史家として失格だ」と非難するには、手順が抜け落ちているのではないだろうか。この問題は、現実への価値判断をぬきには成り立ちえないのであって、成長経済史学からの先見性を誇示される氏のそれを、はじめに御尋ねしておきたい。

川北氏は、農民運動を支援したK氏の「後ろ向き」の姿勢を批判されたが、たとえば、現在進行中の「国鉄民営化」に反対する国労を支援する歴史家は、やはり「後ろ向き」のゆえに、失格なのだろうか。あるべき文明の質を問わない「先見性」は、一歩誤れば、たんなる現状追認におちいる。近代の経済効率至上主義からは、この「改革」のかげに進行している凄惨な人間ドラマ（一〇〇人以上もの自殺者を出している）の意味するところは、おそらく見えてこないであろう。評者のイメージする社会史とは、このような事象の文明史的意味を「見透す」感性に裏打ちされた分析なのである。もっとも、南北問題への視点をもち、地球規模での絶対窮乏化論を唱えるウォーラーステインの訳者でもある川北氏が、日本の現代文明を安易に肯定されるわけもないはずだから、それこそ「釈迦に説法」と言うべきであろう。

いずれにせよ、社会史への取り組みとは、「新人類」に知的娯楽を提供するものではなく、この飽食文明への自己批判的視点を忘れずに、過去の歴史事象に切り込む方法的態度を意味しているのではないだろうか。それが、ともすれば反近代主義に傾きがちなのは、この「批判の学」としての性格の然らしめるところでもある。評者は、これまで社会史に全面的にコミットしてきた訳ではない。しかし、社会史が、近代西欧の所産である「北」の住人の自己省察に、有効な認識や視座を提供してくれるものならば、その限りにおいて、当分の間つきあって行きたいと考えている。

以上のコメントに対して、川北氏からは、氏の仕事にたいする評者の理解の不十分さの指摘や、具体的な仕事ぬきに方法論を語る資格はない、との「反論」がなされた。会場からは、「そもそも通史を書く必要が有るのか」という意見や、「フランス社会史はバルザックを越えたか」といった文学の立場からの発言もあったが、総じて、歴史家の現実への対応と「予見性」の問題をめぐる、尖鋭的ではあるが、やや心情告白的な議論に終始してしまった。共同研究による一国史的視野の乗り越えや、女性史と社会史の結合によるパラダイム転換の可能性などについて、ほとんど議論できなかったのは心残りであった。司会を兼ねた評者の不手際を、出席者にお詫びしたい。

この日の討論は、成り行き上、経済史 vs 社会運動史的社会史という様相を呈したが、当研究会の方向性がそのような点で一致をみているわけではない。むしろ、一定の枠に収まり切れない、問題提起的な研究こそが歓迎される場であってほしいと考えている。異質なものの「せめぎあい」が生みだす知的興奮と既存の枠組みをつねに「はみだそう」とする知的冒険心が満たされるなら、社会史というカテゴリーになんら固執する必要はないとさえ思われるのである。

（報告者の川北稔氏には、病み上がりにもかかわらず、長時間にわたってまことに刺激的な御批判をいただいたおかげで、ひさかたぶりに、エキサイティングな議論をかわすことができた。あらためて御礼申し上げたい。）

参考：書評、喜安朗・川北稔著『大都会の誕生——出来事の歴史像を読む』（『朝日ジャーナル』二月一三日号）

近藤和彦「報告要旨　民衆文化とヘゲモニー」（一九八六年一二月二〇日）

四節に分けて報告した。1.「イギリスにおける歴史研究と民俗学」では、ジョン・ブランド以後、一九世紀イギリスの folklorists の仕事の意義と限界を、E・P・トムスン達の近業との関係で、概観。2.「係争事件（「出入」）を symptom として解読する」では、「女房売り」の儀礼を紹介、分析した。この民衆的離婚＝再婚の街頭演劇に、民衆の夫婦観、そして性的サンクション、社会的サンクション（強制、制裁、承認）のパフォーマンスを見る。スリニヴァスの言、「係争事件は人類学者の見逃せないデータの宝の山である」は我々にも示唆にとむ。3.「儀礼・演劇・階級的コントロール」では、支配者の演劇⬆⬇民衆の対抗演劇、という磁場で、一方の処刑というテロルによる階級的コントロール、他方のシャリヴァリを考えた。現代日本社会における「異分子」にたいするサンクションの儀礼、「正義のいじめ」にも関説。階級概念は決定的に重要である。

4. では、ギンズブルグの二つの階級文化論からも示唆を受けつつ、「支配の正当性と民衆文化」を論じた。日々の生活に充溢し、天空のごとく蔽いかぶさる status quo の「常識」「通念」と、民衆諸集団の sub-culture との間の「遮断、使い分け、〝倫理の二元性〟」の問題である。時の支配の〈正当性 legitimacy〉を承認し、現状と折合いをつけているからといって、これを統合の貫徹だと解釈して済ませるわけにはゆかない。「民衆的正統主義・合法主義」なるものは、たしかに権威的・保守的な現象でもあるが、同時に、具体的な悪にたいする直接行動・一揆の正当化にあたって、支配体制の論法（「古き良き法」「祖法」「仁政」）をそのまま取りこんで、「公怨」「義憤」の執行（「天誅」）とする固有の主張、蜂起民衆の「代表意識」にも転じうる。安丸良夫氏等の研究から、支配の正当性と民衆文化のダイナミクスについて学ぶべきことは多い。

最後に文化革命の問題について指摘して、報告を終えた。

荻野美穂「報告要旨　女性史と社会史——方法としての身体」（一九八七年二月二八日）

日本の女性史研究は、戦前から民間研究者中心に長い歴史をもつ。一九七〇年代以降、学界の中で一定の市民権を得たが、同時に初期の「男性史を相対化」するような意欲的な姿勢は薄れつつある。マルクス主義と実証主義の支配するアカデミズム史学の下での萎縮、女性史研究とリブやフェミニズムとの連携の欠如、新しい研究動向に対する閉鎖性等が、その原因として考えられる。これに対し、かつて村上信彦と水田珠枝は二つの女性史方法論争において、解放運動史ではなく全生活史としての女性史を、また歴史への性差別の視点の導入をと訴えた。最近では長谷川まゆ帆が、「解放」や「抑圧」概念自体の再考と、性差の積極的認識という、重要な問題提起を行った。

日本の女性史が男性史の補完物に甘んじず、新しい次元の歴史像をひらくためには、歴史研究の視点、テーマ、方法における発想転換が必要であるが、その点で社会史と国外の女性史からは多くの示唆を得ることができる。社会史から筆者が学びたいと考えるのは、歴史の全体性への志向、対象に関するどん欲な「悪食」性、抽象よりも具体による叙述、および近代相対化の志である。一方女性史は、社会史と密接な関係をもつが、必ずしもその下位分野ではない。アメリカでは、七〇年代以降、社会史と女性解放運動の強い影響の下で、従来のエリート中心史とは異なる新しい女性史が生まれたが、女性史の側からの社会史（特に家族史）への問題提起もさかんである。女性史や女性運動が、性別役割分担や、男性的価値とは異なる女性の論理や文化という考え方を歴史研究の場に導入したことで、アメリカ史の通説に重要な修正が加えられ、新しい分析方法の必要性が痛感されているとの、カール・N・デグラーによる報告もある。

性や生殖といったからだの歴史は、社会史でも重視されているが、性としての肉体に強く規定される女性を研究する場合には、一層不可欠のテーマである。欧米では既にかなりの研究が行われ、医者と産婆の評価、ヴィクトリアン・セクシャリティ、避妊の普及度等をめぐる論争もさかんである。今回の報告では、L・ゴードン、エーレンライヒとイングリッシュ、E・ショーター、およびA・マクラレンによる四つの著作を比較紹介した。フェミニズムの立場に立つ前二者と、アンチ・フェミニストにして近代主義者であるショーターの著作とは、いずれも問題提起の書としての価値は大きいが、各自のイデオロギー的立場からくる一面性も強い。これに対しマクラレンは、性や生殖の問題を近代人の規準で評価するのではなく、前近代の人々の考え方に即して理解することで、近代を逆照射しようと試みている。

日本では、性や生殖の問題がいまだ歴史学の正当なテーマとして認められていないが、女性史は進んでこうした状況に風穴を穿つことによって、自らの活性化と、歴史学研究全体の「認識論革命」の実現を図らなければならない。

お知らせ

当分の間、次のような分担で、事務局の仕事を行ないますので、よろしくお願いします。

案内　谷川稔・荻野美穂・山本範子、会場　川越修、会計　若原憲和・南直人、会報　谷口健治

編集後記

会員諸氏に原稿をお願いしたところ、予定の枚数が集まりましたので、会報第二号を発行する運びとなりました。この種の小冊子は継続することに意味があるわけですが、第二号発行によって最初の関門を通過したと申せましょう。果たして、塵も積って由となるか、乞御期待というところでしょうか。研究会の運営などについても原稿をお寄せください。

（谷口健治）

第三号（一九八七年九月）

落合恵美子「報告要旨　『近代家族』の変容と家族社会学のパラダイム転換」（一九八七年七月一二日）

本報告は、家族史研究の成果が、家族社会学の「自明性の解体」にいかに寄与しているかを述べたものである。まず、社会の一般成員が共有するマンタリテと、科学者集団が共有するパラダイムの間に、相似的な関係を設定する。科学者集団が社会の一般成員の中で生きていることを反映して、パラダイムは時代のマンタリテを映し出すのである。

現行の家族社会学のパラダイムは、相互作用アプローチと構造機能主義アプローチの両者から成っているが、これらのアプローチの代表的教科書である Waller & Hill, *The Family — A Dynamic Interpretation*（1938→51）、Bell & Vogel, *A Modern Introduction to the Family*（1955）、森岡・望月『新しい家族社会学』（一九八二）の三

冊を比較検討することで、このパラダイムの特徴を見てみよう。これらの三冊に高い頻度で共通に見出されるのは、

① 家族はあらゆる社会に普遍的に存在する
② 家族は集団である
③ 家族の本質は歴史的にほとんど変わらない
④ 家族の基本型は核家族である
⑤ 家族は主に親族よりなる
⑥ 家族の最も基本的機能は子どもの社会化である
⑦ 家族成員は強い情緒的きずなで結ばれている
⑧ 家族成員は性別により異なる役割をもつ

といった背後仮説である。なかでも②、⑦が重要なので、このパラダイムを「集団論的パラダイム」と名づけよう。興味深いのは、これらの背後仮説は「近代家族」という歴史的に限定された家族類型の特徴でしかないということである。現行の家族社会学のパラダイムは、「近代家族」のマンタリテを色濃く反映している。

学史的に見れば、「集団論的パラダイム」は、一九世紀後半の「制度論的パラダイム」の後を受けて、一九二〇年頃から勃興し、一九五〇年代に通常科学化した。「近代家族」の大衆化と軌を一にしていると言えよう。一九七〇年代以降、「近代家族」の変容に伴って、「集団論的パラダイム」への異議申し立てが高まってきたのも、当然のことである。

若原憲和「コラム「新しい歴史学」と「ドイツ」」

実は、この原稿を書くにあたって編集者から、福井憲彦氏の『「新しい歴史学」とは何か』の書評を書いてくれ、という注文があった。けれどもどうあがいても私には、この大上段に「新しい歴史学」のありようを語る書物を評するだけの資格も能力ももちあわせていないので、本書の土俵に上がることは止めた方が得策だと考えた。

こうすることにしたのは、本書について正面切って根本的な疑義を呈するなどという不遜な態度にはどうにも出れなかったからでもある。あえていうとしても、せいぜい瑣末な問題にしかエチャモンをつけられないし、そうである以上、福井氏には痛くも痒くもない、まったくのたわごとにしか聞こえないからである（もちろん、少しばかりはいえる。権力の問題がもっぱら国家のそれとして捉えられており、民衆と国家の間を媒介する中間権力の重要性はあまり問題とされてはいないことなどがそうである）。ここで不遜なというのは、私の世代にとっては氏はまだ四〇代にようやく足を踏み入れたとはいえ、この一〇年間にわたる精力的な「アナール」派の紹介と解説を通じて日本の歴史学界にかなりのインパクトを与えて、私をふくめて社会史を志向する多くの若い歴史研究者にとって旗振り役（?）を務めてこられたからである。本書は、そんな氏の長年にわたって公にされてきた論稿を集大成したものであり、すでになじみのあるものが多い。しかしそれよりも近代社会史研究会のメンバーによって常々いわれてきたことが、そこには旗振り役にふさわしく、もっと分かりやすい叙述で整然と論じられていて、教科書に学ぶかのような気持ちでついつい読んでしまうからである。氏と私たちの研究会の若干のメンバーとは、東京と京都という離れた場所にいてもおそらく互いにエールを交換しつつやってきたようなものだから、いまさら本書に収められた諸論文の内容について云々する必要はさほど感じられないのが、正直なところである。

たとえば「西欧近代」あるいは「近代の相対化」しかり、「批判の学」しかり、「日常的次元で権力の在り方を問題にする」ことしかり。これらは、すでにわたしたちの研究会にもそれなりに多くのシンパを獲得しているような雰囲気だから、あえてここではそれを問題にする気はない。ここで触れておきたいのは、むしろ氏自身の歴史研究者としての足跡である。本書の第七章に収められている「一八八〇年代パリの活動家たち」と題された一篇の論文が、もっとも早く（一九七八年に『社会運動史』七号に掲載）書かれたものなのだが、それがこうして最近書かれた他の文章と一緒に収まっていると、かなりの違和感を与えてしまうほどに、この論文の性格は「非社会史」的で、正統派というか伝統的な流儀に沿う実証研究に依拠しているのである。労働者の日常生活、心性といった次元にまなざしが向かってはおらず、制度・組織・イデオロギーなどがそこには主たる論及対象として鎮座している。これが氏によって最近書かれてきたものと反対側にあることぐらいは、誰にでも指摘できよう。それらが一つの書物に同居していることの意味を探りたくて、つい裏側の事情に興味が湧いてしまったのが正直なところであった。

そこで、呼ばれもしないのに、のこのこ初夏の名古屋で開かれた「合評会」（福井氏も出席された）に出かけていったわけである。すると、歴史叙述はつねに解釈の繰り返しにすぎない、と断言される福井氏は、私たちがちまちまと時間をかけて、とにかくあちらの原資料を読んで（?）伝統的な流儀に沿うオリジナル研究として論文にまとめることに、第一の価値を見出そうとしている様を、「オリジナル信仰」だと喝破する始末。氏は、私が思っていた以上に遠くに行ってしまったかのようだった。しかし氏の提唱してきた社会史が、いったいほんとうの意味で新しい歴史学なのか、どうか。そもそも「新しい歴史学」とは何なのか、これらについての問題は結局、はっきりしないままに終わってしまった。また福井氏が、これからはこれまで展開してきた観点に立って、自らオリジナルな原資料を用いた歴史叙述を開陳されるのか。それともそういったオリジナル信仰に囚われることなく、翻訳や解説、あるいは二次的研究にも同等の価値があるという主張をこれからも実践していくのか、これについてもはっきりとは答えてもらえないまま京都に帰ってきた次第である。

しかし、これまたいい古されてきたことであるが、日本人でありながら西欧の歴史を「専門に」研究するというのは、まじめに考えたとき、じつにしんどい重荷を背負い込んでいることに気がつくのである。しかも、既成の歴史学の枠組みや視点とは異なる、「社会史的」視点や方法を模索しようとしている私たちにとって、それはいっそう深刻な問題を抱え込むことを意味しないだろうか。もちろんこれは、個別論文を書く者だけがその主題に関する特定の資料を手にしている、という資料上の特権化、あるいはそうした「社会史的」視点や方法にかなう新資料を狩猟しなければならないという苦労だけをさしているわけではない。「近代社会史」を、飽食文明への自己批判的視点を堅持しつつ「批判の学」として措定しようとするならば、そういった現代日本社会への批判的視座をどのようにして具体的な西欧近代史研究に結びつけるのか、両者の緊張関係をぎりぎりまでつきつめていったとき、私たち自身にいったいどんなことが待ち受けているのか、考えなくてもよいことまで気にしてしまうのである。いまさら問題にしたところで何の生産的な議論も生まれやしないことは百も承知であるが、そうした問題意識がわれわれ日本の現在的状況から生まれてくる場合と、専攻する特定の国の歴史や研究動向から逆に照射されたり、輸入されたりする場合がある。もちろん、私たちの研究会は一国史の枠を越えていこうというスローガンを掲げているが、たとえば一応、ドイツ近代社会史という直接の対象を選んでいる私にとって、「アナール」派の仕事には共鳴する部分を感じていても、それがドイツ史研究の現状にそのまま通底するわけではない。

若いドイツ史研究者から見れば（私がそれを代表しているなどとはけっして思っていないので誤解のなきよう）、日本人としてドイツ史を専攻する意味はかなりねじれた性格のものにならざるをえない。戦前の日本資本主義論争を引き合いに出すまでもなく、ブルジョア革命の挫折論と関連して、近代日本の歴史発展のコースはやれ「プロシャ型の道」だとか、つとにドイツと日本の近代は、「古典的な」「正常な」発展を辿った英・仏のそれを参照規準にして、「誤った発展」を辿り、ついには一九三三年のナチズム勝利に道を譲っていった云々と説明されてきた。現在においてもこういったナチズム台頭の歴史的・社会的原因をめぐる議論は、日本人のドイツ近現代史研究者の問題意識を形成する支配的な契機になっている。西ドイツにおけるこの辺の事情は、G・イッガースの

『ヨーロッパ歴史学の新潮流』に詳しいのでそちらを見て頂くとして、ドイツ特有の道論しかり、ドイツ帝国論しかり、ワイマール共和国論しかり、である。ちょうど日本の戦後歴史学が根底において堅持してきた問題意識と、ほとんどそれは重なり合う。ヴェーラー派社会史が西ドイツの社会史の主流だといえば、合点がいくであろう。西欧近代をモデルにしてきた日本近代と、西欧近代に背いてきたドイツ近代は、奇妙なところで結節点をもっている。

こうしたことがけっして私の世迷い言ではないことを再確認したのは、名古屋での「合評会」から三ヵ月足らず後の八月下旬に開かれた「ドイツ現代史学会」に参加した時だった。この学会では、やはりナチズムが参加者の関心を支配しており、最近の西ドイツで生じている歴史家論争が紹介された（『思想』八月号に紹介論文あり）が、これは、簡単にいって、西ドイツ・コール政権下で進むナチズム免罪化・無化傾向に歩調を合わせようとした著名なナチス研究の歴史家たちをハーバーマスが論難したことに端を発したものであるが、歴史家の使命と過去の忌まわしい歴史を正面から問い直したものだった。もっとも、いろいろ欠陥はかかえているとはいえ、西ドイツでは「日常史」研究が「社会史」研究者たちからナチス体制の中性化をもたらすとして、批判の的になるくらいだから、こうした論争がいまもホットに展開されるドイツ史研究者の世界では、福井氏のいう「新しい歴史学」とはほとんど接点をもたないのは仕方のないことではある。会場では、まさにあの時代を生き抜いてきた老年世代同士の間で、「日本にはハーバーマスがいないのか」と厳しいやりとりが行なわれたが、この場面はそうした老年世代にとって、ナチスが、すなわち日本ファシズムがまだけっして過去のものになってはいないことを見せつけてくれた。

歴史家のモラルはさておき、ナチズムの歴史的原因を問題にするとき、通例は近代ドイツの「誤った発展」が主要な論点になってきたことは先に述べたが、まさにこの点は、数年前からイギリスの社会史派が全面的批判を展開し、「特有の道」論争として知られてきたものであるから、御存知の方も多かろう。とにかく、近代社会史研究と一口にいっても、その在り方は、研究が基本的に国民国家単位で進められている現状では、あるいは現実に多様な近代社会がどうしようもなくある以上、多様な在り方を生み出さざるをえない。イギリスでは日常生活史や地方の民衆史に、あるいは下からの労働者階級史に社会史研究のウエイトがかけられているように、ドイツでは一九三三年から発想される「誤った発展」史観を修正すべく、一九世紀における近代社会への移行の実態を、長期的な連続的変化でもなく、またブルジョア革命を画期とする断絶的変化としてでもなく、英・仏のそれと真に比較可能な概念装置を手にしなくてはならない。その限りで、民衆史や女性史、社会運動史もその位置を与えられるはずだからである。こうして現実にはそれぞれの国境をへだてた歴史を専攻している（もちろん、それを乗り越えようとする意欲がこの研究会のレゾン・デートルなのだが）ことを勘案したとき、それぞれがかかえる問題意識をすりあわせていく努力が忘れられてはならない。

現実には専攻する国、具体的対象、方法、視点の点で寄り合い所帯として出発した近代社会史研究会だったが、幾度か荒波にもまれ、「国民統合と対抗文化なんて、陳腐なテーマだ」という強烈なパンチを食らいながら、図体だけは大きくなってきた。どうにか発足してまる二年になろうとしている現在、まだ具体的な成果は論文集とかの形をとっては生まれていないが、ようやく少しばかりの光明が見えてきたようでもある。それともそれもすぐかき消されてしまう程度のものなのかは、まだしばらく研究会とつきあってみなければわからない。アドバルーンは上げたものの、いっこうにあとが続かないというのでは困るので、やるっきゃないわけだが、近代社会史研究会がいったいどこに着地するのか、大いに気にしていきたい。

編集後記

最初にお詫びを一つ。事前の連絡不足から太田、長谷川、長田の三氏には夏休み中に国外に脱出されてしまい、三氏の報告要旨は掲載不可能となりました。乞御容赦。

代わりにといってはなんですが、ヨーロッパに滞在中の佐藤氏、服部氏、山本御夫妻から近況報告を頂きましたので、これを掲載することに致しました。なお、ミュンヘンの佐藤氏からは、併せて、例の新人類短歌を捩って次のような一句を頂戴しました。反応によって年齢がわかるとのことです。諸氏の御感想は如何でしょうか。

　　君がこのビールがいいねというので
　　　今日も明日もビール記念日

化石と言われそうですが、こちらは格調高く、原稿を待つ心境を定家の歌に託して、

　来ぬ文を松帆の浦の夕凪に
　　焼くや藻塩の身もこがれつつ

とでも参りましょうか。

研究会の運営などについても原稿をお寄せください。

（谷口健治）

Ⅲ　共同論集全四巻の目次

『規範としての文化――文化統合の近代史』（平凡社、一九九〇年）

著　者　谷川稔・原田一美・谷口健治・田中正人・渡辺和行・小林亜子・小山静子・栖原彌生・山田史郎・村上真弓・藤川隆男・常松洋・小澤英二・松井良明

目　次

Ⅲ　公教育のヤヌス

〈POLICE〉としての〈公教育〉――〈祭典〉のユートピアと〈学校〉のユートピア（小林亜子）

「家庭教育」の登場――公教育における「母」の発見（小山静子）

女子リセの創設と「女性の権利」（栖原彌生）

Ⅳ　同化と異化

移民のための教育、地域のための学校――あるイタリア系アメリカ人教師の試み（山田史郎）

移民の「同化」とイタリア人集合体――両大戦間期フランスの場合（村上真弓）

白豪主義の「神話」――オーストラリアにおける中国人移民（藤川隆男）

Ⅴ　身体と規範

禁酒運動とアメリカ社会（常松洋）

世紀転換期アメリカにおけるベースボールと安息日（小澤英二）

ブラッディ・スポーツと〈名誉の観念〉――一九世紀イギリスにおけるボクシングの「改良」をめぐって（松井良明）

『青い恐怖　白い街――コレラ流行と近代ヨーロッパ』（平凡社、一九九〇年）

著　者　見市雅俊・高木勇夫・柿本昭人・南直人・川越修

目　次

はしがき

Ⅰ　コレラの世界史
コレラの世界史（見市雅俊）
Ⅱ　コレラをみる目
コレラの政治社会史（高木勇夫）
コレラ流行とバイオの権力（柿本昭人）
Ⅲ　コレラ・都市・近代社会
インド・コレラとイギリス・マラリア（見市雅俊）
不可視の権力――コレラと近代フランス的観念（高木勇夫）
ならされた空間――コレラ流行とオゾン説（柿本昭人）
都市生活とミルク――「近代的」食生活の一側面（南直人）
Ⅳ　日常生活のなかの《近代》都市
日常生活のなかの《近代》都市（川越修）
文献案内――社会医学・コレラ・地域
関係年表（付：事項索引）

『制度としての〈女〉――性・産・家族の比較社会史』（平凡社、一九九〇年）

著　者　荻野美穂・田邊玲子・姫岡とし子・千本暁子・長谷川まゆ帆・落合恵美子

目　次

まえがき
女の解剖学――近代的身体の成立（荻野美穂）
純潔の絶対主義（田邊玲子）
労働者家族の近代――世紀転換期のドイツ（姫岡とし子）
日本における性別役割分業の形成――家計調査をとおして（千本暁子）
産婆のキリスト教化と慣習の形成――女たちの多数決による産婆の選択をめぐって（長谷川まゆ帆）
ある産婆の日本近代――ライフヒストリーから社会史へ（落合恵美子）

『日常と犯罪――近代西洋における非合法行為』（昭和堂、一九九八年）

編　者　常松洋・南直人

目　次

序　文
1　近代初期イギリスにおける名誉毀損罪と「名誉」の観念（山本範子）
2　密輸の時代――一八世紀イギリスにおける密輸と地域社会（佐久間亮）
3　ボクシングと刑法（松井良明）
4　人はいかにして自分の食べ物を信用できるか――食をめぐる不正と規律（南直人）
5　一九世紀前半パリの売春と風紀警察（栖原彌生）
6　絞首強盗と仮出獄囚――「絞首強盗パニック」再考（森本真美）
7　世紀転換期シカゴにおける移民と犯罪（常松洋）

あとがき

この終わらせ方はなにか違う。近社研解散が告げられる直前の例会（二〇一七年一二月）では、まだ参加者も多く報告も充実しており、解体しなければならないような状態とは思えなかった。むしろ持ち直しているという印象さえあった。最終例会（二〇一八年三月）として、すでに休止していた別の研究会と一緒に総括集会がもたれたが、どこか不釣り合いな「合同葬」のように思われた。しかも綿密な検証もなしに、草創期の事情に明るくないひとたちが、いきなり「史学史的」総括を行って幕引きする。これでは急逝を余儀なくされた「戦友」の魂が浮ばれない。不憫でならなかった。せめて、それ相応の鎮魂曲を奏でて、ねんごろに弔ってやれないものか。できれば、近社研の精神と人脈を継承したいという若者たちに、「在りし日の近社研の熱気」を少しでも伝えておきたい、これが、本書の編集にかかわった個人的動機である。

幸いにも、「終末期」の事務局を担った金澤周作さんが、ミネルヴァ書房編集部の岡崎麻優子さんと相談し、「追悼本」出版の道筋をつけてくださった。草創期から長く事務局にかかわってきた私のもとには、基本史料となる記録がいくらか残されている。かねてより私家版の自分史の一章に近社研の歴史を書き残しておくつもりでいたから、すでに下書きもあった。だが、個人の記憶はまだら模様であり、読み解きの一面性も免れない。ここは、会員諸兄姉の多様な記憶とつき合わせ、あえて不協和音をまじえたポリフォニックなレクイエムを紡ぎだすほうが、はるかに近社研の実像に迫れるのではないか。これなら後ろ向きの追悼作業ではなく、究極の社会史である「記憶の歴史学」の試みにもなりうる、そう考えて気を取りなおした。この申し出は、失意の日曜歴史家に、前向きの希望を与えてくれるじつに有難いものであった。お二人にはあらためてお礼申し上げる。

かくして、親子ほど歳の離れた金澤さんとの二人三脚が始まった。これに創立会員で一時期事務局を担ったイギリス社会史の川島昭夫さん、同じく草創期からの通期会員で第二期世話人でもあるドイツ近代史の南直人さんのお二人に、世代間ギャップを埋めてもらって共同編集作業にとりかかった。仏英独、いくらか西洋史家に偏った陣容となったが、四人には研究会運営に携わったという得難い共通体験がある。他方、歴史観、社会観、人脈には微妙な差異があって、寄稿者の多様性を確保するうえでも、妥当な人選だったと思う。

まず、私たちと第二期世話人会メンバーに、アフター研の名物男、常松洋さん、名古屋圏からの通期会員、天野知恵子さん、中期の会場係、北村昌史さんを加えた一四名が呼びかけ人となり、旧会員にエッセイの寄稿を集合メールで要請した。ただ、草創期メンバーには音信不通、アドレス不明のひとがかなりあって、その探索に難渋したため、網羅的に依頼することは途中で断念せざるを得なかった。それでも昨年の夏休み前の寄稿依頼に六〇名近くから快諾を得て、しかもそのほとんどが締め切りを守ってくださり、早くに本書のようなかたちとなった。

アドレス不明や体調不良などさまざまな理由で寄稿していただけなかった方については、序章の小史や、記録篇の『会報』、例会報告論題をぜひ参考にしていただきたい。それでも、旧会員全員に依頼できなかったこと、ご返信いただけなかった数一〇名もの方がたへのフォローが十分でなかったことは心残りであった。本書が近社研の性格を多声的に表象していることは確かだが、史料批判を厳密にすれば、まだまだ万全ではないことを潔く認めねばならない。

なによりも、この一〇か月におよぶ編集・執筆過程は、歴史学の根拠である史料がいかに危ういものなのか、身近に体験する思いがけない機会となった。たとえば、寄せられた珠玉のエッセイの細部をめぐって、手持ちの記録とつき合わせながら執筆者たちとメール交信して確かめる作業（ファクト・チェック）では、史料としての記憶の危うさ、それにもとづく歴史叙述の怖さを何度も思い知らされた。記憶は忘却とワンセットだとよく言われるが、むしろ他者の記憶や記録と出会うごとに「上書き」されて残存することがよくわかった。その上書きは遺憾ながらきわめて恣意的に行われ（自分に都合よく美化されて）、無意識のうちに忘却される。いや封印され、改竄さえされていく。

翻って、歴史人類学やオーラル・ヒストリーにおける聴き取り調査の「確からしさ」をどう担保するか。いわゆる歴史認識以前の、事実認識というプリミティヴな次元での危うさを痛感した。たとえば、いくつかのエッセイで紹介されている私の発言の半ばは記憶の外にあった。他者の眼に映っていた私のイメージと、私の自画像とのズレの大きさに驚かされた。近社研のイメージについても事情は同じである。この封印された記憶はこれまで存在しなかったことになる。しかも、恣意的に上書きされた個人的記憶にしたがって歴史を語れば、フェイク・ヒストリー、歴史の偽造につながる、このことの怖さを実感した。とはいえ、後世の評伝が同時代の自伝より「確からしさ」に近づくとは必ずしも言い切れない。つまるところ書き手の自省的態度の有無に規定される。しっかり自戒しておきたい。

さて、本書はこのような危うい作業を積み重ねた共同作品ではあるが、現時点でのベストは尽くした。すこしは追善供養になったかどうか、まだ確信はない。読者には、ここに寄せられた「多声」の響きに希望のレクイエムを聴き分けてもらうよう願うばかりである。

二〇一九年三月六日

谷川　稔

あとがき

自分が関わったアソシエイションの歴史をまとめる仕事をすることになるとは想像もしなかった。正直に言えば、二〇一八年三月一七日（土）の最終例会で一応の幕引きをして、そのあとは各人の思い出の中で生き続ければそれで十分ではないか、と思っていた。しかし、「なくなって残念です」、「なにかあらためて総括するような企画はないのですか」と言われることがたびたびあり、あらためて、多世代・多分野の人々に少なからぬ影響を与えた近代社会史研究会の意義を認識させられた。そこで、依頼のあった某雑誌に、フォーラム形式で近社研を振り返る文章をいくつか掲載させていただくことを目論み、世話人の先生方と相談してある程度話を進めていた。その過程で、ここまでやるならばいっそのこと本を作ろうとの機運が高まり、ミネルヴァ書房の岡崎麻優子さんの献身的なご協力を得て、創立者のお一人である谷川稔先生を中心に、川島昭夫先生、南直人先生、私の四人で構成と執筆者を考え、寄稿を呼び掛けて、ご覧のような書物に仕上がった。近社研という場にほとんど住み続けメンテナンスをゆめ怠らなかった方々から、途中から出掛けたきりになった方、ふらりとやってきて居ついた方、ほんの仮の宿であった方々までが、等しくこの書物のかけがえのない構成要素になったのは、近社研が出入り自由の原則を奉じてしなやかに存在したからこそだと思う。

さて、編纂と執筆をおこなう中で、さまざまな記憶が呼び覚まされた。自分が学部生・大学院生の頃何をいつやっていたかということさえ誤解している部分があった。それにもかかわらず、すべてを明瞭に客観的に思い出せたわけではない。エッセイを寄せてくださった方々も、主として谷川先生とのやりとり（ファクト・チェック）

を通じて、ご自身と編者双方の「創られた記憶」や単純なミスの発見を体験されたはずだが、忘却の彼方に消えそうな過去の細部は宙づりのままであろう。ともあれ、自分の記憶と他者の記憶と、そして現存史料の相互作用によって、共有可能な確からしい史実と、特定の型におさまらない、不協和音をも伴う多数の声とが浮かび上がる作業ができたのは、史料編纂をしたことのない西洋史研究者には、非常に貴重な体験であった。

歴史家たちによって共同制作されたこの同時代史が、手に取って下さった方に読んでよかったと感じてもらえること、閉塞感ただよう現在をともに生きる全国の人文社会科学の徒にエールとして受け止められること、そして、京都の研究会文化を歴史に位置付ける後世の史家にとって導きの星となることを願う。

二〇一九年三月六日

金澤周作

人名索引

ア 行

カ 行

サ　行

タ　行

ナ　行

ハ　行

マ　行

ヤ　行

ラ・ワ　行

事項索引

ア　行

カ　行

サ　行

タ 行

ナ 行

ハ 行

マ 行

ヤ・ラ 行

藤《とう》内《ない》哲《てつ》也《や》（1970年，イタリア中近世史，鹿児島大学法文教育学域法文学系教授，第4章17）

竹《たけ》中《なか》幸《こう》史《じ》（1970年，フランス近代史，山口大学人文学部教授，第4章18）

堀《ほり》内《うち》隆《たか》行《ゆき》（1976年，南アフリカ史・イギリス帝国史，金沢大学歴史言語文化学系准教授，第4章19）

福《ふく》嶋《しま》千《ち》穂《ほ》（1973年，近世ポーランド・リトアニア史，東京外国語大学大学院総合国際学研究院准教授，第4章20）

梶《かじ》さやか（1977年，ポーランド・リトアニア・ベラルーシ地域の近代史，岩手大学人文社会科学部准教授，第4章21）

菊《きく》池《ち》信《のぶ》彦《ひこ》（1979年，スペイン近現代史・デジタルヒストリー，関西大学アジア・オープン・リサーチセンター特命准教授，第4章22）

藤《ふじ》井《い》翔《しょう》太《た》（1981年，イギリス・スポーツ史，大阪大学経営企画オフィス准教授，第4章23）

君《きみ》塚《づか》弘《ひろ》恭《やす》（1979年，フランス近世史，早稲田大学社会科学総合学術院准教授，第4章24）

片《かた》柳《やなぎ》香《か》織《おり》（1981年，都市文明史，同志社女子中学校・高等学校教諭，第4章25）

酒《さか》井《い》朋《とも》子《こ》（1978年，社会人類学，神戸大学大学院人文学研究科准教授，第4章26）

志《し》村《むら》真《ま》幸《さき》（1977年，比較文化史，京都外国語大学非常勤講師，第4章27）

藤《ふじ》原《はら》辰《たつ》史《し》（1976年，農業史，京都大学人文科学研究所准教授，第4章28）

籔《やぶ》田《た》有《ゆ》紀《き》子《こ》（1979年，イギリス現代史・政治史，立命館大学・龍谷大学非常勤講師，第4章29）

嶋《しま》中《なか》博《ひろ》章《あき》（1976年，フランス近世史，関西大学文学部助教，第4章30）

森《もり》永《なが》貴《たか》子《こ》（1969年，ロシア社会経済史，立命館大学文学部教授，第4章31）

谷《たに》口《ぐち》良《りょう》生《せい》（1987年，フランス近代史，京都大学非常勤講師，第4章32）

福《ふく》元《もと》健《けん》之《し》（1988年，ポーランド近現代史，日本学術振興会特別研究員 PD，第4章33）

服部《はっとり》　伸《おさむ》（1960年，ドイツ近代史，同志社大学文学部教授，第３章１）

長井《ながい》伸仁《のぶひと》（1967年，フランス近現代史，東京大学大学院人文社会系研究科准教授，第３章２）

指《さし》　昭博《あきひろ》（1957年，イギリス近世史，神戸市外国語大学学長，第３章３）

小関《こせき》　隆《たかし》（1960年，イギリス・アイルランド近現代史，京都大学人文科学研究所教授，第３章４）

伊藤《いとう》順二《じゅんじ》（1971年，グルジア近現代史，京都大学人文科学研究所准教授，第３章５）

近藤《こんどう》和彦《かずひこ》（1947年，イギリス近代史，東京大学名誉教授，第４章１）

春日《かすが》直樹《なおき》（1953年，人類学，一橋大学名誉教授・大阪大学名誉教授，第４章２）

村上《むらかみ》信一郎《しんいちろう》（1948年，国際政治史，神戸市外国語大学名誉教授，第４章３）

井野瀬《いのせ》久美惠《くみえ》（1958年，イギリス近現代史・大英帝国史，甲南大学文学部教授，第４章４）

北村《きたむら》昌史《まさふみ》（1962年，ドイツ近現代史，大阪市立大学大学院文学研究科教授，第４章５）

進藤《しんどう》修一《しゅういち》（1965年，ドイツ近代史，大阪大学大学院言語文化研究科教授，第４章６）

池田《いけだ》恵子《けいこ》（1966年，イギリス・スポーツ史・日英比較スポーツ史，北海道大学大学院教育学研究院教授，第４章７）

石井《いしい》昌幸《まさゆき》（1963年，スポーツ史，早稲田大学スポーツ科学学術院教授，第４章８）

並河《なみかわ》葉子《ようこ》（1968年，イギリス帝国史，神戸市外国語大学外国語学部教授，第４章９）

中村《なかむら》年延《としのぶ》（1963年，ポーランド近代史・移民史，ノートルダム女学院中学高等学校教諭，第４章10）

栗田《くりた》和典《かずのり》（1961年，イギリス近代史，静岡県立大学国際関係学部教授，第４章11）

劔持《けんもち》久木《ひさき》（1961年，フランス現代史，静岡県立大学国際関係学部教授，第４章12）

山之内《やまのうち》克子《よしこ》（1963年，オーストリア文化史，神戸市外国語大学外国語学部教授，第４章13）

正本《まさもと》　忍《しのぶ》（1962年，フランス近世史，長崎大学多文化社会学部教授，第４章14）

林田《はやしだ》敏子《としこ》（1971年，イギリス近現代史，摂南大学外国語学部教授，第４章15）

中本《なかもと》真生子《まおこ》（1968年，フランス近現代史，立命館大学国際関係学部准教授，第４章16）

執筆者紹介（生年，専門，所属，執筆分担，執筆順，＊は編者）

＊谷《たに》川《がわ》　稔《みのる》（1946年，フランス近代史，京都大学大学院文学研究科元教授，まえがき・序章・近代社会史研究会総記録・あとがき）

＊川《かわ》島《しま》昭《あき》夫《お》（1950年，イギリス史，京都大学名誉教授，まえがき）

＊南《みなみ》　直《なお》人《と》（1957年，ドイツ近代史，立命館大学食マネジメント学部教授，まえがき，第１章３）

＊金《かな》澤《ざわ》周《しゅう》作《さく》（1972年，イギリス近代史，京都大学大学院文学研究科教授，まえがき，第３章６，あとがき）

谷《たに》口《ぐち》健《けん》治《じ》（1947年，ドイツ近代史，滋賀大学名誉教授，第１章１）

姫《ひめ》岡《おか》とし子《こ》（1950年，ドイツ近現代史・ジェンダー史，東京大学名誉教授，第１章２）

渡《わた》辺《なべ》和《かず》行《ゆき》（1952年，フランス近現代史，京都橘大学文学部教授，第１章４）

上《うえ》垣《がき》　豊《ゆたか》（1955年，フランス近代史，龍谷大学法学部教授，第１章５）

佐《さ》藤《とう》卓《たく》己《み》（1960年，メディア史，京都大学大学院教育学研究科教授，第１章６）

中《なか》房《ふさ》敏《とし》朗《ろう》（1962年，スポーツ史，大阪体育大学体育学部准教授，第１章７）

長《は》谷《せ》川《がわ》まゆ帆《ほ》（1957年，フランス近世史，東京大学大学院総合文化研究科教授，第２章１）

落《おち》合《あい》恵《え》美《み》子《こ》（1958年，社会学，京都大学大学院文学研究科教授，第２章２）

藤《ふじ》川《かわ》隆《たか》男《お》（1959年，オーストラリア史，大阪大学大学院文学研究科教授，第２章３）

天《あま》野《の》知《ち》恵《え》子《こ》（1955年，フランス近代史，愛知県立大学外国語学部教授，第２章４）

小《こ》林《ばやし》亜《あ》子《こ》（1960年，フランス近代史，埼玉大学大学院人文社会科学研究科教授，第２章５）

山《やま》田《だ》史《し》郎《ろう》（1954年，アメリカ史，同志社大学文学部教授，第２章６）

柿《かき》本《もと》昭《あき》人《ひと》（1961年，社会思想史，同志社大学政策学部教授，第２章７）

松《まつ》井《い》良《よし》明《あき》（1964年，スポーツ史・スポーツ学，奈良工業高等専門学校一般教科教授，第２章８）

常《つね》松《まつ》　洋《ひろし》（1949年，アメリカ史，京都女子大学名誉教授，第２章９）

山《やま》本《もと》範《のり》子《こ》（1958年，イギリス近世史，同志社大学他非常勤講師，第２章10）

森《もり》本《もと》真《ま》美《み》（1966年，イギリス近代史，神戸女子大学文学部教授，第２章11）

《編著者紹介》

谷川　　稔（たにがわ・みのる）

1946年　生まれ。

1975年　京都大学大学院文学研究科西洋史学専攻博士課程修了。

1988年　京都大学文学博士（旧制）。

現　在　歴史家（元・京都大学大学院文学研究科教授）。

主　著　『十字架と三色旗』山川出版社，1997年（岩波現代文庫，2015年）。
　　　　『国民国家とナショナリズム』山川出版社，1999年。
　　　　『近代ヨーロッパの情熱と苦悩』（共著）中央公論新社，1999年（中公文庫，2010年）。

川島　昭夫（かわしま・あきお）

1950年　生まれ。

1979年　京都大学大学院文学研究科西洋史学専攻博士課程修了。

現　在　京都大学名誉教授。

主　著　ロバート・W・マーカムソン『英国社会の民衆娯楽』（共訳）平凡社，1993年。
　　　　『植物と市民の文化』山川出版社，1999年。
　　　　ジョン・H・ハモンド『カメラ・オブスクラ年代記』（訳）朝日選書，2000年。

南　　直人（みなみ・なおと）

1957年　生まれ。

1985年　大阪大学大学院文学研究科博士後期課程中退。

2015年　博士（文学）（大阪大学）。

現　在　立命館大学食マネジメント学部教授。

主　著　『世界の食文化18　ドイツ』農文協，2003年。
　　　　『宗教と食』（編著）ドメス出版，2014年。
　　　　『〈食〉から読み解くドイツ近代史』ミネルヴァ書房，2015年。

金澤　周作（かなざわ・しゅうさく）

1972年　生まれ。

2000年　京都大学大学院文学研究科西洋史学専修博士後期課程研究指導認定退学。

2002年　文学博士（京都大学）。

現　在　京都大学大学院文学研究科教授。

主　著　『チャリティとイギリス近代』京都大学学術出版会，2008年。
　　　　『海のイギリス史――闘争と共生の世界史』（編著）昭和堂，2013年。
　　　　『海のリテラシー――北大西洋海域の「海民」の世界史』（共編著）創元社，2016年。

越境する歴史家たちへ
――「近代社会史研究会」(1985-2018) からのオマージュ――

2019年6月30日　初版第1刷発行　〈検印省略〉

定価はカバーに
表示しています

編著者　谷川　稔
　　　　川島　昭夫
　　　　南　直人
　　　　金澤　周作

発行者　杉田　啓三
印刷者　坂本　喜杏

発行所　株式会社　ミネルヴァ書房
607-8494　京都市山科区日ノ岡堤谷町1
電話代表　(075)581-5191
振替口座　01020-0-8076

冨山房インターナショナル・新生製本

ISBN 978-4-623-08566-8
Printed in Japan